U0875262

贵州省交通建设系列科技专著

公路隧道光环境技术

贵州省交通运输厅 **组织编写**
胡江碧　任　仁　管桂平 **著**

人民交通出版社股份有限公司
China Communications Press Co.,Ltd.

内 容 提 要

本书为“贵州省交通建设系列科技专著”中的一本。全书基于人因工程对隧道照明光环境技术作了全面而系统的研究和论述，内容主要包括：驾驶员驾驶需求与隧道照明光源、隧道入口照明技术、隧道中间段照明技术、隧道出口段照明技术、隧道照明控制技术、隧道出入口段减光防眩技术、特长隧道中间段景观设置技术、隧道光环境营造技术、隧道光环境诱导技术、隧道运行光环境管理技术等，这些内容涵盖了隧道运行光环境设置的基本思想、理论、方法、技术、内容、措施和最新的研究成果。

本书可供从事公路隧道光环境设计、养护维修及运行管理的科研、规划、设计、施工、运行管理人员以及从事道路交通规划与管理、道路交通安全管理工作的专业技术人士使用参考。

图书在版编目(CIP)数据

公路隧道光环境技术 / 胡江碧，任仁，管桂平著 ；贵州省交通运输厅组织编写. — 北京 ：人民交通出版社股份有限公司，2015.11

（贵州省交通建设系列科技专著）

ISBN 978-7-114-12593-5

Ⅰ. ①公… Ⅱ. ①胡… ②任… ③管… ④贵… Ⅲ. ①公路隧道—照明设计 Ⅳ. ①U459.2

中国版本图书馆 CIP 数据核字(2015)第 257570 号

贵州省交通建设系列科技专著

书　　名：**公路隧道光环境技术**

著 作 者：胡江碧　任　仁　管桂平

责任编辑：周　宇　牛家鸣

出版发行：人民交通出版社股份有限公司

地　　址：(100011)北京市朝阳区安定门外外馆斜街 3 号

网　　址：http://www.ccpress.com.cn

销售电话：(010)59757973

总 经 销：人民交通出版社股份有限公司发行部

经　　销：各地新华书店

印　　刷：北京市密东印刷有限公司

开　　本：787×1092　1/16

印　　张：15

字　　数：340 千

版　　次：2015 年 11 月　第 1 版

印　　次：2015 年 11 月　第 1 次印刷

书　　号：ISBN 978-7-114-12593-5

定　　价：60.00 元

总 序

Perface

古往今来，独特的地形地貌赋予贵州重峦叠嶂山高谷深的隽秀之美，但山阻水隔也桎梏着贵州经济社会发展的步伐。打破交通运输瓶颈，建设内捷外畅的现代综合交通运输体系，与全国同步迈向小康，一直是贵州人的夙愿。

改革开放特别是进入"十二五"以来，党中央、国务院及交通运输部等国家部委高度重视贵州经济社会发展。2012 年年初，国务院出台支持贵州发展的国发 2 号文件，将贵州省经济社会发展的战略规划上升到国家层面。贵州省委、省政府立足当前、着眼长远，提出坚持把交通作为优先发展的重大战略，举全省之力加快交通基础设施建设。2012 年以来，贵州省先后启动了高速公路建设、水运建设三年会战，普通国省干线公路建设攻坚，"四在农家·美丽乡村"小康路行动计划，"多彩贵州·最美高速"和"多彩贵州·平安高速"创建等一系列行动，志在"十二五"末，通过交通大建设一举打破大山的束缚，畅通经济发展的交通网络。

广大交通建设者紧紧抓住发展的历史机遇，凝心聚智，在广袤的黔山秀水之间，用光阴和汗水构筑贵州面向未来的交通新格局。"十二五"期间，全省交通基础设施建设将完成投资 4 500亿元，新建成高速公路 3 600 公里，高速公路通车总里程将突破 5 100 公里，全省 88 个县(市、区)将全部通高速公路。乌江、赤水河建成四级航道 700 公里，改写了贵州无高等级航道的历史。建成构皮滩水电站翻坝枢纽工程，实现乌江航道全线通航。曾经的黔道天堑正变成康庄大道，一张以高速公路为骨架、国省干线公路为支撑、县乡公路为脉络、小康路为基础的四级公路路网正在形成，"扬帆赴江海"指日可待。

围绕贵州交通发展中出现的科技需求，贵州省交通运输厅组织开展了一批省部级重大科研项目攻关，重点突破一批关键、共性技术难题，在支撑工程建设、引领行业创新发展方面成效显著。在山区复杂条件下大型桥梁建设技术方面，形成了千米级悬索桥、高墩大跨刚构桥和钢管混凝土拱桥等设计施工成套技术，有力支撑了坝陵河大桥、清水河大桥、鸭池河大桥、赫章大桥、木蓬大桥等一批世界级桥梁建设工程，实现了我省桥梁建设技术的大跨越；针对西部山区复杂地质地形条件，从勘察设计、建设施工、养护管理和生态环保等方面系统开展基础研究和技术开发，形成一批山区高速公路修筑技术，其成果居国内先进水平，有力支撑了复杂山区环境下高速公路项目建设；在山区航道整治、船型标准、通航枢纽建设等方面取得的创新性成果，促进了贵州航运工程的发展；完成了“贵州乌蒙山区毕都高速公路安全保障科技示范工程”等交通运输部科技示范项目，有力推动了交通科技成果推广应用；以“互联网＋便捷交通”推进智慧交通建设，率先开展智能交通云的建设和应用。交通运输科技成果连续3年获得贵州省科技进步和成果推广一等奖。

为展现在公路、水路和交通安全、信息化建设等方面取得的技术成就，促进技术交流，加大推广应用，贵州省交通运输厅组织编写了“贵州省交通建设系列科技专著”。这套科技专著的出版，对传承科技创新文化，提升交通科技水平，深入实施科技兴省战略，促进贵州经济社会快速发展，意义重大、影响深远。

交通成就千秋梦，东西南北贯黔中。编撰这套系列科技专著，付出的是艰辛、凝结的是智慧、反映的是成绩，折射了交通改变地理劣势、奋斗推动跨越的创新精神，存史价值较高，是一笔当代贵州的可贵财富。

2015年10月

前言

Foreword

据统计，我国山地和丘陵地区约占国土面积的43%，高原地区约占26%。美丽的贵州省地处云贵高原，92.5%的面积为山地和丘陵，素有“八山一水一分田”之说，境内山脉众多，重峦叠嶂，绵延纵横，山高谷深，这种特殊的地理特点，使得公路建设的桥隧比例很高。随着公路建设中自然环境保护理念的普及深入、公路隧道工程施工技术水平的提高，在山区特别是山岭重丘区已建成通车的高速公路通车隧道数量越来越多，管养隧道的长度越来越长，贵州省现已通车高速公路隧道有800多座，通车隧道长达672 063m，最长隧道为4 752m。目前，我国公路隧道工程建设标准化、规范化工作经过近十几年的发展，已日趋完善，内容和技术愈加丰富，运行管理体系也愈加完善和人性化，基本形成了能满足我国公路交通发展建设需要的公路隧道工程标准规范体系。但随着隧道照明光源技术的发展，在国家和地方层面，公路隧道人工照明光环境评价指标、标准、方法和技术等方面尚缺乏客观、安全、节能系统化和标准化的研究，加之隧道照明产生巨大运行能耗，使得高额的隧道运行管理费用入不敷出。事实已证明：公路隧道是公路运行中安全风险最大的路段，其影响区域内光环境照明方式、照明标准、照明调控及营造等方面的安全、节能等人性化、精细化程度仍存在一定的问题，亟待改善。

公路隧道光环境设置的首要目标是给隧道用户创造良好的视觉环境，确保驾驶员能够以一定的运行速度安全舒适地接近及穿越隧道。传统的隧道照明设计对驾驶员驾驶视认的感受仅停留在定性层面，隧道照明质量设计指标较为单一，公路隧道人造光环境的设置理论尚处于驾驶员对灯光的亮度需求及静态的障碍物视觉认知需求理论研究阶段，对隧道影响区域驾驶员行为特性下生理、心理的光源特性视认需求的理论研究基础不够，同时更多工程实践中关于驾驶员动态驾驶视认光环境照明需求、照明光源与照明节能的安全隐患问题亟须解决。我们认为，要实现人性化的公路隧道人造光环境设置和运行管理，就需要从跨学科的新角度，基于驾驶员安全舒适驾驶视认中遇到的新的公路隧道光环境光源特性条件和新的应用技术等方面理解和解决这些问题。

本书阐述的基础理论和技术是基于贵州省交通运输厅2012年科技立项项目“山区高速公

路隧道运行光环境及应对技术研究”的研究成果。全书系统介绍了驾驶员视觉需求和光源特性相关理论，隧道照明光源特性与在不同光环境特性下驾驶员驾驶视认需求，尤其是人、车、路和光环境协同中驾驶员对期望的公路隧道人造光环境反应特性和行为分析；动态条件中的公路隧道在不同人造光环境路段光源特性需求及各种工况条件下满足驾驶员视认需求的隧道光源特性评价指标及标准，以及各种工况下照明控制技术，驾驶员安全舒适、低碳节能的隧道光环境条件设置技术，使驾驶员与公路隧道在安全舒适的光环境互动条件下更加友好和谐，营造自然和谐的人因工程交互环境。我们坚信这些理论、方法、技术和内容对保障驾驶员在山区高速公路隧道行车安全，降低隧道当量事故率，降低隧道交通运行事故严重程度和财产损失，降低隧道照明能耗和成本均具有重要推动作用，同时也将对我国高速公路隧道安全运行和节能减排有重要指导作用。

本书由北京工业大学胡江碧教授组织撰写并统稿，全书由11章组成，其中第1章由任仁撰写，第2章至第5章由胡江碧、沈康鉴撰写，第6章由吕晓峰和王建民撰写，第7章由管桂平撰写，第8章由梅世龙撰写，第9章由胡江碧和冯守中撰写，第10章由管桂平撰写，第11章由陈尚江和王建民撰写。本书在撰写过程中得到了北京工业大学研究生王猛、郭达、马文倩、张晓芹、李晓宇、张元峰、刘峰、高林熹、高小娟，贵州高速公路集团有限公司石大为、何东、卫斌、马缘红、卢云贵、覃俊、杨俊、谢明宇、严敏，贵州宏信达交通建设技术咨询有限公司张晓燕、乔东华、王维利、张华、何飞、柳治国、敖清文、欧阳男、夏怡、朱建华、李木子、罗阳、后明山，合肥源辉光电子有限公司，浙江生辉照明有限公司孔林根和武汉广益交通科技股份有限公司胡军驰的大力帮助与支持，在此一并表示由衷的感谢！

由于著作者水平有限，书中难免存在不足之处，恳请读者批评指正。

本书的出版发行旨在为提高我国隧道照明技术水平提供重要技术依据，推动我国公路隧道照明的安全性和服务水平。

作　者

2015年5月

目　录

Contents

第 1 章　概述 ………………………………………………………… 1

1.1　隧道运行光环境作用 ……………………………………………… 1

1.2　隧道运行环境 ……………………………………………………… 3

1.3　隧道运行光环境区域 ……………………………………………… 12

第 2 章　驾驶员驾驶需求与隧道照明 ………………………………… 18

2.1　驾驶员驾驶 ………………………………………………………… 18

2.2　隧道照明光源及照明质量 ………………………………………… 34

2.3　隧道照明特性 ……………………………………………………… 59

第 3 章　隧道入口照明技术 ………………………………………… 69

3.1　隧道入口前自然光环境特性 ……………………………………… 69

3.2　隧道入口段照明质量评价指标 …………………………………… 80

3.3　隧道入口段照明标准 ……………………………………………… 81

3.4　隧道入口段照明设计 ……………………………………………… 102

第 4 章　隧道中间段照明技术 ……………………………………… 110

4.1　隧道基本段照明光环境 …………………………………………… 110

4.2　隧道中间段照明质量评价指标 …………………………………… 115

4.3　隧道中间段照明标准 ……………………………………………… 116

4.4　隧道中间段照明设计 ……………………………………………… 126

第 5 章　隧道出口段照明技术 ……………………………………… 130

5.1　隧道出口段光环境 ………………………………………………… 130

5.2　隧道出口段照明设计 ……………………………………………… 150

第 6 章　隧道照明控制技术 ………………………………………… 152

6.1　隧道运行光环境调控需求 ………………………………………… 152

6.2 隧道照明调控技术 …… 158

第7章 隧道出入口段减光防眩技术 …… 168

7.1 隧道减光防眩设施种类及功能 …… 168

7.2 隧道减光防眩构造物设置技术 …… 180

第8章 特长隧道中间段景观设置技术 …… 183

8.1 特长隧道驾驶员生理及心理需求特性 …… 183

8.2 特长隧道景观改善 …… 185

8.3 特长隧道景观设置技术 …… 188

第9章 隧道光环境营造技术 …… 190

9.1 隧道空间光环境功能需求特性 …… 190

9.2 隧道空间光环境营造方法 …… 191

第10章 隧道光环境诱导技术 …… 200

10.1 隧道光环境方向诱导及轮廓特性需求 …… 200

10.2 隧道光环境标志设置方法 …… 202

10.3 隧道光环境标线设置方法 …… 209

10.4 应急标志 …… 215

10.5 标志和标线的养护 …… 217

第11章 隧道运行光环境管理技术 …… 220

11.1 隧道光环境运行系统监控管理平台 …… 220

11.2 隧道光环境运行质量保障 …… 223

参考文献 …… 225

索引 …… 228

第1章 概 述

1.1 隧道运行光环境作用

在我国一般公路隧道都设置有人工照明设施系统，其目的主要是给隧道用户——驾驶员营造满足符合其动态生理、心理阈限能力需求的良好的驾驶视觉环境，保障驾驶员能够以设计速度安全、舒适和稳定地接近、驶入、通过和驶出隧道。在人工照明光源的环境中，隧道内外设置的隧道路面、标志、护栏、路面标线、路钮、隧道检修道、隧道壁腰线、诱导标、端墙标线、隧道壁面涂料、隧道洞口植被和结构物等具有反光效应的材料和结构与人工照明光源和自然光源耦合构成的行车环境条件，形成了展现在驾驶员视野范围的隧道光环境。确切地说，隧道光环境是指由隧道出入口外一定路段自然光源、隧道内人造光源及隧道内主动、被动发光的标志、标识、减光防眩、隧道壁面色彩、隧道逃生指引和警示光源，以及隧道景观构成等设施及装饰营造的，受光源特性（如色温、显色性和亮度）等多因素耦合影响的动态隧道环境系统。

公路隧道光环境的服务对象主要是汽车驾驶员，隧道影响区域不同的光源、结构和材料耦合形成了不同的光环境特性路段，这些路段对驾驶员驾驶视认效果的影响不同，隧道人工照明处理不当，将会给驾驶员在隧道区域运行的舒适性、稳定性和安全性带来不同程度的安全隐患。我们对贵州省镇胜高速公路和贵都高速公路两条高速公路的 3 901 起交通事故的统计发现：在隧道影响区域内发生的交通事故有 304 起，占总事故数的 7.8%，隧道里程所占公路总里程、隧道事故数占总事故数及其相对数指标的比例如图 1.1 所示。由图 1.1c)、d)可见，隧道相关指标相对值虽然较低，如镇胜高速公路与贵都高速公路隧道事故起数占全路段总事故数的 8.2%和 7.1%，但镇胜高速公路 4.5 年(2010 年 1 月～2014 年 6 月)内每公里隧道的事故数达却到了 10 起，平均每年每公里发生事故 2 起，贵都高速公路 3.5 年(2011 年 1 月～2014 年 6 月)内每公里隧道的事故数达到了 7 起，平均每年每公里发生事故 2 起，绝对值较高。从隧道运营安全保障条件来看，虽然隧道内均设置了照明设施，但由于照明设施的不完善或不合理，使得事故数仍占较大比例。作者于 2013 年 3 月对贵州高速公路集团有限公司管辖的 37 处在役高速公路隧道进行了隧道光环境照明条件检测，结果发现有 10 处隧道照明条件(占检测隧道的 27%)不能满足驾驶视认需求。

为调查贵州省高速公路在役隧道光环境运行的合理性，我们设计了驾驶员调查问卷，对贵州省沪昆高速、杭瑞高速、汕昆高速、水盘高速、惠兴高速、兰海高速、大思高速等 10 余条高速公路就隧道总体照明条件进行了驾驶员问卷调查。通过对 500 份调查问卷进行统计分析，结果显示:有41%的驾驶员认为贵州省高速公路隧道照明条件整体较暗,14%的驾驶员认为中间段过暗;78%的驾驶员认为隧道出、入口段是隧道最危险位置,61.5%的驾驶员认为隧道运行不安全时段是在白天11:00~13:00及夜间时段,如图1.2~图1.4所示。

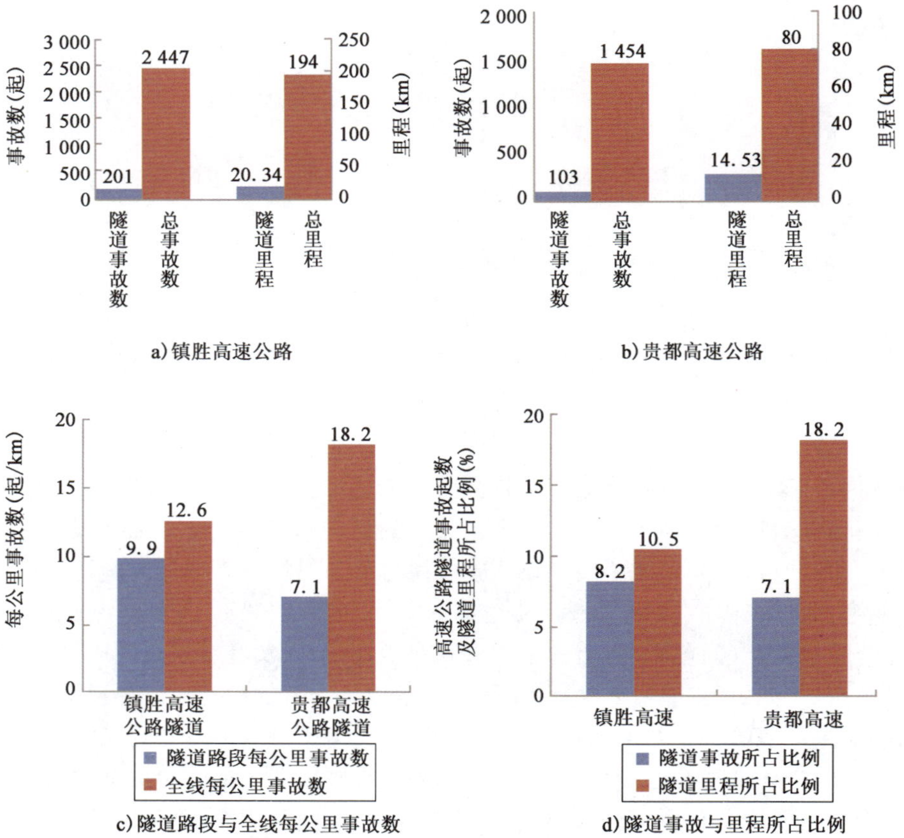

a)镇胜高速公路　b)贵都高速公路

c)隧道路段与全线每公里事故数　d)隧道事故与里程所占比例

图1.1　典型隧道事故现状

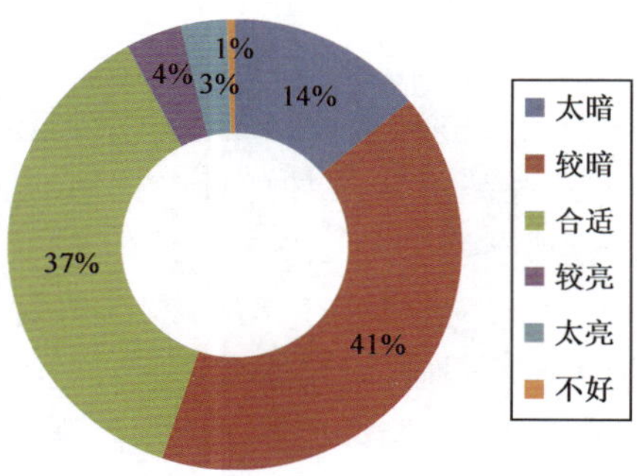

图1.2　隧道总体照明条件调查结果

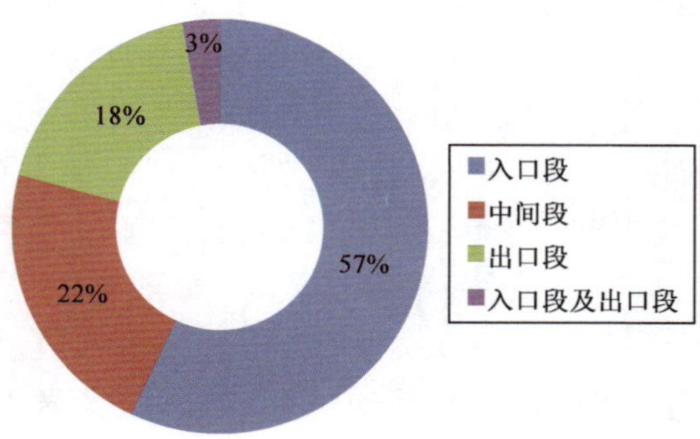

图1.3　隧道照明危险位置调查统计

为降低隧道运行安全风险,保障遵纪守法的驾驶员在不同光环境区段都能以一定的运行速度安全、稳定、舒适地行驶,就需要提供前方道路交通和环境条件的可视性和驾驶视认的舒适性,实现驾驶员在隧道不同光环境路段运行的安全、平稳过渡,防止因驾驶视觉信息不足给行车带来安全隐患。

因此,隧道运行光环境的作用就是要在满足驾驶员的安全、舒适和稳定驾驶的前提下,尽可能节约照明能耗,使驾驶员在公路隧道更加友好和谐,营造自然和谐的人因工程交互环境。隧道运行光环境对保障遵纪守法的驾驶员在公路隧道行车安全,降低隧道当量事故率,降低隧道交通运行事故严重程度和财产损失,降低隧道照明能耗和运行管理成本等均具有重要意义,同时也将对我国高速公路隧道安全运行和节能减排有重要指导作用。

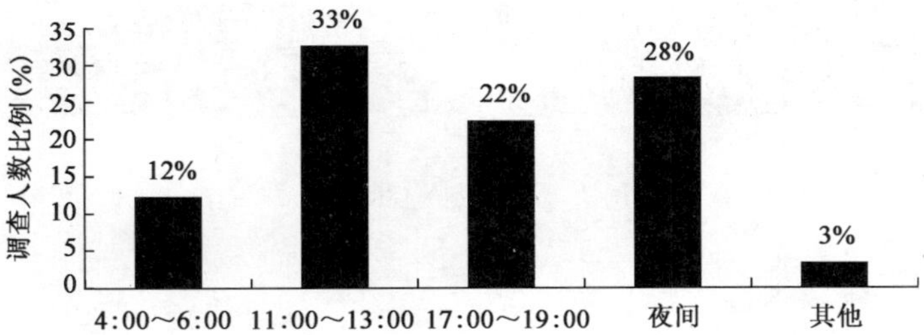

图 1.4 隧道运行不安全时段调查统计

1.2 隧道运行环境

隧道运行环境包括隧道运行的空间结构及环境特性、隧道运行影响区域的界定及区域段划分和隧道运行影响区域驾驶行为特性。

1.2.1 隧道运行空间结构及环境特性

公路隧道是与外界半隔绝的管状道路构造物,隧道本身的空间结构特征使之形成了一个极其特殊的道路交通运行环境,如图 1.5 所示。其环境具有空间相对狭小、封闭性强、隧道内外光环境差别较大、隧道内亮度水平低且烟尘扩散较慢等特点。隧道空间结构净空的限制会约束行车环境,隧道外部与内部行车环境的差异会使驾驶员在行驶到隧道前一定距离时视野受到隧道结构物有限空间的阻碍。驾驶员从普通行车环境进入隧道特殊行车环境时,视觉环境突然缩小,这对驾驶员视觉产生较大冲击,运行速度越大这种冲击现象就越明显,影响驾驶员对前方道路、交通和环境的安全舒适视认,增加驾驶员驾驶工作负荷,导致不良驾驶行为,如紧急制动、幻觉现象下的变换行车方向等,严重影响行车安全。因此,对隧道光环境技术的研究有必要先对隧道运行空间的结构特征进行分析。

公路隧道较狭小的几何结构空间不仅要提供汽车行驶足够的空间,还要兼顾驾驶员驾驶的安全、稳定和舒适性。因此在公路隧道规划、设计与运行管理中,需要充分考虑隧道内各个行车道与隧道内设施之间所处的空间关系,通风、照明等附属设施均不得侵入隧道建筑限界之内。根据现行《公路隧道设计规范》(JTG D70—2004)的要求,高速公路、一级公路、二级公路隧道建筑限界高度取 5m;三、四级公路取 4.5m。公路隧道呈现给驾驶员的具体空间结构及环境特性包括隧道洞门、线形及路面、检修道、紧急停车带和横向通道等。

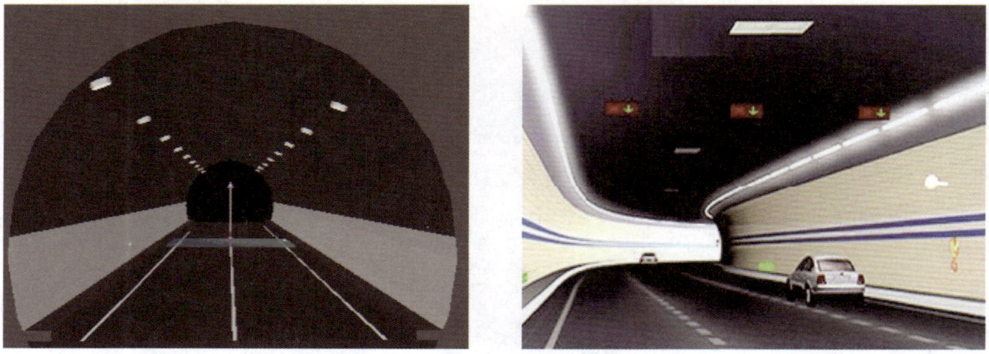

图 1.5　隧道运行空间结构

1)隧道洞门

隧道洞口是隧道运行环境的过渡段,洞门是隧道出入口两端的外露部分,起到隧道起终点的标志性作用,是联系洞内衬砌与洞口外路堑的支护结构,用于保护仰坡和边坡稳定性,防止仰坡上方少量的滚石、滑坍、碎落等对路面和行车安全造成危害,同时可起到改善和美化洞口行驶光环境的作用。目前,我国公路隧道入口洞门的主要形式有:端墙式、翼墙式、台阶式、柱式、削竹式和喇叭口式等。无论何种形式的入口洞门,除应与周围景观相协调外,还应以自然光与隧道入口段的过渡为主要设置原则,营造良好的入口视认环境,使驾驶员能安全、舒适和稳定地驶入隧道。

隧道洞门的横断面形状主要有 3 种:圆形、长方形和马蹄形。我国隧道横断面主要采用圆形,即拱部为单心半圆,侧墙为大半径圆弧,仰拱与侧墙间用小半径圆弧连接,如图 1.6 所示。隧道洞门断面的形状主要由地形条件和施工方法确定。公路隧道洞门横断面设计,除满足隧道建筑限界的要求外,还应考虑隧道洞门内路面、排水、检修道、通风、照明、消防、监控等设施所需要的空间以及仰拱曲率的影响,并根据施工方法确定出安全、经济、合理的断面形式和尺寸。从驾驶安全需求层面出发,隧道提供给驾驶员安全、稳定和舒适行驶的洞门横断面净空越宽阔,线形诱导越好,越有利于行车安全和消除或降低二次事故的严重程度。

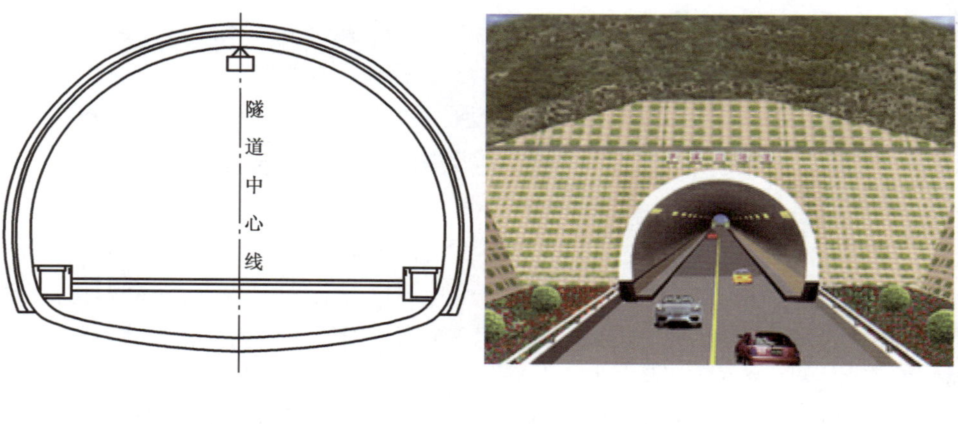

图 1.6　我国隧道典型横断面示意图

2)隧道线形

隧道道路线形是道路中线的空间位置,道路线形的平面、纵断面和横断面是道路形状的几何构成,驾驶员对道路线形条件的注意力和关注度占50%以上。在隧道道路线形条件中,平纵横线形条件设置不合理,会影响到驾驶员的行车视野和车辆行驶的稳定性;同时路侧横净距、净空及其变化会对驾驶员的行车视距、车辆行驶的稳定性和驾驶员的安全舒适性产生重要影响,若路侧横净距或净空不够,会影响驾驶员的驾驶视认和驾驶安全舒适性。与隧道外其他路段行驶相比,隧道洞口横断面的突然变窄,也会影响驾驶员视野范围的连续性和一致性,如果处理不当,将会形成道路交通安全隐患。

我国现有高速公路隧道路面多采用沥青混凝土路面及水泥混凝土路面,两种路面各有特点,如图1.7所示。沥青混凝土路面反射率相对较低,并具有无接缝、行车噪声小、行驶安全舒适性高等优点,被越来越多地应用在隧道中,但在发生火灾时不耐高温、易燃且有毒。水泥混凝土路面反射率相对较高,在晴朗的天气下不利于行车安全,板块接缝处行车舒适性差,抗滑性能衰减较快,行车噪声大,会降低驾驶员驾驶的安全舒适性,但在发生火灾时水泥混凝土路面耐高温、不易燃且无毒。另外,隧道路面的材质、色泽对路面亮度影响较大,同样的照明条件下,水泥混凝土路面亮度要比沥青混凝土路面亮度高30%~50%,因此,隧道洞口采用相对较深颜色的沥青路面有利于降低隧道出入口路段的亮度水平。

a)沥青混凝土路面　　b)水泥混凝土路面

图1.7 隧道路面形式

3)检修道

高速公路和一级公路隧道内应设置检修道,其他等级公路隧道应根据隧道所在地区的行人密度、隧道长度、交通量及交通安全等因素确定人行道的设置。检修道或人行道宜双侧设置,我国检修道的高度目前是按照20~80cm取值。当不设置检修道时,应设不小于25cm的余宽。从导致二次事故的危害层面看,在满足结构功能需求条件下,检修道高度设置越低,越有利于提高驾驶员的行车舒适感和安全性。

4)紧急停车带

紧急停车带的主要功能是用于故障车辆临时停放或紧急情况下停放救援车辆和为救援小组进行紧急救援活动等。紧急停车带长度、宽度和设置间距是根据实际通行交通量、车况和大车混入率情况确定的。依据现行《公路隧道设计规范》(JTG D70—2004)、《公路工程技术标准》(JTG B01—2014),紧急停车带的间距不宜大于 750m,宽度一般为 3.5m,有效长度为 40m,如图 1.8 所示。为使驾驶员能清晰视认紧急停车带的位置、驶入和驶出条件以及紧急停车带的占用情况,需在光环境设置时将紧急停车带的环境条件显现出来。

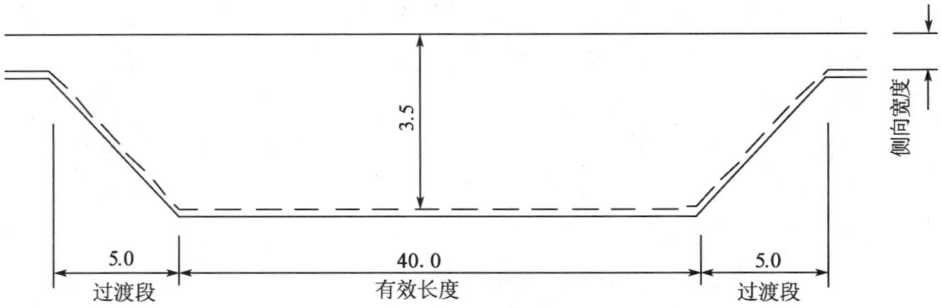

图 1.8　隧道内紧急停车带平面几何尺寸(尺寸单位:m)

5)横向通道

上、下行分离式独立双洞的高速公路隧道之间应设置横向通道。横向通道按功能可分为行人横洞和行车横洞,如图 1.9 所示。横向通道必须采用隔烟、防火、耐高温的消防门,防止两洞烟雾、火苗互窜,保障仅一侧洞发生异常事件时,另一侧洞的交通和逃生人员的安全。

a)行车横洞　　b)行人横洞

图 1.9　横向通道

(1)行人横洞

依据现行《公路隧道交通工程设计规范》(JTG/T D71—2004),长度大于 500m 的隧道应以 500～800m 的间距设置行人横洞;长度大于 1 000m 的隧道应以 1 000～1 500m 的间距设置行人横洞。隧道长度≥500m 时,应以 250m 间距设置行人横洞,特殊情况下允许使用最大间距为 400m;隧道长度为 500～800m 时宜设置一处行人横洞。隧道主线需为逃生人员提供足够的行人横洞位置信息,行人横洞内应提供逃生人员一定逃离速度下的路面、行径诱导及空间感知条件。

(2)行车横洞

依据现行《公路隧道交通工程设计规范》(JTG/T D71—2004),隧道长度≥1 000m 时,应以 750m 间距设置行车横洞,特殊情况下允许使用最大间距为 1 000m;隧道长度为 1 000～1 500m时,宜设置一处行车横洞。隧道主线需为避险车辆提供足够行车横洞位置信息,行车横洞应提供一定运行速度下的路面、行径诱导及空间感知条件。

1.2.2 隧道运行影响区域的界定及划分

高速公路隧道路段比其他路段的运行条件复杂，行车安全影响因素多。驾驶员进入隧道前，一般会提前一个路段接收到交通标志和标线等交通设施提供的前方隧道相关信息的预告提示，然后驾驶员调整驾驶行为，在各种信息告知、诱导、警告灯等交通设施的引导下驶入隧道。在隧道内行驶至接近出口时，再次在各种交通设施的引导下驶出隧道出口段，行驶进入高速公路基本路段。

由于因隧道而引起驾驶员视认特性、驾驶安全舒适和稳定性及驾驶行为特征变化的范围是从隧道入口前预告标志开始，至隧道出口后隧道内的交通环境条件对驾驶员行驶视认不再产生影响为止，在此范围内的道路交通和环境条件与其他高速公路路段相比均因隧道的存在而具有特殊性。因此，高速公路隧道影响区域应从隧道入口前隧道标志预告开始至驶出隧道出口后一定长度路段范围，具体可划分为 4 个路段：隧道预告段、隧道入口过渡段、隧道中间段和隧道出口过渡段，如图 1.10 所示。

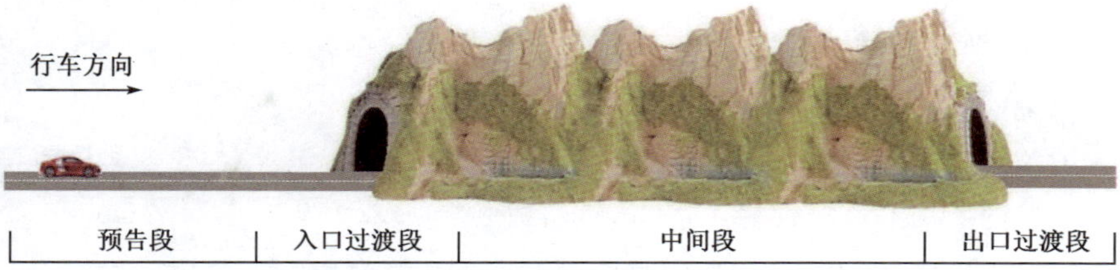

图 1.10 高速公路隧道影响区域

预告段是从告知驾驶员前方隧道运行条件而设置的交通预告标志开始，至向隧道内渐变和过渡开始的路段。对于交通预告标志的设置，依据现行《道路交通标志和标线》(GB 5768—2009)和《公路交通标志和标线设置手册》的要求，建议根据设计速度在距离隧道洞口前 2km、1km、500m 处分别设置隧道预告标志，告知驾驶员前方隧道类型(短隧道、长隧道或隧道群)、名称、隧道长度、隧道入口及隧道内线形条件等信息。

隧道入口过渡段是为保障驾驶员从自然光环境安全舒适和稳定地驶入隧道洞口、适应隧道内人工营造的行驶环境，是道路、照明和交通引导设施等条件发生渐变和过渡的路段，包括隧道运行照明中的接近段、入口段和过渡段。

中间段是隧道内环境、道路和照明等条件均匀、一致的路段，在该路段，隧道运行照明光环境条件是保持一致的。

出口过渡段是为使驾驶员安全舒适和稳定地驶出隧道并适应隧道外道路、照明和行驶环境等条件而设置的道路和交通设施渐变和过渡的路段。出口过渡段包括隧道照明的出口段至隧道出口后驾驶员不受隧道影响为止的路段。

高速公路隧道作为中间封闭两端开口、相对封闭的特殊构造物路段，隧道内外光源特性差异、噪声和空气污染、交通空间受限以及消防困难等因素将严重影响驾驶员在进出隧道期间的驾驶工作负荷。由于隧道提供给驾驶员特殊的照明和道路条件，因此要求在驾驶员进入、驶离隧道前提前被告知，设置调整环境差异过渡段，隧道影响区域的这些特殊路段的特殊要求如果不及时告知驾驶员，没有使驾驶员在进入隧道前做好充分准备，就可能给驾驶员行车带来安全隐患。

1.2.3 隧道运行影响区域驾驶行为特性

驾驶员在隧道运行影响区域行驶时会受到许多因素的影响，如标志、标线、护栏、路线线形、隧道洞口路基宽度、隧道长度、汽车动力性能、驾驶员生理和心理特性、交通运行环境、照明光环境和隧道环境等诸多因素，尤其以隧道光环境影响最大。各个因素之间相互影响，是一个动态变化的过程，这些因素的共同影响会导致驾驶员驾驶行为的变化。运行速度是驾驶员驾驶行为的宏观反应。我们利用非接触速度仪在自由流交通环境、线形条件良好、不同隧道入口段照明条件的山区高速公路隧道运行影响区域采集了驾驶员的运行速度数据，分析得到其变化规律，如图 1.11 所示。

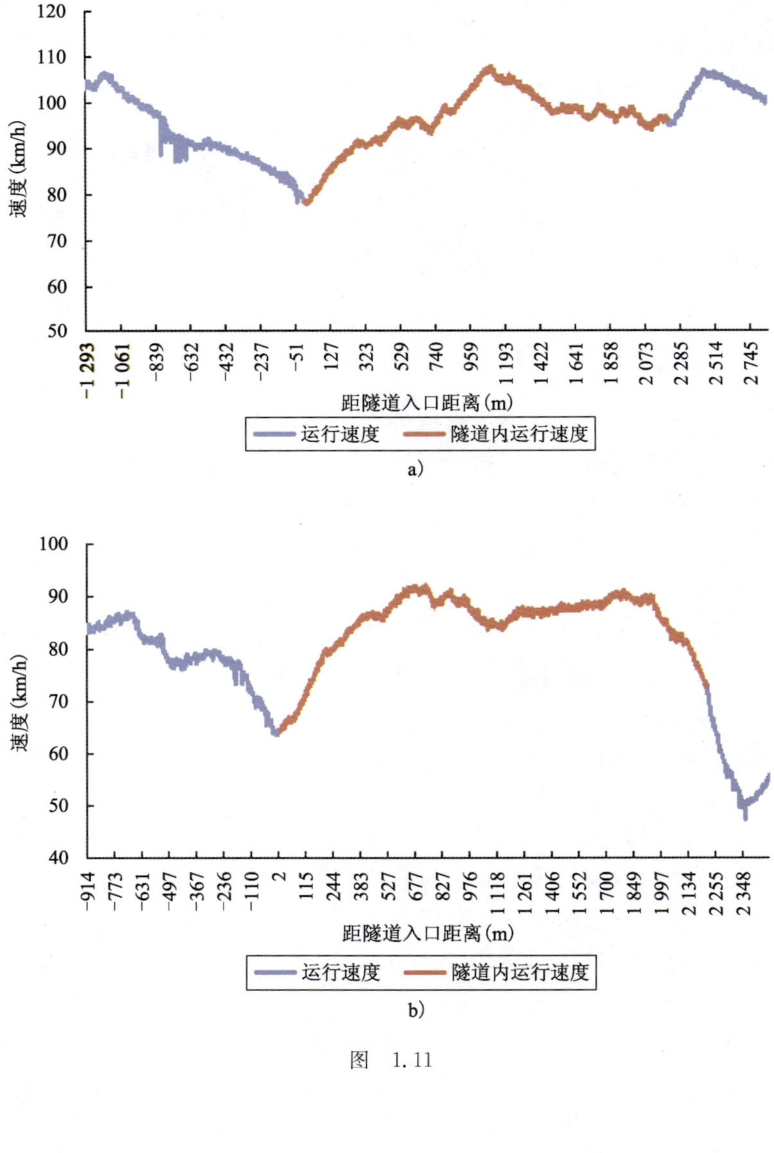

图 1.11

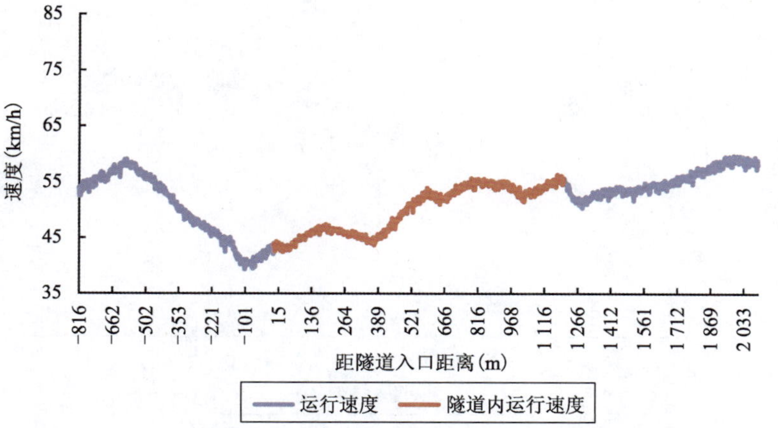
速度(km/h)
距隧道入口距离(m)
运行速度
隧道内运行速度

c)

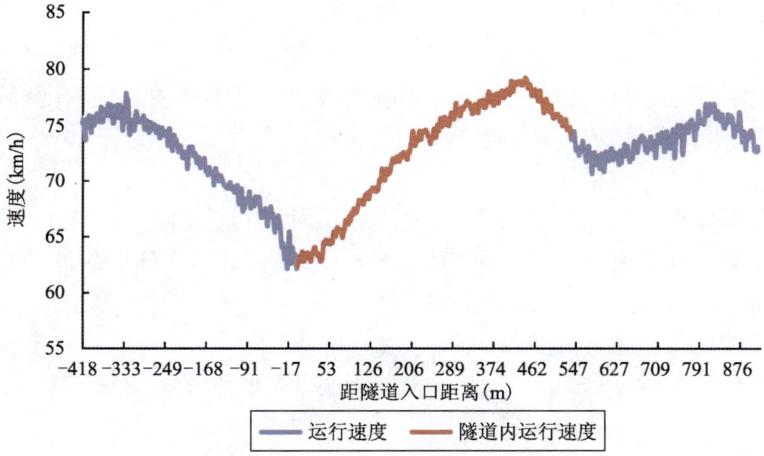
速度(km/h)
距隧道入口距离(m)
运行速度
隧道内运行速度

d)

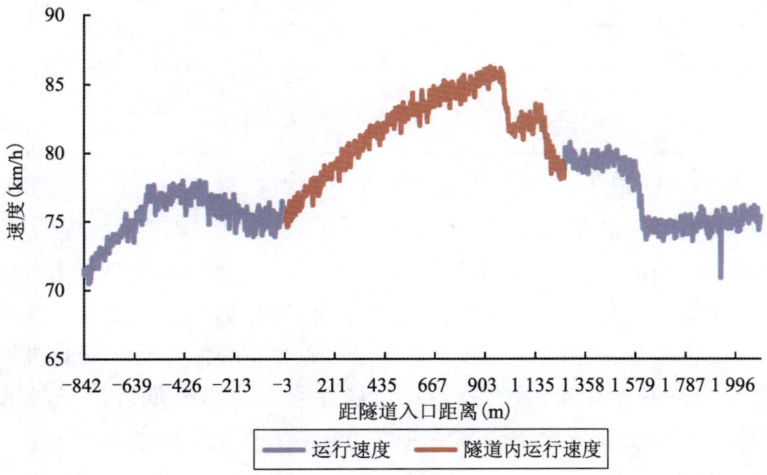
速度(km/h)
距隧道入口距离(m)
运行速度
隧道内运行速度

e)

图 1.11

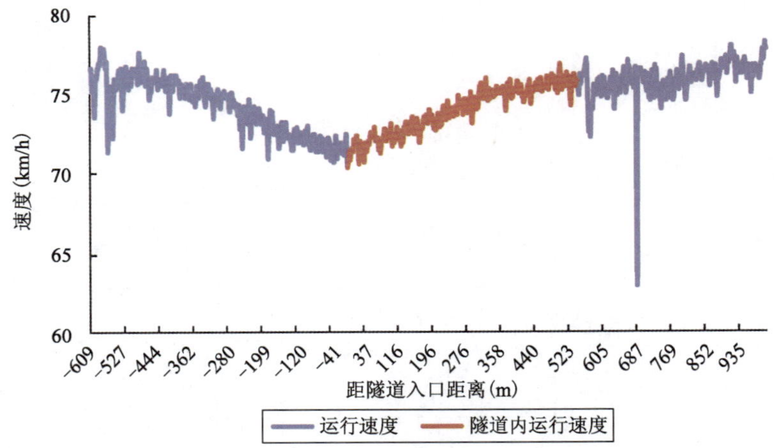

f)

图 1.11　隧道运行影响区域速度特性

通过对图 1.11 所示驾驶员在隧道运行影响区域各路段不同的运行速度特性分析可见，隧道各路段对驾驶行为的影响程度和特征规律不同。

1)隧道预告段驾驶行为特性

通过试验数据分析发现，隧道预告标志对驾驶员驾驶行为的影响不大。驾驶员驾驶车辆继续前行直至能够看到隧道入口时，通过对隧道入口道路、交通和环境条件的判断后会做出相应的反应，大多表现为在隧道入口前一定距离即开始减速。

2)隧道入口过渡段驾驶行为特性

在隧道内外亮度折减系数如表 1.1 所示的条件下，车辆在隧道影响区域的运行速度如图 1.11所示。

隧道入口洞内外亮度折减系数　　表 1.1

隧 道 编 号	隧道内外亮度折减系数	隧 道 编 号	隧道内外亮度折减系数
a	0.005	d	0.011
b	0.009	e	0.094
c	0.011	f	0.102

从图 1.11 中可见，隧道入口段是车辆进入隧道洞口后的第一段。白天，当隧道内外环境亮度差异大时，驾驶员驶入狭窄的隧道洞口时会出现“明暗”适应问题，驾驶员难以视认或辨清前方道路交通环境条件和信息而采取突然减速甚至紧急制动等不良驾驶行为，带来交通安全隐患。因此，白天在隧道内外环境亮度差异大的时段，驾驶员的驾驶行为会发生改变，一般驾驶员会选择减速，以较低车速通过隧道入口。图 1.11 中进一步证明了所有被试驾驶员在距离隧道入口前一定距离都开始减速，且在隧道入口处速度会降至最低；进入隧道以后，驾驶员经过“明暗”适应阶段以后，驾驶员视认或辨清前方道路、交通和环境条件信息的能力逐渐恢复，这时驾驶员会选择加速行为。

隧道内外环境亮度差异不同，驾驶员在入口段减速的程度也会不同，表 1.2 所示为图 1.11中各隧道入口前速度差异，并且亮度折减系数越小，亮度差异越大时，导致减速的程度越大,速度差异也越大。图 1.12 所示为速度差与亮度折减系数的关系。

隧道入口过渡段速度差异 表 1.2

隧道编号	开始减速时速度(km/h)	减速后最低速度(km/h)	速度差(km/h)	亮度折减系数
a	105.8	77.5	28.3	0.002 1
b	86.2	64.6	21.6	0.009 6
c	58.1	40.1	18	0.011 1
d	77	61.7	15.3	0.011 9
e	77.11	74.8	2.31	0.094 0
f	72.2	69.9	2.3	0.102 1

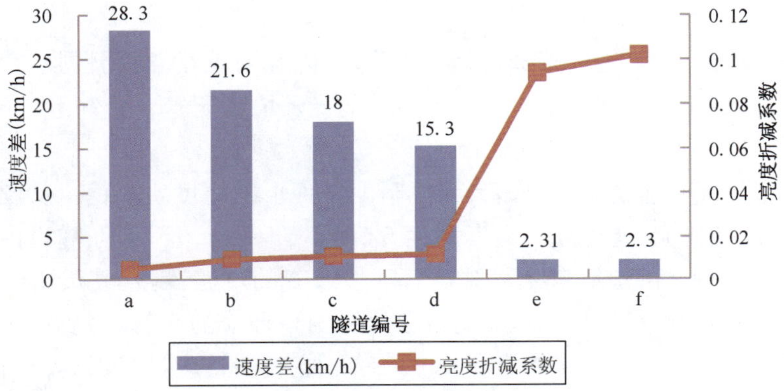

图 1.12 速度差与亮度折减系数关系

3)隧道中间段驾驶行为特性

驾驶员驾驶车辆经过入口段时,视觉已经适应了隧道内的行车环境,在入口段及过渡段会将车速提高到一定程度,驶入隧道中间段。如果车速达到驾驶员在隧道内所期望的运行速度,则驾驶员会选择一个相对平稳的速度在隧道中间段行驶,如图 1.11b)所示。如果隧道中间段的亮度条件满足驾驶员更高的速度需求,则驾驶员会选择在隧道中间段继续加速行驶,如图 1.11e)、f)所示。如果中间段照明环境不足以满足驾驶员驾驶车辆的安全舒适性,则运行速度会呈现先升高后下降,最终保持平稳运行的趋势,如图 1.11a)所示。

4)隧道出口过渡段驾驶行为特性

出口段是驾驶员从隧道内驶出隧道的适应过渡段。当驾驶员行驶到隧道出口段时,在白天隧道外亮度与隧道出口段照明差异较大时,会引起驾驶员视认的“白洞”效应或出现“暗明”适应问题,使驾驶员难以清晰辨认隧道前方道路交通环境条件和信息,造成驾驶员认知失误和紧张而发生错误的驾驶行为,带来交通安全隐患;同时驾驶员会因为长时间的隧道内驾驶在到达隧道出口前出现逃逸心理和加速行为。图 1.11c)、d)所示为隧道内外亮度差异较大,驾驶员在隧道出口段因出现逃逸心理先加速后减速,以较低的速度驶出隧道,待驾驶员适应洞外比较亮的环境时,车速会出现上升趋势。图 1.11f)所示为隧道内外速度差异比较小时,驾驶员会保持相对稳定的速度或以较小的加速度通过隧道出口。图 1.11e)所示为某东西坐向隧道,在下午 17:00 左右太阳光直射隧道出口,出口处出现了光幕,产生较强的眩光,当驾驶员由东向西行驶至出口时,因较强的眩光影响,驾驶员难以视认前方车辆及障碍物而导致运行速度连续骤减。图 1.11a)、b)所示为驾驶员受到行车过程中其他事件的影响而在出口段运行速度出现不稳定现象。

综上可见,隧道运行影响区域中不同运行环境条件因素的影响,会给驾驶员驾驶行为带来不同程度的结果,严重时会危及行车安全。

1.3 隧道运行光环境区域

隧道运行光环境区域包括隧道运行光环境区域特性及光环境区域分类。

1.3.1 隧道运行光环境区域特性

公路隧道是与外界半隔绝的特殊道路构造物,空间相对狭小、封闭性强,在隧道运行光环境区域内隧道出、入口段、中间段明显具有其特殊的光环境特征。

1)隧道出、入口段光环境

图 1.13 为某山区高速公路隧道白天天气晴朗条件下的亮度实测值。从图 1.13 中可见,隧道出入口处亮度差异大,隧道外部亮度高达 5 000～6 500cd/m^2,而在隧道内部则仅有几坎德拉每平方米(cd/m^2)。隧道洞口是驾驶运行环境改变的过渡段,驾驶员由于受隧道内外光源类型、明暗差异的影响,在进出隧道时通常会经历明暗环境的交替,容易产生"黑洞"效应和"白洞"效应,驾驶员视觉产生相应的不同程度的暗适应和明适应,导致驾驶员在进、出隧道的瞬间没有足够的时间适应隧道内、外光环境的过渡,引起驾驶员心理紧张而采取不良或不稳定的驾驶行为。驾驶员运行速度越快,隧道内外环境差异突变的速度也越快,暗适应和明适应的时间就越长,导致驾驶员视觉能力下降,出现视觉滞后现象,影响驾驶员对前方车辆或障碍物的视认和辨别,安全隐患问题就会更加严重。在明、暗适应时间内能够保证驾驶员安全视认的明、暗适应距离是保证行车安全的关键。驾驶员明、暗适应距离受隧道坐向、隧道洞口植被环境、隧道路面类型、隧道壁以及隧道内外光源特性差异等多因素影响,其中隧道内外亮度差异对驾驶员视认能力影响最明显,亮度差异越大,明、暗适应过程中行驶距离越长,越不利于驾驶员的驾驶视认,带来行车安全隐患。

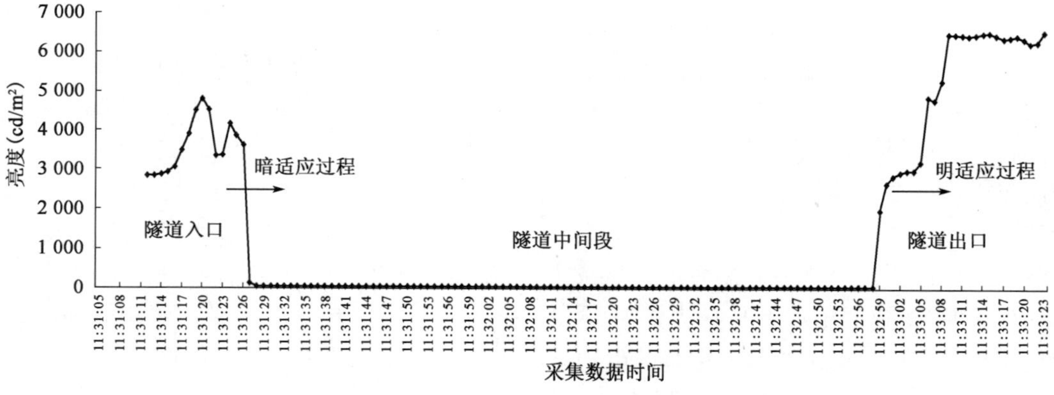

图 1.13 某隧道白天天气晴朗条件下的亮度实测值

因此，从驾驶视认安全舒适性、行车稳定性及降低隧道运营成本的角度看，在隧道出入口，当光环境差异大时，应在一定的距离范围采取措施减小隧道内外光环境差异，将其控制在能够满足驾驶员安全舒适视认和稳定行驶的范围内。

2)隧道中间段光环境

隧道中间段的光环境几乎不受隧道外部光环境的影响，驾驶员从入口段经过视觉适应段后进入一个光环境相对稳定的行车环境中。由于隧道中间段环境相对封闭，车辆行驶时带起的灰尘及车辆排出的尾气难以及时消散时会形成烟雾，降低隧道内的能见度，影响驾驶员的正常驾驶视认和驾驶操作能力。同时，这些颗粒物在车辆前灯的照射下会产生光散射现象，形成光幕，减弱道路前方障碍物与路面和墙壁的亮度对比度和照明效果，影响驾驶员的行车安全视距及对障碍物判断的准确性。

影响驾驶员在中间段驾驶视认的因素主要有光源特性、地面和空间照明质量、路面亮度均匀度、照明光源间距对驾驶员眼睛视认的影响等。隧道路面亮度水平低会降低驾驶员对前方车辆、障碍物或环境的视认能力，不利于行车安全。但如果增加路面亮度水平，隧道运行成本会增加；若亮度水平提高的不合理还会造成眩光，刺激驾驶员的眼睛，影响驾驶员的安全视认。因此需要综合考虑，以确定既满足驾驶视认安全舒适性要求又能节省隧道照明成本最佳光环境的方案。

1.3.2　隧道运行光环境区段分类

不同天气、时间段和运行速度条件下，驾驶员驶入隧道入口段、出口段及隧道内部时环境特征差异不同，导致驾驶员进出隧道和在隧道内部时的驾驶感受及视认需求不同。根据不同的环境特征差异和行驶服务需求条件，将隧道光环境营造的区段划分为接近段、入口段、过渡段、中间段和出口段，如图 1.14 所示。

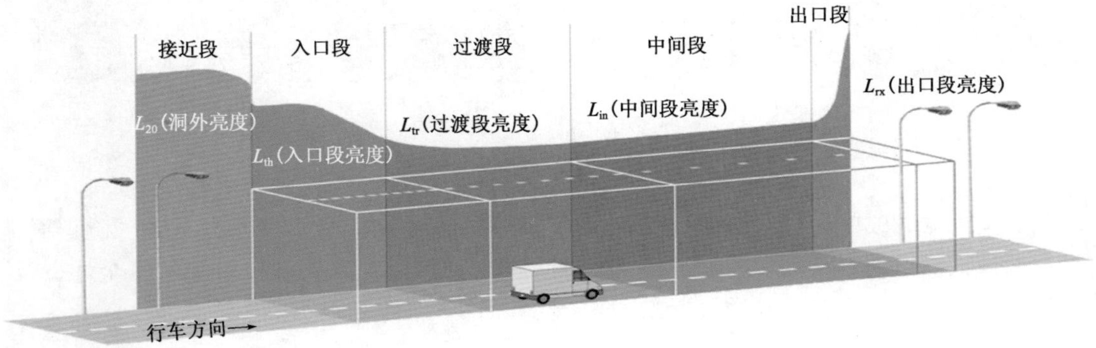

图 1.14　隧道光环境特征区段划分

1)接近段

在天气晴朗的白天，天空大气清澈，浑浊度较小时，隧道外环境亮度、色温均会较高。当隧道出入口内外光环境差异大，驾驶员接近隧道入口时，会由于隧道内外光源亮度及光色差异较大而产生“黑洞”效应，导致驾驶员难以视认洞口道路交通环境条件和信息，如图 1.15a)所示。夜间，当隧道内外照明差异较大时，也会引起驾驶员视认“白洞”效应，如图 1.15b)所示。阴天时天空云层较厚，没有太阳直射，隧道外环境亮度较低，光谱分布较为均匀，隧道内外光环境差异比晴天时小。驾驶员接近隧道入口时，视觉突变程度也会相应减小，如图 1.15c）所示。雾天及雨、雪等不利天气条件下，大气中的水蒸气和尘雾多，浑浊度大，受雾、雨雪等影响，隧道入口能见度低，会降低驾驶员正常的驾驶视觉能力，如图 1.15d）所示。

a）白天

b）夜间

c）阴天

b）雾天

图 1.15　隧道接近段光环境

在不同天气和时间段，隧道入口前的自然光环境特点不同。为了使驾驶员驶入隧道时能安全舒适视认隧道洞口条件，需要采取特别的光环境措施，以保障驾驶员行驶的安全性，将该需要特别处理的路段定义为隧道接近段，即隧道入口前一个停车视距范围的路段。

2）入口段

白天，驾驶员由明亮的隧道外部环境驶入相对较暗的隧道内后，要经历一定时间才能看清楚隧道内部的行车条件，急剧的亮度变化会使驾驶员视觉产生“明暗”适应问题，出现视觉滞后现象，驾驶员不能在安全的视觉需求时间内适应光环境变化，导致视认困难和紧张，采取不及时或错误的驾驶行为。在夜间，隧道内外环境亮度差异大时，驾驶员会在进入洞口时出现“暗明”适应问题。驾驶员对由明到暗和由暗到明的适应时间是有差异的，由明到暗的适应时间比由暗到明更慢，相应的暗适应需求距离比明适应距离要长。基于这些特殊的要求，将隧道照明区段中车辆进入洞口后的第一段定义为入口段，如图 1.16 所示。在此路段需要重视驾驶员在白天不同时间段的“明暗”适应距离和夜间的“暗明”适应距离需求。

3)过渡段

驾驶员在不同天气、时间段以不同的运行速度从隧道外公路自然环境中驶入隧道内均匀的人造环境时，过大的光环境差异会影响驾驶员驾驶视认安全舒适性和行驶的稳定性。为了降低驾驶员视觉差异，满足视认需求，实现隧道光环境的平稳过渡，需要在入口段与隧道内部均匀光环境之间设置过渡段，如图 1.17 所示。

图 1.16 隧道入口段光环境

图 1.17 隧道过渡段光环境

4)中间段

为了在保障安全行车的同时节约用电，隧道内部环境均匀段的照明需要保持一个安全条件下的低水平。隧道内部均匀环境不受隧道外界因素的影响，但需要考虑隧道内车辆废气无法及时消散形成烟雾而导致隧道内部能见度降低的问题。为保证驾驶员正常视认和驾驶操作能力，需将隧道内亮度保持在一个合理而均匀不变的质量水平，将该均匀不变的路段定义为隧道中间段，如图 1.18 所示。

在隧道中间段可能会设置有横向通道。为了使逃生人员或车辆在逃行过程中能明晰横向通道的位置、逃行线路，需在路面照明需求的设置条件下凸显横向通道的位置和逃行线路光环境，保障逃生人员或车辆第一时间逃离现场，如图 1.19 所示。

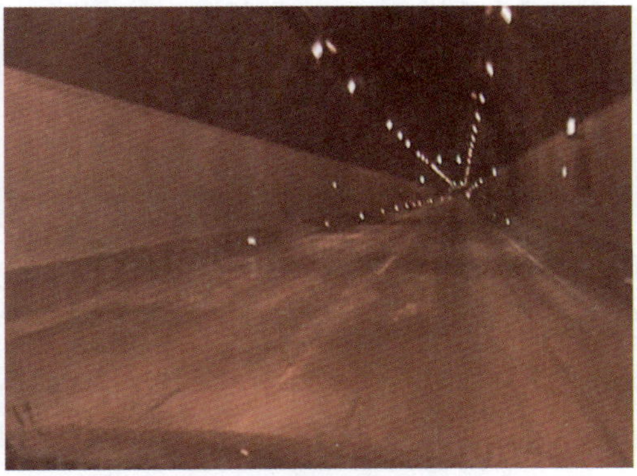

图 1.18 隧道中间段光环境

在长、特长隧道的中间段设置有紧急停车带。为了在有限空间中保障紧急停车带内设备、车辆和人员的安全，需要在路面照明需求的设置条件下凸显紧急停车带的位置，驶入、驶出路线光环境，如图 1.20 所示。

在特长隧道内，单调的行驶环境容易引起驾驶员驾驶疲劳，可在驾驶疲劳出现之前，及时采取改善景观的措施，来缓解或消除驾驶员驾驶疲劳，确保安全行驶。设置景观可改善光环境，图 1.21 为某隧道内的环境景观设置。

图 1.19　横向通道指示及光环境

图 1.20　隧道紧急停车带

图 1.21　隧道内景观

5)出口段

白天天气晴朗的条件下，当驾驶员行驶到隧道出口时，隧道洞口外部环境亮度极高，会出现“白洞”效应，引起驾驶员产生“暗明”适应问题。驾驶员在这种光环境差异下会感到十分耀眼和不适，难以判断前方车辆距离及视认周围环境信息，如图 1.22a)所示。夜间与白天正好相反，隧道出口黑暗，隧道内外的亮度差异大，会引起驾驶员视认的“黑洞”效应，或出现“明暗”适应问题，驾驶员在这样的光环境下，不能正常获取洞外道路、交通和环境条件信息，如图 1.22b)所示。阴天天气下，天空云层较厚，没有太阳直射，隧道外环境亮度较低，隧道内外光环境差异比晴天时小，驾驶员接近隧道出口时，视觉突变程度也相应减小，如图 1.22c)所示。雾天及雨、雪等不利天气情况条件下，大气中的水蒸气和尘雾多，浑浊度大，雾、雨雪等会降低隧道出口能见度，阻碍驾驶员安全视认，如图 1.22d)所示。

基于这些特殊的要求，将在隧道照明区段中车辆驶出隧道的适应段划分为出口段。在此路段需要重视驾驶员在白天不同时间段的“暗明”适应和夜间的“明暗”适应距离需求问题。

a)白天

b)夜间

c)阴天

d)雾天

图 1.22 隧道出口段光环境

第2章 驾驶员驾驶需求与隧道照明

需要人工照明的公路隧道，其照明光源和质量特性是营造隧道照明光环境条件的前提基础；公路隧道用户在驾驶过程中有 80%的道路交通和环境信息来自于驾驶员的眼睛，隧道光环境要提供给驾驶员满足驾驶安全、稳定和舒适的视认环境，就需要理解驾驶员的驾驶视认需求特性、隧道照明光源及其质量特性。

2.1 驾驶员驾驶

驾驶员驾驶包括驾驶员驾驶过程中的生理机制及视觉形成、驾驶的生理、心理特性及其在隧道影响区域驾驶的行车需求特性。驾驶员驾驶的活动特征可以反映驾驶员在驾驶的信息处理过程中生理和心理变化及驾驶行为特征。

2.1.1 眼睛的生理机制及视觉形成

驾驶员在行车过程中需及时感知瞬息万变的道路、交通和光环境条件信息，以便做出正确的判断，对道路、交通和环境信息的正确感知，是行车安全的基础。在视觉、知觉和触觉等各种感觉器官提供给驾驶员的道路、交通和环境信息中，视觉提供的信息占 80%以上。因此，对于驾驶员而言，视觉是获取道路、交通和环境信息最重要的通道。视觉系统是由眼睛、传入神经和脑皮层视区等部分构成。眼睛是视觉系统的外周部分，具有高度发达的神经细胞和光学系统，以及各种使眼睛转动和调节光学系统的肌肉组织，其生理机制是视觉形成的基础。

1)眼睛的生理构造

眼睛是一个球状体，其直径大约为 23mm。驾驶员眼睛球壁分为 3 层，最外层是纤维膜，中层是血管膜，内层是视网膜。纤维膜厚而坚韧，外层前 1/6 是透明的角膜，光线从角膜进入眼内。眼球外层的其余部分是不透明的巩膜，主要起巩固、保护眼球的作用，眼球的构造如图 2.1 所示。

驾驶员眼睛球壁中层的血管膜分为脉络膜、睫状膜和虹膜 3 部分。脉络膜的主要功能是供给眼球营养，吸收眼球内散射的多余光线。睫状膜的前方连接虹膜根，后与脉络膜相延续。虹膜是圆盘状的薄膜，中间的圆孔叫瞳孔，瞳孔后面是晶状体。

驾驶过程中驾驶员需要通过眼睛的调节系统进行道路、交通和光环境的视认。眼睛的调节系统包括瞳孔的调节和屈光调节。瞳孔调节是虹膜的扩瞳肌和缩瞳肌对瞳孔大小变化的控制，它可以改变瞳孔大小调节摄入眼内的光通量，以控制视网膜受外界刺激的强度，在光线弱时瞳孔放大，光线强时缩小，瞳孔能从不到 2mm 变到约 8mm，图 2.2 是瞳孔直径与视场亮度的关系曲线。

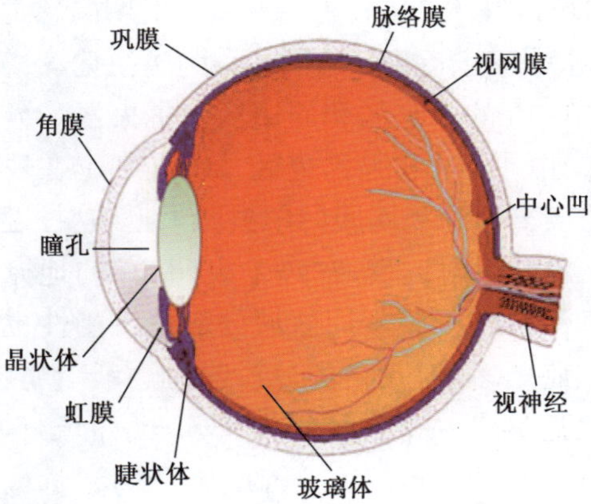

图 2.1　眼球构造

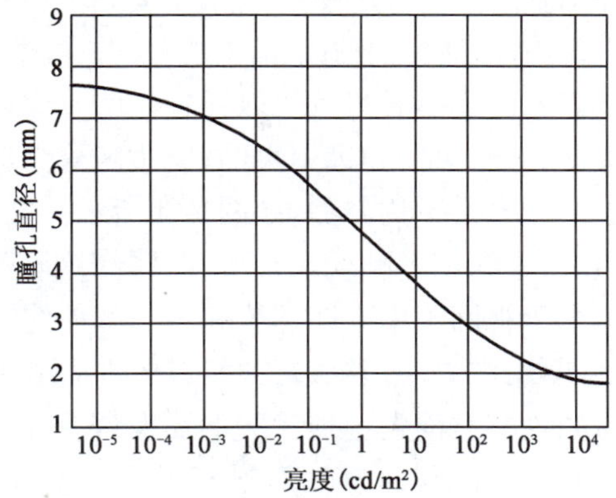

图 2.2　瞳孔直径与视场亮度的关系

驾驶员眼睛具有对不同距离路面上的物体都能形成清晰视像的适应能力，是通过睫状肌控制晶状体厚薄变化即屈光调节实现的。当看远距离物体时，调节处于放松状态，晶状体成扁平形；看近距离物体时，调节处于紧张状态，晶体的厚度增加，表面的弧度加大。晶状体起透镜的作用，能保证视像聚焦在视网膜上，以呈现清晰的映像。

在驾驶视觉系统中，与感光机制和视觉信号处理机制关系最为密切的是视网膜。眼球内壁约 2/3 的面积为视网膜，是由 3 层神经细胞组成。第一层是光感受细胞，主要包括锥体细胞和杆体细胞；第二层是双极细胞和其他细胞；第三层是节细胞，它与双极细胞连接。视网膜的每一层神经细胞均包含不止一类细胞，各层之间以及一层之内的细胞形成广泛联系，是视觉信息加工的形态学基础。外界光线入射方向与视网膜信息处理传递方向是相反的，即光线最终到达感受细胞层，这是一种称为倒转视网膜(inverse retina)的结构，如图 2.3 所示。

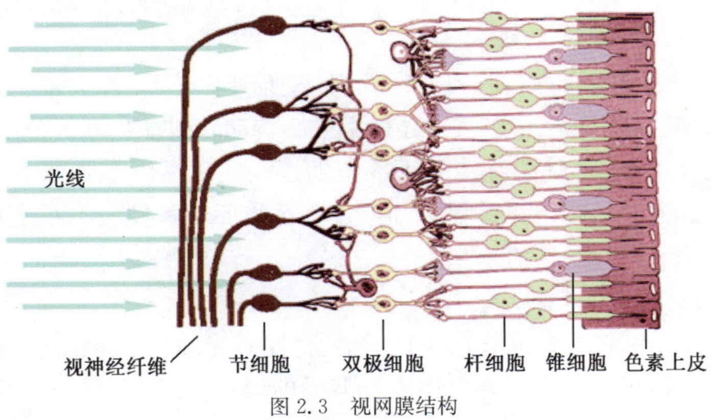

图 2.3　视网膜结构

视网膜是感受光线刺激的神经组织，是视觉的光学过程和电生理过程的接口。从解剖学观点解释，视网膜又是大脑视觉的“前哨”，视觉信息处理的第一阶段就在这里进行。视网膜上约有 1.3×10^8 个感光细胞，共分为两种，即锥体细胞和杆体细胞。感光细胞的光敏色素就如转换器，能有效地把光能转换成神经脉冲，从而启动视觉过程。锥体细胞和杆体细胞有着不同的视觉功能。锥体细胞能感受强光刺激，在明亮环境下，对色觉和视觉敏锐度起决定作用，能分辨出物体的细部和颜色，并对环境的明暗变化做出迅速反应以适应新的环境，称为明视觉；而杆体细胞感光能力比较强，能够感受到微弱光的刺激，所以杆体细胞在黑暗环境中对明暗感觉起决定作用，虽能看到物体，但不能分辨其细节和颜色，对明暗变化的反应缓慢，称为暗视觉。

眼睛的视网膜可分为以视轴为中心、直径为 5～6mm 的中央区和周边区。中央区又分为中央凹、旁中央凹和远中央凹；周边区分为近周边区、中周边区和远周边区。感光细胞在视网膜上的分布是不均匀的，如图 2.4 所示。锥体细胞主要分布在视网膜的中央凹附近，越靠近网膜边缘，锥状细胞越少。相反，杆体细胞在视网膜上中央凹附近少，在离中央凹 20°的地方最多。由于视网膜中央凹部位和边缘部位的结构不同，所以视网膜不同区域的颜色感受性也有所不同，由中央向边缘过渡时，锥体细胞减少，杆体细胞增多，对颜色的分辨能力逐渐减弱，直到对颜色感觉消失。现代医学发现：人眼视网膜中央后端有一个直径约为 1.5mm（折合 6°视角）的黄色区域，称为黄斑，由于存在一类非光敏色素——叶黄素（xanthophyll）而为视觉最敏感区域。当物象落在中央凹上，分辨率最强。因此，驾驶员在行车过程中一旦发现视认目标，眼睛就会习惯性转动，尽可能把物体成像放在眼睛中央，以发挥最好的视力。

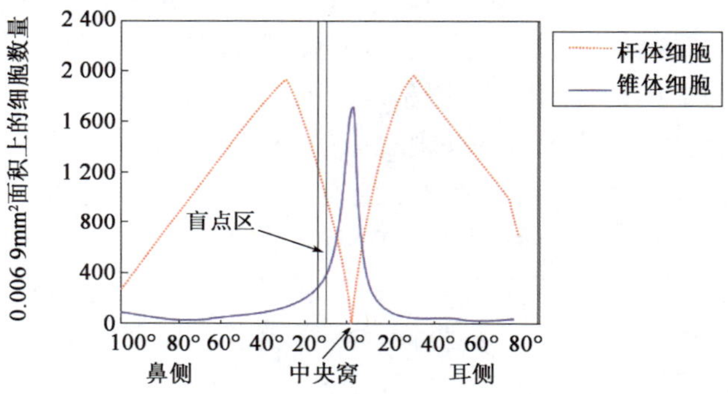

图 2.4　锥体细胞与杆体细胞分布

驾驶员眼球的运动是通过内直肌和外直肌、上直肌和下直肌、上斜肌和下斜肌三对眼肌协调控制，可使眼球以角膜顶端后方 13.5mm 处为中心转动。眼球运动的范围约为 18°，但驾驶员通常在眼球运动超过 12°时就需要转动头部帮助运动实现。两个眼球的活动是协调的，总是向同一方向运动。驾驶员在行车过程中，道路、交通和环境条件在不断变化，驾驶员通常需要采取眼动和头动来获取驾驶所需信息。

2）驾驶视觉的形成

驾驶过程中驾驶员的视觉是光作用于视觉器官，使感光细胞兴奋，其信息经视觉神经系统加工后产生。驾驶员通过视觉感知外界物体大小、明暗、颜色、动静，获得对驾驶安全具有重要意义的各种信息。

（1）视觉通路

驾驶员的视神经通路有 3 处重要的信息加工站：上丘（superior colliculus）、外侧膝状体（lateral geniculate nucleus）和视皮层区（visual cortex）。两只眼睛各自的视神经离开眼睛后，每只眼睛鼻内侧的视神经交叉到脑的另一侧，形成视交叉。此后形成两条分离的上行通路，通往上丘,上丘与瞳孔反射和眼动有关。当上丘的神经细胞受到突然刺激,就会导致眼动使物像落在中央凹。外侧膝状体以一种排列有序的方式接受来自视网膜的神经纤维,并因之而产生视网膜在外侧膝状体上的拓扑图形(从现有波形预测未来发展变化的波形,topography)。随后又形成视放射线,投射到大脑皮层两侧的枕叶视觉区,对来自两眼的信息进行加工,产生完整、丰富的视觉,如图 2.5 所示。

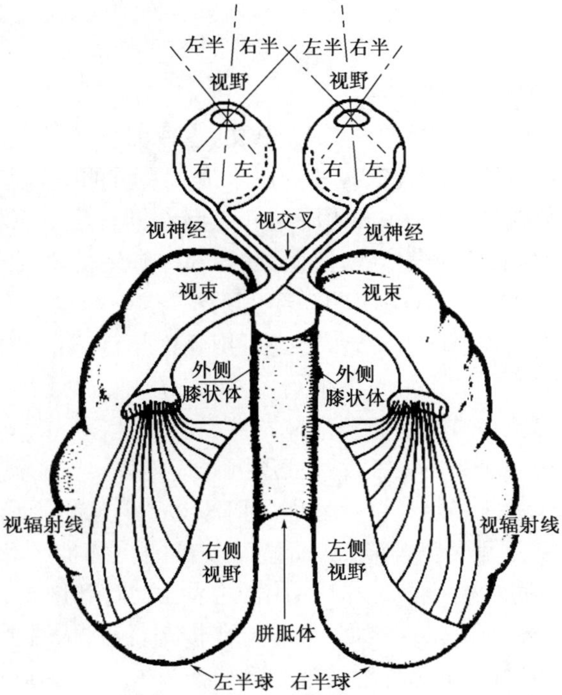

图 2.5　视觉通路模式

在视觉信息传入的过程中,视神经细胞与视网膜上的感光细胞有特定联络关系。视觉系统的高级神经元对呈现在视网膜上的特定刺激物做出反应,这种高级神经元叫作特征觉察器。人的视觉皮层具有边界、运动、方向、角度等特征觉察器,以保证有机体对视觉信息做出选择性反应。

(2)视觉形成

驾驶视觉的形成过程可分为 4 个阶段。

①光源(自然光源或人工光源)发出光辐射。

②路面上障碍物、车辆、环境景物等在光的照射下产生明暗、颜色等差异,形成二次光源。

③驾驶员观察物体时,二次光源发出不同强度、颜色的光信号透过眼角膜穿过瞳孔,经房水、晶状体和玻璃体折射,在视网膜上成像。

④视网膜上接受的光刺激(即物象)转变为脉冲信号,经视神经传递给大脑,通过大脑的解释、分析、判断而产生驾驶视觉。具体过程可描述为:驾驶员视网膜的锥体细胞及杆体细胞接受光刺激,其内的感光物质发生化学变化,刺激神经细胞,转换为神经冲动,经由视神经传导到脑内的视觉中枢,从而产生物体大小、位置、形状、颜色、明暗等感觉。在光较弱时,杆体细胞受刺激而兴奋,将感觉信息通过视神经传到大脑;在光较强时,锥体细胞受刺激而兴奋,将光感和

色感信息通过视神经传到大脑。道路、交通和环境信息经过眼睛传入大脑，产生视觉生理反应，形成视觉，进而进入下一步的驾驶认知过程。

2.1.2 驾驶员驾驶的生理、心理特性

视觉是驾驶员获取道路、交通和环境信息最重要的通道，隧道光环境的建设与运行管理需要了解驾驶员在驾驶过程中的生理、心理特性，具体包括驾驶视认的生理、心理反应过程、驾驶动态认知过程。

1)驾驶视认生理、心理反应过程

驾驶视觉系统的大脑组织方式、各种视觉现象的心理机制，以及心理作用下视觉现象的变化与发展使驾驶员拥有更为复杂的视觉心理。视认是驾驶员的一种基本的生理和心理现象，是一种积极观察并归纳与整合的行为，并由眼睛和大脑共同支配。驾驶员驾驶认知生理过程为：驾驶员通过视觉、听觉、触觉等身体各外部感受器和内脏感受器接收的刺激传到脑中枢；经过短暂、复杂的处理后，把与内脏有关的冲动经由延髓、脑干网状结构、下丘脑等部位传至脊髓。作为交感神经和副交感神经的发源地，脊髓可把脑中枢传来的冲动通过交感和副交感神经直接作用于内脏各器官上。

驾驶员在隧道影响区域对道路交通和环境条件的认知过程为：驾驶员进入隧道之前，将隧道相关的道路、交通设施、交通和环境条件包括周围光环境等转变成视觉刺激进入驾驶员的脑中枢，脑中枢依据视觉刺激的强弱，经快速处理后把冲动经由延髓、脑干网状结构、下丘脑等部位传至脊髓上的交感神经和副交感神经，从而使驾驶员的交感神经和副交感神经产生兴奋。交感神经活动加强时，心跳加快，血液的压出量增加，表面血管和进入肠胃的血管受抑制，血压增加，大肌肉里的动脉扩张，血的供应增加，眼的瞳孔扩张，使进入视网膜的光增加，提高了驾驶员驾驶视认的视敏度；但当副交感神经加强时作用正好相反。因此，在驾驶员身体内部，交感神经活动和副交感神经活动相互作用，两者处于颉颃状态，维持身体各种功能的平衡，从而引起驾驶员心率和瞳孔发生变化。

2)驾驶动态认知过程

驾驶员在动态驾驶过程中通过视、听、触觉等感觉器官不断从隧道影响区域的道路交通运行环境中感知道路、交通和环境信息，经过大脑进行处理，做出反应和判断，再支配手、脚运动器官，操纵车辆，使车辆适应不断变化的道路、交通和环境条件，并按驾驶员的驾驶期望在道路上行驶；同时，驾驶员的感觉器官不断地感知车辆对道路及环境的适应情况信息，并对车辆作进一步的微调。在这一过程中，驾驶员受到自身一系列生理、心理因素的制约和外部交通和光环境条件的影响。在信息的感知、处理、判断和操作上，如果某一环节发生失误，就会带来交通事故风险。

驾驶员、汽车、道路和交通环境构成了典型的人机交互环境系统。在该系统中，驾驶员是最活跃的因素，对行车安全起着主导控制作用。了解驾驶员在隧道影响区域的驾驶工作负荷应从驾驶员是如何获取信息和使用信息开始，即从驾驶员的认知过程开始。驾驶员的认知过程可理解为道路、交通和环境的信息感知、判断决策和反应操作的过程，是驾驶员在道路交通系统中多源信息刺激下，通过制订行动方案和驾驶决策时所表现出的生心理—物理反应的过程。

驾驶员的认知过程由 3 个阶段组成:信息感知阶段、判断决策阶段、反应操作阶段。

(1)信息感知阶段

驾驶员通过视觉、听觉和触觉感知汽车在道路、交通和环境中的运行条件,这一阶段主要由感觉器官完成。行车时驾驶员通过感觉器官接收来自车内外的各种信息,包括道路信息、车辆信息、交通和环境信息(如交通信号、其他车辆的动静位置、路面状况以及汽车的运行状况、周边包括光环境在内的环境条件等信息)。听觉器官提供给驾驶员交通指令和车辆运行情况等信息;触觉器官提供给驾驶员身体位置运动方向和速度变化等信息。

(2)判断决策阶段

在信息感知的基础上,驾驶员结合驾驶经验、驾驶技能和驾驶安全态度,经过分析,做出判断决策,确定有利于汽车安全行驶的措施。这一阶段主要由中枢神经系统完成。

汽车驾驶是动态的过程,如果想成功完成驾驶任务,必须借助于驾驶员自身存储的关于道路交通系统的信息——感知语言,主要包括驾驶经验和驾驶员安全态度等指导驾驶操作。驾驶员结合自己的驾驶经验、生理和心理素质、反应特性以及对相关交通法规的遵守程度等对感觉登记子模块中的感觉信息进行的综合反映,形成一种抽象的、一般的知觉信息。这些信息被认为是内化在头脑中的内生模型,在特定环境中可以有效指导驾驶任务的完成。驾驶员感官对外界信息的刺激以信息输入的方式传递给中枢神经系统进行加工,进行有选择性的集中,特别是对刺激强度比较大的知觉信息进行集中,产生短暂的记忆,记忆会把刺激信息按基本样式记录下来。

驾驶员根据自身条件和驾驶任务的要求,把感知到的信息与自己的知识经验进行结合和分析,在头脑中选择性地注意有效信息,然后进行判断。在驾驶员的判断中,预先建立了预期道路的一个安全舒适的内生模型,即产生了驾驶预期。预期一旦形成,驾驶员头脑中的道路表象就有了相对的确定性,再与道路环境提供的实时信息进行对比,对相应的反应操作进行决策。这些判断项目中,任何一项判断不准确,都可能会产生驾驶运行的安全隐患,严重时甚至导致行车事故。

(3)反应操作阶段

反应操作阶段是驾驶员依据判断决策所做出的实际反应和操作。这一阶段主要由运动器官来完成。

被选取的信息经思考、判断和决策后,驾驶员产生相应的生理、心理反应和行为反应,然后通过手、脚等运动器官发出调整方向、速率和制动等指令,采取适当的反应动作来实现驾驶操作决策,实现期望的驾驶状态。操作完成后,驾驶员同时会根据道路、交通、环境和车辆的运行状况,不断接收信息,调节自身驾驶行为以适应新的道路、交通和环境信息需求,确保汽车的操纵稳定性、可靠性和安全性。

综上所述,首先,驾驶员通过感受器官(如视觉、听觉和触觉系统等)获取、登记道路交通系统中有关人、车、路和环境等多源交通状况刺激信息;其次,在注意的作用下,车头间距、相对速度、临界间隙、标线和标志等信息得到识别并转到短时记忆,然后与感知语言中提取出来的相应信息相匹配;再次,根据已经掌握的驾驶准则、驾驶经验或驾驶意愿等制订车辆跟驰、车道变换等驾驶决策;最后,将制订的驾驶决策传递到效应器官(如手、脚等运动器官),通过加速、减速或转向等操作来实现车辆预期的运行。上述过程发生后,车辆行驶参数的变化又将重新反馈给驾驶员，影响着驾驶员的下一步决策和动作操作执行，图 2.6 所示为驾驶员认知过程模型。

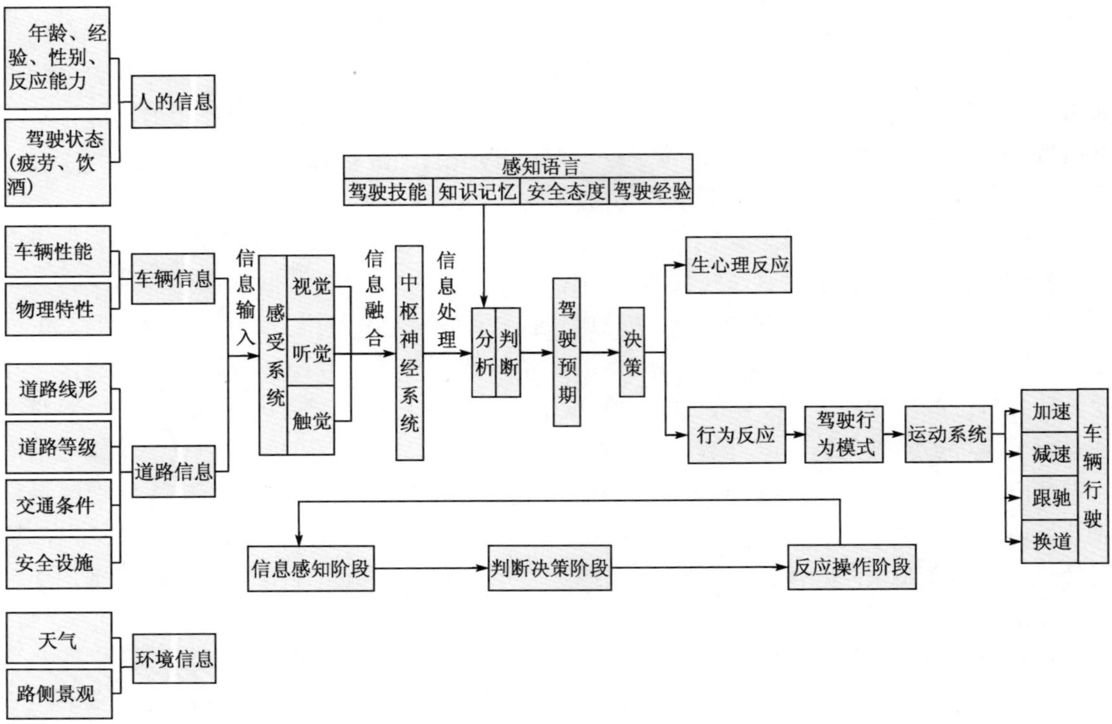

图 2.6　驾驶员认知过程模型

驾驶员的驾驶行为是信息感知、判断决策和反应操作所组成的一个不断往复进行的信息处理过程，亦即感知作用于判断决策后影响到操作。在实际驾驶过程中，感知、判断和操作是一个有机的统一体。感知是判断的前提，为判断提供材料，是分析判断的源泉；分析判断又为反应操作提供指令，操作是感知、判断的结果，又反馈到感觉器官，对操作进行修正和调整。如果没有这一反馈过程，就不知道操作的结果，难以保证驾驶动作的准确性。

公路隧道是一个相对封闭的空间结构，驾驶员若长期在这样的环境下行驶，会产生恐惧、烦躁、压抑甚至疲劳等不良的生理、心理反应。同时相对封闭的隧道环境，会使驾驶员的视野控制在一个管状空间内，加之隧道内环境极其单调，缺乏必要的注视点，就容易引起驾驶员的视觉疲劳，不利于行车安全。驾驶员的视野连贯性如果不能及时在隧道内得到补偿，驾驶员一旦看到隧道出口就会很自然地将目标锁定在隧道外，这样就容易产生逃逸心理，并不自觉地提高车速以满足视野的连贯性，给行车安全带来风险。

隧道出入口段是隧道交通事故发生的集中路段，也是驾驶员生理、心理变化最显著的路段。该路段如果存在“黑洞”效应或“白洞”效应，会使驾驶员的视觉和心理都存在不同程度上的不适应；同时，隧道内光环境条件差、“频闪”效应、“斑马”效应和眩光的影响也会使驾驶员的生理、心理及驾驶行为受到不良影响，这些不良的“效应”会影响驾驶员对前方车辆或障碍物的视认，给行车安全带来风险。

2.1.3　驾驶员行车视认需求特性

合理的隧道光环境应为隧道用户提供满足安全、稳定和舒适驾驶视认需求的驾驶工作环境，把必要的驾驶视认信息传递给驾驶员，使驾驶员能够看清更远的道路几何线形、路面、交通和环境条件，从而满足驾驶员的驾驶期望，降低交通运行风险。在隧道影响区域内，驾驶视认是综合人体生理、心理特征及投射到路面的光环境等各种指标的综合效果。影响驾驶员视认效果的因素有很多，但最终必须依靠照明光源营造的光环境来提高驾驶员在行车过程中的视认可靠性和视觉舒适度，从而保证行车稳定、安全和舒适。

在隧道影响区域范围内，驾驶员行车时所需大量信息包括线形条件、路面条件、交通条件、标志标线和路面上障碍物等主要来自于路面，即驾驶员注视点主要分布在路面上。根据在模拟隧道内进行的静态试验结果发现，当光线照在路面上时，即使很微弱，人在暗处也可以看清路面物体的轮廓；但如果眼睛周围有相同亮度的光线，物体放置在暗处，人眼就不能看清楚物体的轮廓，甚至看不到地面上的物体。同时，在一定的隧道环境条件下，当照明光源一定，路面亮度随光源距离的增加而降低，而各种光源中，照明光源距离路面最远，即隧道路面上的亮度是隧道光源范围内光线亮度最低值。如果路面亮度能保证驾驶员对障碍物的可视性，也就能保证驾驶员在隧道影响区域范围内对其他信息条件认知的视认需求。基于以上分析，从驾驶员行车安全、稳定、舒适和经济性角度考虑，驾驶员对隧道影响区域内照明质量的基本需求位于路面上。

高速公路隧道影响区域行驶量较大的典型车型可分为小客车和载货汽车两种类型，如图 2.7所示。以贵州省思剑高速公路贵马隧道右幅入口段一定照明光源的不同光环境质量为试验路段，不同行车速度条件下的停车视距距离处小客车和载货汽车驾驶员对灰色目标物视认正确率的试验结果进行统计分析，对视认需求进行分析比较，得出小客车和载货汽车驾驶员在不同安全停车条件下能够满足驾驶员静态视认需求的亮度折减系数，如表 2.1 所示。

a) 小客车

b) 载货汽车

图 2.7　某省山区高速公路隧道典型车型

从试验结果可见，不同安全停车视距条件下，满足小客车驾驶员静态视认的亮度差异要比载货汽车驾驶员小，即小客车驾驶员的视觉需求比载货汽车驾驶员的视觉需求高。其原因在于小客车和载货汽车驾驶员目高不同（小客车驾驶员目高为 1.2m，载货汽车驾驶员目高为

1.5m),导致小客车驾驶员视野比载货汽车驾驶员的视野小,车速越快导致视距越短,越不利于驾驶员的动态安全视认。按照驾驶视认最不利原则,隧道运行光环境设置技术应以小客车驾驶员的动态视认需求特性为基本研究对象。

静态条件下满足入口段视认的亮度折减系数 表 2.1

车型	速度(km/h)	视距(m)	亮度折减系数
载货汽车	60	75	$K \leqslant 0.01$
	80	110	$K \leqslant 0.026$
	100	160	$0.02 < K \leqslant 0.036$
小客车	60	75	$K \leqslant 0.012$
	80	110	$K < 0.036$
	100	160	$K < 0.027$

驾驶员的行车需求特性应该满足驾驶期望视距、动态视认需求、夜间视认需求和环境条件安全视认需求等方面。

1)驾驶期望视距

驾驶期望视距是驾驶员在驾驶过程中根据其采集到的道路、交通和环境信息、运行速度和驾驶安全、稳定和舒适性而保持的注视点与驾驶车辆的最短空间距离,是驾驶员为保证行车安全而期望达到的视距要求。

驾驶员视觉的主要任务是观察前方道路路面上障碍物的位置、大小和移动情况。对驾驶员的动态认知过程及视认需求研究可见,驾驶员能及时甚至及早准确识别出前方障碍物、危险位置是提前解除危险的根本,也是车速是否安全合理、照明设置是否合理有效的根据。在驾驶操作中形成提前、有序认识危险,迅速化解危险的意识,具体描述为:发现情况—识别危险—调整车速—安全通过或停车。因此,驾驶员在隧道影响区域行驶时,必须保证在前方一个驾驶期望视距处的视野范围内能看清楚道路的线形条件、路面条件、标志标线、其他车辆信息、障碍物和景观条件等信息。

视距是驾驶员行车安全的最重要控制指标,停车视距是保障驾驶员发现前方的障碍物并能安全停止的控制标准。停车视距是指驾驶员在行车时在到达前方的目标障碍物之前能安全停车的最短距离。停车视距由两部分构成:驾驶员发现前方障碍物后在反应时间内行驶的距离和驾驶员开始制动到车辆停止所行驶的距离(制动距离)。停车视距是公路设计与工程技术标准中重要的设计技术指标,我国现行《公路路线设计规范》(JTG D20—2006)中对不同设计速度下的停车视距规定如表 2.2 所示。

我国停车视距标准 表 2.2

设计速度(km/h)	120	100	80	60	40	30	20
停车距离(m)	210	160	110	75	40	30	20

CIE 在《隧道和地下通道照明指南》中也建议,通过判定受测驾驶员是否能在大于或等于一个安全停车视距处发现目标障碍物,以作为判定隧道安全照明的依据。这一方法可直接反映驾驶员在各种照明条件下所产生的生理及心理反应,具有科学性及客观性。

由于停车视距是指驾驶员在行驶过程中发现路面上的目标障碍物,自反应、制动至安全停车所需的总距离，因此，何时发现目标障碍物是满足停车视距的关键，这就取决于驾驶员的视见程度，它受车速、大气能见度、路面材料、光源特性、照明质量、目标障碍物大小及其光反射率等条件的影响。对进出隧道而言，若排除能见度的影响，在限定车速下隧道照明光源差异能保障驾驶员在至少一个停车视距处及时发现目标障碍物，是行车安全和稳定的前提。

2）动态驾驶视认需求

驾驶员在驾驶过程中是以一定的运行速度在动态条件下观察隧道影响范围内道路、交通和环境条件的，驾驶员在动态驾驶过程中的动视力视觉感知和判断能力与静止状态有明显差异。驾驶员在行驶状态下通过视觉器官辨别视野中空间需求距离内非常小的视认物体的能力称为动视力。动视力会随着运行速度的增加而下降，驾驶员动视力除受车速影响外，还受视认目标物颜色、亮度、目标背景亮度、目标呈现时间、相对运动的方向与速度、道路环境、驾驶员的性别、年龄和生理状态等影响。根据运动视觉心理学分析，动视力比静视力低10%～20%，特别情况下比静视力低30%～40%。汽车在动态行驶时，驾驶员的视野范围比静态时小得多，而且随着车速的提高，驾驶员的视野范围变窄。驾驶员在动态的驾驶操作过程中进行视觉认知要比静态下的驾驶操作视觉认知有明显的衰减，其主要表现在以下几个方面。

（1）视敏度降低

视敏度是指驾驶员眼睛分辨物体细节和轮廓的能力，是衡量驾驶员视觉优劣的重要指标。良好的视敏度可以较早地辨别和确认目标，以保证驾驶员有足够的时间进行反应和动作，通常用视力来衡量视敏度。在车辆高速行驶时，动态视力的降低会使视认距离缩短，驾驶员的感知和观察能力降低。

（2）视野变窄

通常人的双眼视野范围水平方向为160°～180°，垂直方向为100°～130°。为了保证驾驶安全，驾驶员需要有一定的视野。驾驶员的视野与运行速度有密切关系，随着车辆运行速度的提高，驾驶员的注视点前移，视野变窄，周界感减少，不同速度下驾驶员视野和注视点的关系如图2.8所示。

运行速度越高，驾驶员越注视远方，视野越窄，注意力随之引向前方道路、交通和环境的中心，而对两侧的信息感知能力下降，结果形成所谓隧洞视，容易丢失路侧信息，产生交通安全隐患。因此，在长隧道内需采取一些强制措施增加驾驶视野范围，如改变隧道壁色彩、营造环境景观等促使驾驶员变换注视点的视野范围，避免发生行车危险。

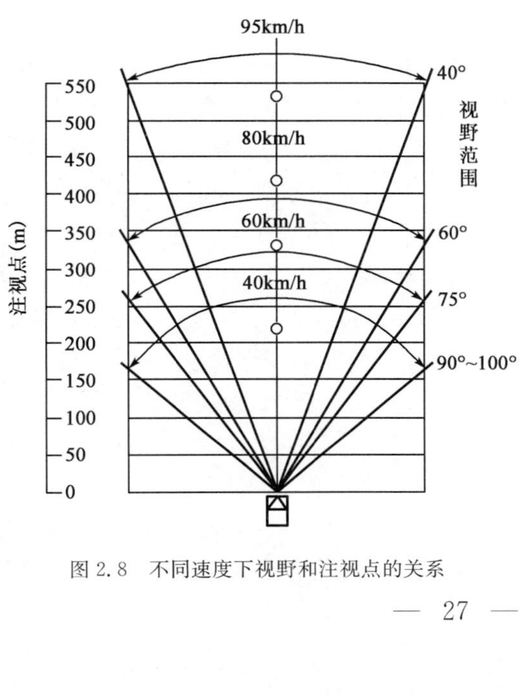

图2.8　不同速度下视野和注视点的关系

（3）视觉观察能力下降

外界刺激物要引起驾驶员的视觉反应必须具备两个条件：一是要有一定的刺激强度；二是要有足够的作用时间。车辆在运动时，外界景物也将有相对运动，随着运行速度的增加，车外景物在驾驶员视野内的停留时间变短，如果在驾驶员视野内的停留时间不够长，驾驶员就无法发现目标，致使无法分辨目标物的细节。因此，随着汽车行驶速度的增加，驾驶员的视觉观察能力会下降。

(4)视觉刺激量大与反应错误增加

在车辆行驶状态下，驾驶员对兴趣点的观察时间受到限制，车辆运行速度越高，给驾驶员的观察时间就越短，单位时间内驾驶员眼睛受到的刺激信息量就越多。过多的视觉信息会使得驾驶员难以对车外异常信息做出准确的感知判断，从而导致驾驶错误的概率增大。

为保证驾驶员在发现前方障碍物时有足够的时间辨认和采取必要的措施，希望车速提高时，视认距离有相应的增加。但由于人的生理、心理条件所限，其结果恰恰相反，车速越高，动视力越低，辨认距离越近。针对车辆在高速行驶时，动态视力的降低会使驾驶员的视认距离缩短这类不利于安全行车的现象，可通过影响驾驶员动态认知的因素来提高驾驶员的动态视认，保证驾驶员的认知、判断、操作和决策的顺利进行。具体可以从以下几个方面入手。

①视觉敏锐度。驾驶员对空间视觉对象细节的辨别能力称为视锐度(visual acuity)，表现为觉察目标刺激的存在以及辨别物体细节的敏锐程度，与视觉对象及人眼所形成的视角有关。视角越大，视觉对象投射到视网膜的成像越大，物象越清晰。视觉最清楚的范围是在垂直视角约15°、水平视角约20°的面积之内。

驾驶员视觉敏锐度受观察目标物的背景亮度、目标对比度、目标呈现时间、眼睛适应状况等因素影响，在呈现时间不变的条件下，提高目标物的背景亮度或加强亮度对比可改善视觉敏锐度。

②视觉识别速度。驾驶员从发现目标至形成视知觉需要一定时间，这个时间的倒数称为视觉识别速度。驾驶员的视觉识别速度受环境光源特性、目标物尺寸、亮度对比、环境亮度等因素影响。在光源特性一定照度很低时，视觉识别速度较慢；随着照度增加(100～1 000lx)，视觉识别速度上升很快，但照度大于1 000lx时，视觉识别速度变化不明显。

③视觉对比度。驾驶员视认的可靠性与目标物的对比度有关。在一定光源特性条件下，目标物和背景之间在亮度或颜色上的差异，是驾驶员在视觉上能认知的基本条件。前者为亮度对比，后者为颜色对比(包含亮度差异)。亮度对比是视野中视觉对象的亮度值与背景亮度值之比，用来衡量一定光源特性条件下光环境中视觉对象与其背景亮度差别程度的量值。驾驶员刚刚能够把视觉对象从背景中辨别出来的最小亮度对比值，称为一定光源特性条件下最小可察觉对比度，其倒数表示驾驶员对照明光线质量的对比感受性。

④目标可见度水平。可见度是驾驶员对目标物知觉的清晰程度，又称能见度。决定可见度的因素有环境照明光源特性、水平、目标物与背景的亮度对比度。能见度与驾驶员生理、心理因素及年龄也有一定影响，视觉疲劳时对目标物的知觉能力就相应降低。

⑤照明光源特性。驾驶员对环境的认知速度与准确度既依赖于眼睛的生理机能和大脑积累的视觉经验，又和视觉环境中照明光源的光谱分布、色温、显色指数等性质密切相关，同时光源的特性还会影响到驾驶视认的舒适性。

a. 光谱分布。照明光源主要分自然光源和人工光源。人眼在自然光源下比在人工光源下有更高的视觉灵敏度，是因为自然光源具有连续光谱，包含从红到紫的各种色光，色光之间没有明确的界线，而且人类经过长年的进化也适应了自然光源的光谱。

b. 色温。光源的色温是光源所发出的颜色与“黑体”在某一温度下辐射的颜色相同时，

“黑体”的温度，单位是开尔文(K)。“黑体”假定为某一纯黑物体，能够将落在其上的所有热量吸收，而没有损失，同时又能够将热量生成的能量全部以“光”的形式释放出来，它会因受到热力的高低而变成不同的颜色。黑体呈现红—橙红—黄—黄白—白—蓝白的渐变过程。

由能量守恒定律可知，随着黑体温度的升高，发出的光能量也会逐渐升高，色温与光的能量成正比。光的能量与波长成反比，当光的能量增加时，光谱成分中短波光线所占的比例增加，长波光线所占比例减少，所以光的颜色就逐渐偏蓝。光源色温大于 5 300K 称为冷色光；色温小于 3 300K 称为暖色光。若光源色温选择适当，可使人的中枢神经和自主神经系统功能得到平衡，使紧张的神经得以松弛；反之，则可能导致中枢神经系统功能失调，甚至扰乱身体的自然平衡。

光色的冷暖感觉对人有一定生理和心理效应，在生理方面，红色使人兴奋，蓝色使人沉静。在心理方面，彩色度高的光比彩色度低的光更能使人产生激情。所以，当需要一种热烈激昂的气氛时，可以用低色温的暖色光源；当需要冷静沉稳的气氛时，可以用高色温的冷色光源。《照明设计手册》中指出了人的舒适感觉与照明水平的对应关系，如表 2.3 所示。荷兰学者通过试验研究了照度与色温对应的舒适区域。

色温与照度对应人的舒适感 表 2.3

照度(lx)	相关色温(K)		
	<3 300	3 300～5 300	>5 300
<500	舒适	中性	冷
500～1 000	↑	↑	↑
1 000～2 000	刺激	舒适	中性
2 000～3 000	↑	↑	↑
大于 3 000	不自然	刺激	舒适

由于不同色彩给驾驶员心理和生理上的影响不同，不同色温光源的照明环境下，驾驶员视觉认知效果也会随之不同，在明视觉下，驾驶员对 555nm 的黄绿光较敏感，在暗视觉下，眼睛对 507nm 的蓝绿光较敏感。在中间视觉条件下的照明环境，据国外对视觉反应时间的测量表明，不同光源的光谱组成及人眼适应水平对视觉反应时间的长短影响很大。视觉反应时间与光源光谱组成有关，辐射光谱中含有较多蓝、绿色光的视觉反应时间最短。

c. 显色性。三原色理论认为：眼睛的视网膜是由 3 种不同感光元素组成，分别对应光学的三基色——蓝、绿、红的特定波长。通过视神经与大脑沟通，色觉就是这 3 种元素的有关刺激传到大脑，经大脑分析得到的。色彩是影响光环境质量的要素，同时对驾驶员的生理和心理活动产生作用。光源的相对光谱功率分布即光源中不同波长光的辐射能大小的分布决定着光源的显色性。由于光谱分布不同，同一个物体在不同光源下呈现不同的色彩，因此具有连续光谱分布，同时光谱覆盖范围较宽，并且光谱能量特性接近自然光的光源会具有较为理想的显色性。

国际照明委员会 CIE 制定了一种评价光源显色性的方法——显色指数法(也称测验色法)，以其数值化的显色指数 Ra 作为定量评价指标，即光源的显色指数用在被测光源照射下表现的颜色与标准光源照射下所表现颜色的相符程度(CIE 把参照光源的显色指数规定为

100）来衡量。根据孟塞尔标准色样确定，评价时采用一套14试验颜色样品，其中1～8用于光源一般显色指数（8个数平均值）。如果各色物体在某光源的照射下所呈现的颜色效果与标准光源照射时相同或相似，则称该光源的显色性好或较好。反之，如果物体在受光照射后出现颜色失真，则称该光源的显色性差。一般认为：Ra＝100～80显色性优良；Ra＝79～50显色性一般；Ra＜50显色性较差。该方法广泛用于评价荧光灯和LED灯等光源的显色性水平。

在中间视觉条件下，驾驶员视网膜中的锥体细胞与杆体细胞同时作用，这时驾驶员对目标物的颜色和形体大小都具有一定的识别能力，光源的显色性高低直接影响到驾驶员对目标物颜色的正确识别。日本Yamamoto,J.在小目标显色性研究中发现，在隧道照明水平下，即中间视觉范围，不同光源的光谱组成对彩色小目标正确识别率的影响很大。在满足相同小目标正确识别率的前提下，隧道照明中采用短波成分含量较多的高显色指数的光源更有利于提高隧道照明下的视认。

⑥照明光环境质量。在一定光源特性下照明光环境质量对驾驶员驾驶视认效果有明显影响，主要体现在以下几个方面：

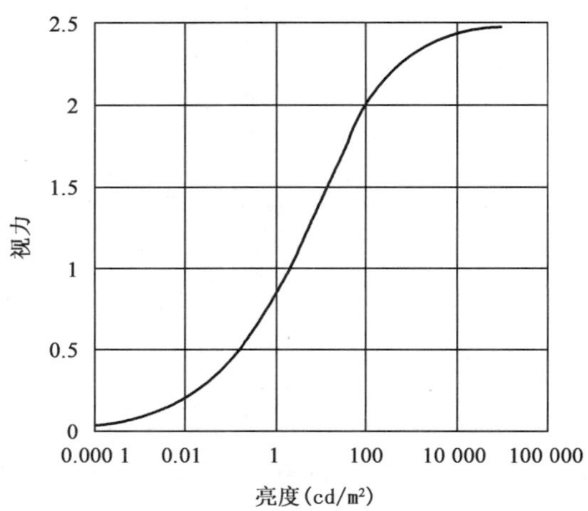

图2.9　视力与亮度的关系

a.亮度。亮度是视知觉中最基本的视觉信息。照明光环境的亮度是指光源表面沿法线方向上每单位面积的光强，是反映发光体（反光体）表面发光（反光）强弱的物理量。驾驶员视认与照明光环境的亮度密切相关，如图2.9所示。当亮度为0.1cd/m^2时，视力约为0.6；当亮度增至一定程度后视力不会再明显增大；亮度过大时，会影响驾驶员的视认。驾驶员的视觉系统极其复杂，有很大的自调能力，但这种能力有一定限度，能引起光觉的最低限度光通量就称为视觉识别阈限，用亮度衡量，又称为亮度阈限。

亮度能够引起驾驶员对视觉环境的明暗感受。大脑对目标物亮度的明暗判断受到物体反射特性和整体视觉环境中亮度影响。光源或目标物在路面上反射的光线进入驾驶员眼睛，在视网膜上成像使驾驶员能够识别它在路面上的形状和明暗。视觉上的明暗知觉取决于进入人眼的光通量在视网膜物象上的密度。

b.亮度均匀特性。当隧道布灯间距较大，或相邻灯具间亮度水平不能使隧道路面或环境具有驾驶动态视觉感知良好的均匀性时，在路面上的某些区域或隧道墙面会产生较低亮度的暗带，行车时不同的行驶速度下前方的亮带和暗带以超过一定的频率阈限反复出现，即形成所谓的"斑马效应"，导致驾驶员行驶过程中视觉不舒适，甚至对部分路面区域视认不清，这些现象会对驾驶员的心理造成不良影响，使其感到不舒适、紧张甚至烦躁，危及行车安全。

c.光环境亮度差异特性。当光源照在路面上的目标物时，即使很微弱，人在暗处也可以看清路面物体的轮廓；但如果将相同亮度的光源放置在眼睛周围，目标物放置在原位置处，人眼并不能看清楚物体的轮廓，甚至看不到地面上的物体。因此驾驶员在不同光源特性环境下视认物体时，从明处看暗处比从暗处看明处的视觉需求要高，不同的亮度差异环境会影响人眼的视认能力。

同时，当照明光源一定，光环境质量亮度随光源距离的增加而降低，隧道照明光源距离路面最远即路面上的亮度是净空范围内亮度最低值。如果路面亮度能保证驾驶员的可视性，也就能保证驾驶员对其他环境信息条件认知的视觉需求。

d. 眩光 。当照明光源以一定强度和数量射入驾驶员眼睛时，驾驶员会感觉不舒适，严重时甚至看不清前方道路交通条件，给行车安全带来风险。

3)夜间视认需求

驾驶员夜间视觉特性是指夜间所具有的观察能力及其变化规律。夜视力是指人眼在夜间对事物的分辨能力。据统计，一天当中有 30%～40%的交通事故发生在夜间。这是因为驾驶员夜间行车时，由于灯光照射范围和环境亮度有限，导致驾驶员视力减弱(夜视力较白天减弱约 1/2)、视野变得狭窄、视觉观察能力下降、视觉机能减弱，及时准确地发现目标的难度增大，对外界刺激判断失误增多。驾驶员视力降低的主要原因是自然光照度下降，障碍物反射的亮度也急剧变弱，驾驶员暗适应没有充分形成，视认的障碍物不能与其背景形成明显对比，驾驶员视认产生障碍，危害行车安全。

为保证夜间行车的安全与舒适，必须使驾驶员能明显准确地获得视觉信息及其变化，即道路上的障碍物和车辆运行情况、隧道线形条件、路面条件及隧道环境设施情况，如隧道标志、标线、信号灯等。夜间行车驾驶员视认主要靠人工照明光源，因而驾驶员的感知特性与白天有很大差异。夜间感知特性差异主要包含两方面：一是颜色的辨认；二是对不同对比度的物体的感知。

驾驶员进行夜间视认、察觉目标物时，由于夜视力水平较低，因而不要求区分视觉对象各部分的细节，只要求发现目标物存在即可。驾驶员夜间视认主要受环境照度、背景亮度因素影响。根据照明收效递减率，低照度照明下，视认易受照明水平变化的影响，只要较小的照度增高，视敏度就可较大提高，这是由于照度增高就提高了视觉对象的亮度，从而提高了视认的清晰度。但随着照度的继续增高，视敏度随照明水平提高的速度越来越小。

驾驶员的夜间视认与夜间物体对比度也有很大的关系。亮度大、对比度大的物体比亮度低、对比度低的物体更容易视认。夜间环境照明水平较低，视网膜上的锥体细胞不能工作，视力主要依赖分布于周边上的杆体细胞的活动。视觉对象与其背景亮度必须有一定的亮度差异，驾驶员才能辨别视觉对象；环境照明水平较高时，视觉对象和其背景亮度差即使较小，视觉对象也较容易辨认。驾驶员在暗背景下觉察明亮物体主要取决于物体的亮度，在明亮背景下辨别暗物体的能力很强，这种视认主要取决于视网膜上刺激物的投影与其周围亮度差别。

4)环境条件安全视认需求

驾驶员对环境条件运动信息的正确感知影响着驾驶员的操作行为。要保障驾驶员—车辆—道路—环境系统协调安全，必须保证驾驶员视认的可靠性，即提高驾驶员在动态环境中信息认知能力。除受驾驶员生理和心理影响外，光环境特性与景观环境设置对驾驶员行车过程中的安全视认有较大的关联性。

(1)光环境与安全视认

驾驶员行驶于隧道入口和出口时通常会产生暗适应和明适应。两种适应产生的根本原因是行车环境内亮度的改变，即明环境和暗环境的改变。驾驶员从光亮的环境进入黑暗环境中时，由于视觉细胞的生理作用，会有一个视觉感受性先降低后升高的过程，称为暗适应；相反，从暗处进入亮处时，视觉感受性降低过程称为明适应。在视觉适应过程中，驾驶员往往不能立刻看清前方路面障碍物，无法获得完整有用的视觉信息，影响安全视认，危及行车安全。眩光是一种由于视场内亮度过高，从而引起视觉不适或视觉功能下降的现象。在眩光的影响下，驾驶员难以视认出现在前方的障碍物或突然出现的信息，容易造成交通事故。

在白天、黄昏和夜间不同环境中，由于眼睛的调节作用，驾驶员视觉信息获取会有显著差异。同样，在隧道低照度环境中，也会出现明暗频繁变化现象。首先，光照条件较好时，前方障碍物容易辨识，视认时间较夜间短；其次，黄昏时段或隧道内部即使使用灯光照明，由于环境和灯光照度基本相近，对于视场中障碍物的视认条件改善不大，易引起视认不清和距离判断失误；此外，夜间或无照明的隧道内因环境亮度低，障碍物颜色与背景颜色差别小，视认时间增加，使得夜间视觉信息与白天相比也有较大差异。

驾驶员在夜间行车时，汽车前照灯照明距离越远，照度越低，越不利于目标物的视认。同时汽车前照灯位置较低，光束方向又有限，特别是驾驶员在会车时要将远光灯关闭，改用近光灯照明，其光束更低，这时低位置目标物比高位置目标物更容易发现。因此，在隧道路段，将隧道壁两侧及接近地面部分设置成浅色，有助于驾驶员夜间行车时及早发现目标，以提高夜间安全视认。

(2)景观环境与安全视认

景观是由道路环境中各种相互作用的视觉事物所构成的，这些视觉事物构成了道路景观的基本要素。道路景观按道路景观客体的构成要素分，有自然要素和人工要素。人类从自然中来，人类的活动一刻都离不开自然，自然本身的形态和色彩最符合人们的驾驶视认习惯和视觉接受规律。因此，要使公路隧道景观满足驾驶安全视认需求，景观设计时必须巧妙地结合与利用道路环境中的自然要素与人工要素，创造的道路交通环境景观与自然相融合，让驾驶员在道路交通中行驶时有赏心悦目的视觉效果。

隧道本身作为一种公路构造物，是交通事故的多发点，由于隧道的特殊性，事故发生后救治、处理困难。在连续隧道群，驾驶员行驶时需频繁进洞和出洞，这种行车环境的改变极易导致驾驶员视觉疲劳。利用隧道群中各隧道间的距离，通过天然景观来改善驾驶员的紧张和视觉疲劳不失为一种有效的安全改善措施。此外，长隧道内单调的景观环境容易引起驾驶员驾驶疲劳，通常在驾驶疲劳出现之前及时采用景观变化的措施以改善驾驶疲劳环境景观，能够缓解驾驶疲劳，满足驾驶安全视认需求。

公路隧道洞口植被绿化是隧道景观中最直观、也是应用最多的景观设计，对交通安全有着无法替代的促进作用。隧道洞口植被绿化作为隧道景观的重要组成部分，一方面能美化驾驶员视野，另一方面还可以在视觉上起到减光防眩的作用。

植被反射光比裸露的岩石、土坡、混凝土、端墙等反射光柔和的多。植被大致可以分为草地和树木，前者表面为毛状结构，由很多垂直面组成，后者可以视为更大的毛状结构，亮度特性与前者大体类似。因此，在公路隧道入口附近种植具有垂直表面的植被较为有利。同为绿色植物的阔叶树与针叶树的光谱反射曲线大体相似，如图 2.10 所示。洞口种植像松塔那样具有水平成层枝叶的乔木是比较理想的；另一方面，高大乔木可以投下浓重的阴影，有效避免或减弱阳光对路面的照射。从而减小隧道洞内外的亮度差异，有利于驾驶员对前方道路情况的视认。公路隧道洞口绿化景观应充分利用周边环境，做到自然、和谐，共同营造良好行车视认条件。图 2.11 为某隧道洞口景观。

(3)环境色彩与安全视认

色彩是道路景观中的重要影响因素，不同的景观色彩对驾驶员视觉所产生的刺激不同，对驾驶员的视认影响也不同。

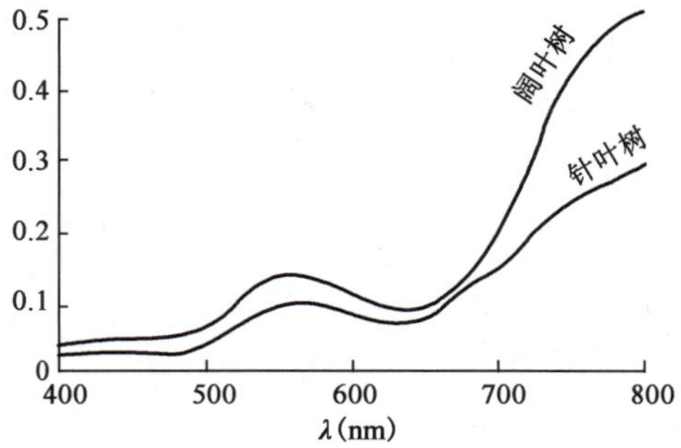

图 2.10 绿色植被的光谱反射曲线

眼睛对不同的色光具有不同的敏感性，常见的几种颜色按照其敏感性由大到小的顺序可以排列为：黄色、红色、绿色、蓝色。一般来说，驾驶员对黄色较为敏感，当驾驶员长时间行驶在黄色景观的道路上时，会造成刺激信息过载，引起驾驶员对景观注视的时间较长，给驾驶员的驾驶带来安全隐患；同时，黄色信息的刺激过多也容易使驾驶员产生驾驶疲劳，从而给交通安全带来隐患。也正是因为驾驶员对黄色的高敏感性，交通中通常用黄色作为警告标志底色。

a)　　b)

图 2.11 某隧道洞口景观

红色是热烈、冲动、强有力的色彩，它能使肌肉的机能和血液循环加快。接触红色过多，会感到身心受压，出现焦躁感，长期接触红色会使人容易疲劳。由于红色容易引起注意，所以具有较佳的明视效果，在交通标志中用作禁令标志的主色。

绿色植物可以很好地融入周边的植被环境，绿色是最能使眼睛休息的色彩，令人平静、放松。绿色有利于防止驾驶员视觉疲劳，应用材料又丰富，是公路绿化的主色调。

纯净的蓝色表现出一种美丽、文静、理智、安详与洁净。蓝色和绿色都属于短波长的冷色，可以减弱交通标志背景对于人眼视网膜的刺激。另外，色彩对比强烈使视认时间短，易读性好。

道路一般多为灰色或黑色，灰色和黑色对人的神经系统有镇定作用，但长时间注视单调的灰色路面会使驾驶员注意力变得迟钝，诱发疲劳，发生交通事故的危险性增大。

合理的色彩搭配能给驾驶员带来良好的视觉效果。为防止和减少交通事故的发生，公路隧道景观设计时应与其所在的自然环境融为一体。路侧树木和花卉栽植时不能频繁选用如黄色、白色等驾驶员特别敏感的颜色，避免由于景观因素给驾驶员带来不良影响。此外，隧道墙壁颜色和照明会对驾驶视认产生一定的影响，浅色的隧道墙壁颜色比强的照明更能使驾驶员的注意力集中。

隧道景观设计时，区分驾驶员与乘客对于景观色彩的不同需求，应注重景观的色彩要和周围的自然环境色彩相协调，科学地使用、搭配色彩，使其具有良好的驾驶状态和视认环境，从而安全舒适地完成驾驶任务。

(4)隧道运行条件告知与安全视认

当驾驶员驶入隧道影响区域时，由于隧道特殊的运行条件，对驾驶员的驾驶行为，视认条件，生理、心理感知等都有特殊的要求，所以驾驶员对隧道运行条件的告知信息备受关注。为满足驾驶员在隧道影响区域内行驶时的驾驶需求，从高速公路用户安全驾驶角度研究隧道运行条件告知信息对用户驾驶行为的约束，最终得到满足驾驶员在隧道影响区域内行驶时的驾驶需求。当驾驶员行驶至隧道前时，由于隧道内外环境存在差异，驾驶员驾驶行为受到影响，为减少环境变化对驾驶员驾驶行为的影响，应从驾驶视认及感知两方面采取措施以保证驾驶员安全通过隧道。

2.1.4 隧道用户应急逃生生理、心理需求

隧道在发生异常事件特别是火灾时，由于隧洞的影响火速蔓延较快，驾驶员需以最快速度判断逃生通道位置和距离，正确选择逃生方向。隧道发生火灾时，安全疏散和灭火救援的主要活动场所都在隧道内，发生火灾时烟气蔓延导致隧道内能见度极低，这是隧道火灾与地面火灾的重大区别。

隧道内火灾初起阶段，自然风速较小时，高温烟气主要集中在隧道顶部，隧道下部在一定时间内仍然存在大量的新鲜空气，形成明显的烟气—空气分层结构，距地面 2～4m 的范围内为洁净空气层，视野较好。同时隧道内照明灯具短时间内不会完全熄灭。此时，隧道内驾乘人员虽然会产生恐惧、紧张心理，但是由于照明和烟雾浓度不大，从而能够较为正确的判断逃生通道位置和距离，正确的选择逃生方向。

隧道内火灾的蔓延是迅速的，烟气弥散较快，隧道内烟气浓度加大，能见度下降，驾乘人员为了避免吸入空气中的烟气会选择俯身前进。由于高温会破坏隧道内照明系统，当照明中断时，隧道内的驾乘人员在黑暗中由于对烟、火的恐惧，加剧了人在火灾环境中的盲目性和不知所措程度，在缺乏统一、有序的交通控制、指挥的情况下，逃生人员心理处于极度紧张状态。而此时，隧道内驾乘人员视觉会锁定黑暗中发出光亮的位置，并向着亮光的位置前进。

基于隧道内发生异常事件时逃生人员特殊的生心理需求，要求隧道内要保持一定亮度的应急照明，特别是用于指引人员逃生的横洞指示标志和疏散标志要保持足够的亮度，确保处于极度紧张的人员瞬间视认并以此为目标确定行进方向。

2.2 隧道照明光源及照明质量

我们通过试验，分析了 12 名驾驶员在模拟隧道不同光环境特性下的视认需求，比较了不同光源及光环境条件下驾驶员对小目标物视认能力的差异特性，得出：随着光源显色指数和光环境亮度水平的提高，驾驶员对目标物的视觉功效提高。证明了在实际工程中，要增加视觉可见度而又不增加光源功率，提高照明光源显色性不失为一种有效的节能方法；在光环境亮度水

平较低时,不同光色环境下非彩色目标物与其背景环境颜色对比度不同,目标物与背景环境颜色差异提高了驾驶员驾驶过程中对目标物的视敏度,低色温 3 000K、4 000K 两组黄光光源较高色温的白光光源增加了视认小目标物与背景环境的光色对比度,从而提高了驾驶员在视认过程中对小目标物的视敏度,即提高了驾驶员的视觉功效。

2.2.1　光的基本概念

1)光的单位

光是宇宙中很复杂的一种物质。可以把光看作非常小的一束光,每束光都有发光强度,如图 2.12 所示;一条光线的强度称为发光强度,单位为坎德拉(缩写为 cd)、千坎德拉(kcd)。光在某个方向的照射距离与光源的发光强度成正比,即光强越大照射距离越远。光源(luminaire)各个波长光强的总和称为光通量,单位为流明(缩写为 lm)、千流明(klm)。例如 25 000 流明=25klm,5kcd=5 000cd。所有光线发光光强的总和称为光通量,如图 2.13 所示。

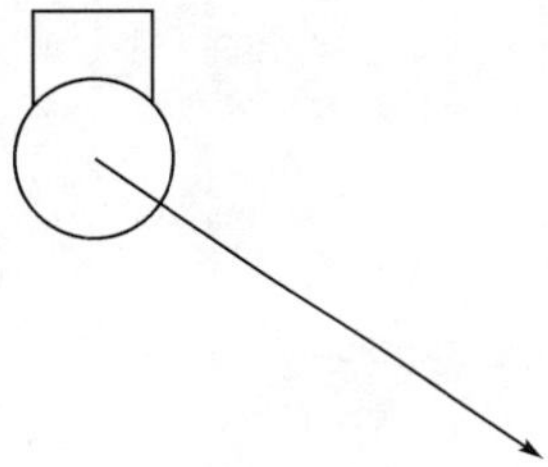

图 2.12　一束光

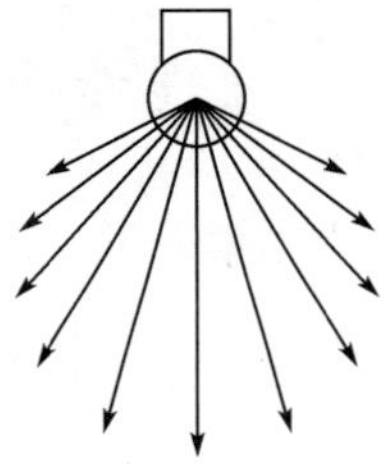

图 2.13　光通量

两条光线可以有不同的光强分布,但有相同的光通量,如图 2.14 所示。就似两个每秒钟消耗相同水的洒水器,却会出现不同的水图案。

有两个光源,一个发出宽束低强度光,另一个发出窄束集中高强度光。后者在光束中有非常高的发光强度,但两个光源完全有可能具有相同的光通量,如图 2.15 所示。

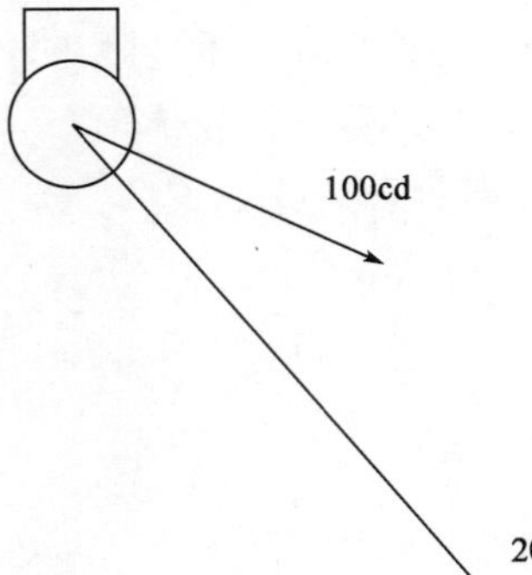

图 2.14　两条不同光强的光线

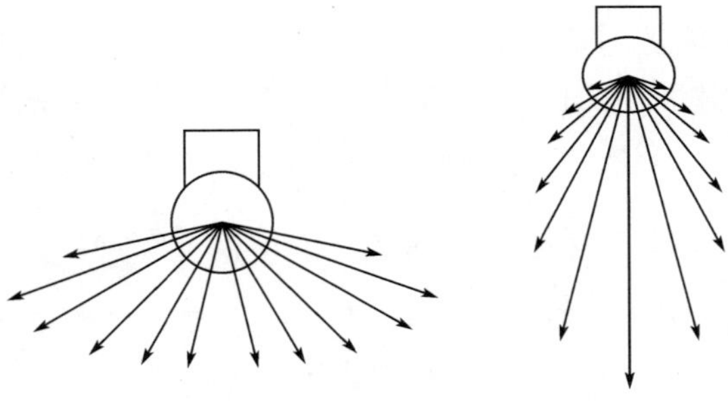

图 2.15　相同光通量不同发光强度光源

2)光的立体角和光通量

理论上讲立体角没有单位,为方便将其定义为弧度单位。绘制半径 1m 的一个球体的区域即为立体角的形状,如果有较大或者较小的球形区域只需放大或缩小成半径为 1m 的球体,再进行测量。

“角度”看起来比较复杂，因为两个完全不同的形状可能有相同的立体角，不能随意地固定立体角，也不能随意地固定球形区域，需统一换算为当量半径是1m的球面区域。两种完全不同位置的球面区域中有相同立体角是正常的，就像可以在圆弧任意位置找到30°一样。

一个球面是4π弧度的立体角，如图2.16所示。半球面是2π弧度的立体角，如图2.17所示。两个光区域尽管有不同的位置和形状，但有相同的立体角，如图2.18所示。在单位球面内很容易理解立体角的含义，即从球体的中心延伸到无限空间。立体角不是简单的球体面积除以半径的平方。

图2.16　4π弧度的球面立体角

图2.17　2π的半球面立体角

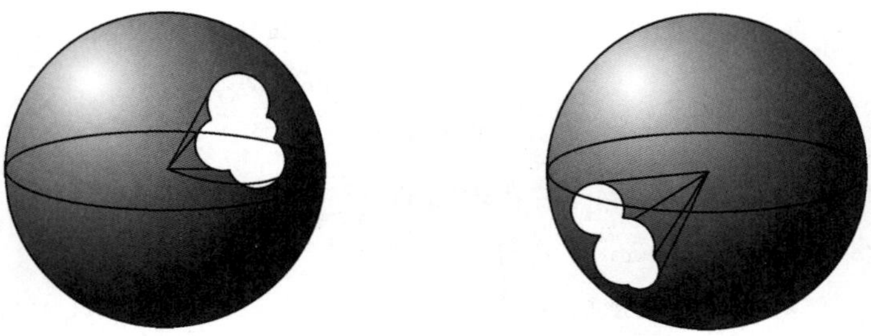

图2.18　不同位置和形状的两个立体角

在实际中考虑的是微小的球面积，这些微小球面可以近似看作微小平面。通过微小球面理论可以扩展到任意空间体中，通过光源到照射区域的距离，用公式可计算得到立体角。

通过投射面面积和投射面至光源的距离可以计算得到立体角，其计算公式如式2.1。

$$\omega=\frac{A}{r^2} \tag{2.1}$$

式中：ω——立体角（球面度）；

A——投射面面积（m^2）；

r——投射面至光源的距离（m）。

实际中的光通量可以与立体角没有关系，也可以是球面光源的总光通量，有时也要考虑部分光源的光通量，例如上半球光通量，在间接照明时，可用来设计反射的上限；下半球光通量，在直接照明时是设计直接到达物体表面的照明情况。光通量从立体角的定义出发可定义为光照强度乘以立体角。

图2.19中a）显示3条光照强度为100cd的光束穿过一个立体角。b）显示6条光照强度为100cd的光束穿过另一个立体角，其角度是a）图的2倍。虽然它们有相同的光照强度，但

b)图的光通量却是 a)图的 2 倍。在计算照明基本方程时需考虑立体角。图 2.19 中假设在穿过立体角时光强没有发生变化,照射表面是平的。

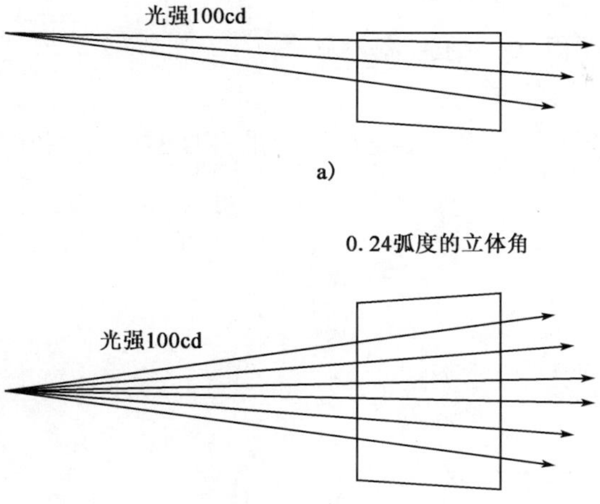

图 2.19　相同光强不同立体角光通量

以上是从数学角度分析光通量,下面从计算角度分析不同立体角下的光通量。

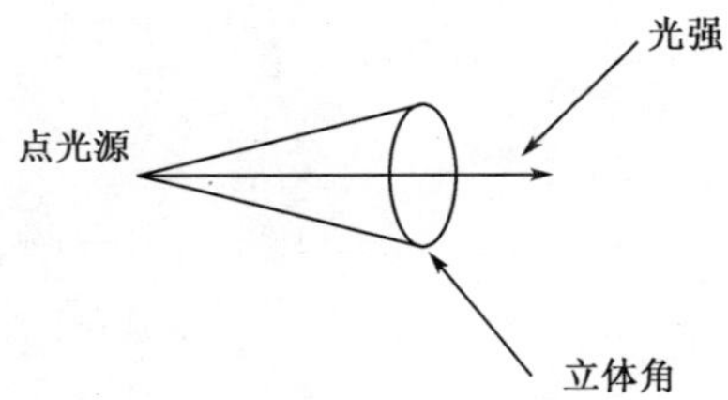

点光源光通量计算式为:

$$\phi = I\omega \tag{2.2}$$

式中:I——光强(cd);

ω——立体角(球面度)。

3)照度

当光照射在物体表面时照度是确定的,照度的单位是勒克斯,缩写为 lx。照度是单位面积的光通量,或者投射在物体表面多少光,其计算公式如下:

$$照度\ E = \frac{光通量\ \Phi}{面积\ A} \tag{2.3}$$

实际中勒克斯是“流明每平方米”。室内照明(在没有其他灯光通过窗户射入情况下)桌子和其他物体表面的照度一般要求达到 400lx,室外最高照度可达到 120 000lx,日出和日落一般在 9 000lx 左右,晚上在没有月光情况下室外照度最低能达到 0.000 03lx。照度是单位面积的光通量,如图 2.20 所示。其计算公式如下:

$$E=\frac{\varphi}{A} \tag{2.4}$$

式中：E——照度(lx)；

　　Φ——点光源照到面积 A 上的光通量(lm)；

　　A——面积(m^2)。

离光源距离越远物体表面的照度值越低。如图 2.21 所示，实际照度随距离的平方递减。其计算公式如下：

$$E=\frac{l}{r^2} \tag{2.5}$$

式中：E——照度(lx)；

　　l——光强(cd)；

　　r——投射面至光源的距离(m)。

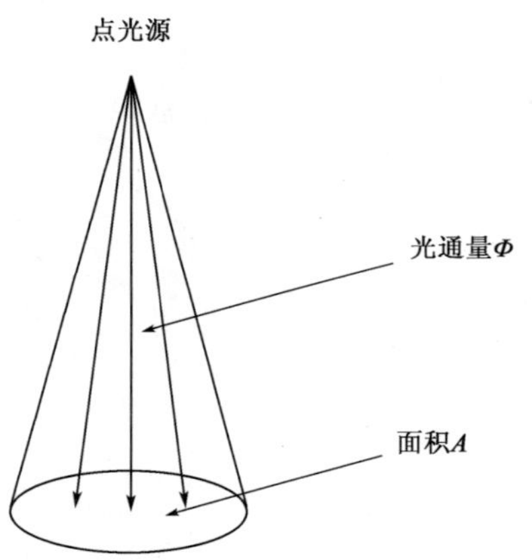

图 2.20　光源照度光通量

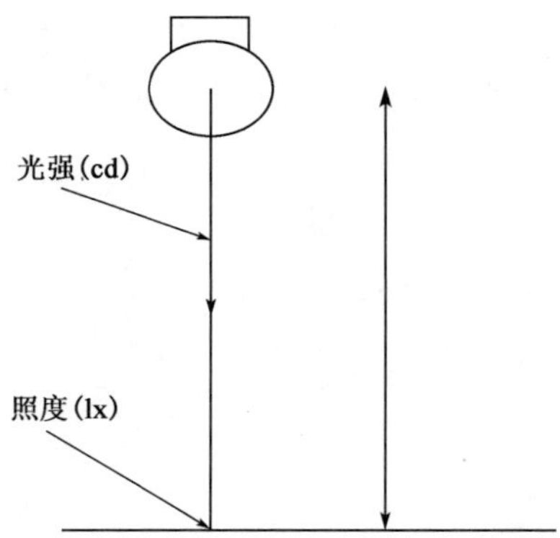

图 2.21　发光强度、照度和距离

上述公式仅仅分析了光线垂直照射到物体表面的能量，没有分析到达人眼的能量。离光源 2 倍的距离，照度就会降低 4 倍，离光源 3 倍距离，照度就会降低 9 倍。

相同亮度的光线以不同角度照射不同区域，显然垂直照射的区域小于有角度照射的区域。两个四边形区域接收相同的光通量，两种光分布的面积不同。假想垂直于表面的一条线称之为"法线"，当光线射入的方向与法线重合，则认为角度为 0°，当光远离法线时角度变大，随着角度的增加照射面积也逐渐增加。因此减少每平方米的光通量，照度也会相应减少。

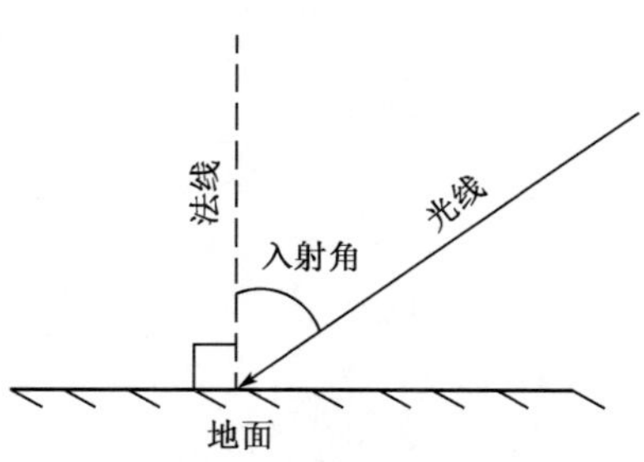

图 2.22　光源入射角

入射角是光线与法线所成的夹角。当入射角为 0°，法线和入射光线重合，反射光线与入射光线方向相反。用 α 或 γ 表示入射角，如图 2.22 所示。

用数学中余弦函数关系式可表示观察面积随角度的变化，如图 2.23 所示。

$$\cos(\alpha)=\frac{A_{平面}}{A_{斜面}}$$

$$A_{斜面}=\frac{A_{平面}}{\cos(\alpha)}$$

垂直照射面为一平面，如图 2.24 所示角度为 α 时的倾斜面照度计算公式如下：

$$E=\frac{l}{r^2}\cos(\alpha) \tag{2.6}$$

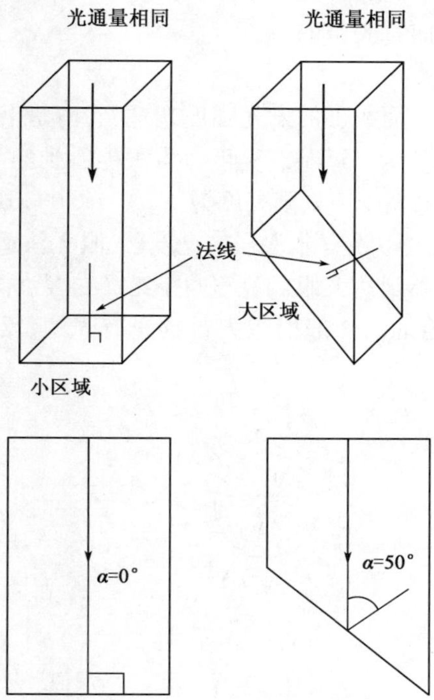

图 2.23　观察面随角度变化

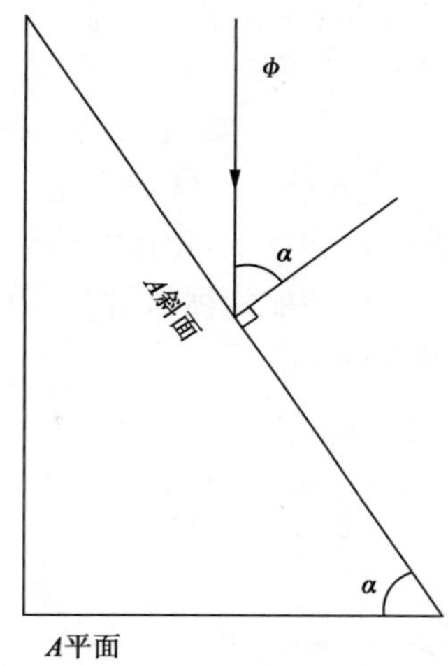

图 2.24　角度 α 为倾斜面

这就是为什么天花板上的灯中央照度比角落照度高的缘故。在倾斜面上的照度是光通量与倾斜平面的比值，计算公式如下：

$$E=\frac{\Phi}{A_{斜面}} \tag{2.7}$$

从 A 平面中得到 A 斜面，替换后得式(2.8)：

$$E=\frac{\Phi}{\dfrac{A_{斜面}}{\cos(\alpha)}} \tag{2.8}$$

整理后得到式(2.9)：

$$E=\frac{\Phi\cos(\alpha)}{A_{平面}} \tag{2.9}$$

另一种计算照度的方法是利用光强和距离。由于：

$$\frac{\Phi}{A_{平面}}=\frac{1}{r^2}$$

得到照度的计算公式如下：

$$E=\frac{l}{r^2}\cos(\alpha) \tag{2.10}$$

如图 2.25 所示，南极和北极很冷的主要原因是太阳光穿过这两个地域，没照射在地面上。换而言之，入射光线与法线垂直，夹角接近 90°，这时 $\cos\alpha$ 值非常小。

上述我们讨论的照度是照射在水平面上，如路面、桌面、地板、打开的课本等，这类照度被称为水平照度，但灯光可以照射物体表面的任何角度。另一类照度是垂直照度，演员在台上、运动员在场上垂直照度非常重要。垂直照度的法线不是垂直向上，而是朝向观众，驾驶员在视认路面上的物体时的法线也不是垂直向上的，而是朝向驾驶员的。

4)亮度

亮度是指人眼接收到某个表面的明亮程度(每单位面积上的发光强度)。能看清楚书上的字是因为白纸与黑字有不同的亮度的原因，亮度的单位为 cd/m²。亮度是人眼能看到的，看光源也有一个亮度值。人眼可以观察到太阳和月亮的较大亮度。太阳亮度为 1 600 000 000cd/m²，月亮亮度为 2 500cd/m²，人眼不能直视太阳光是因为太阳光有非常强的亮度，人眼无法适应。

光源照射在物体上，物体的颜色决定反射多少光和到达人眼的亮度(图 2.26)。物体被照亮后其亮度是由被照物体的材料、颜色、光源共同决定的。一般射入人眼的光有光源、反射光和透射光等三种。

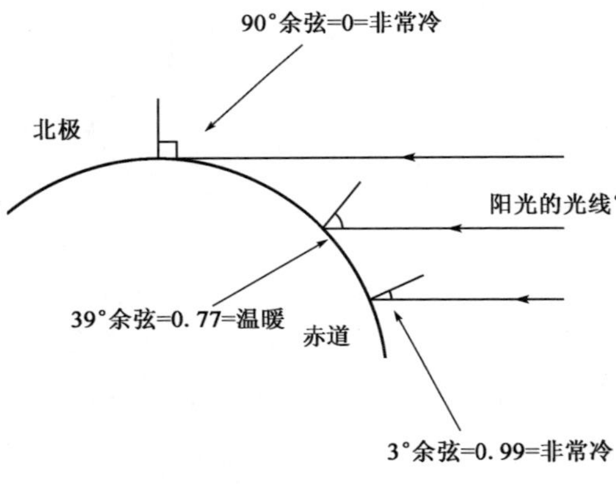

图 2.25　南极、北极、赤道光线反射示意图

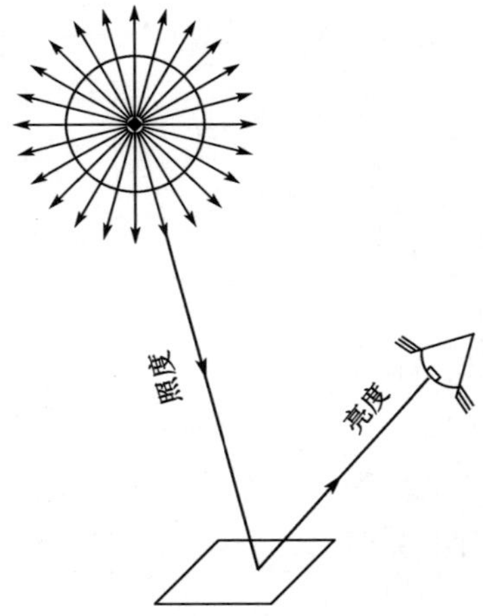

图 2.26　进入人眼睛的是亮度

下面介绍光源和朗伯反射面。光线在完全漫反射情况下的反射面称为朗伯反射面。书的纸张、室内墙面都近似可看作朗伯反射面。尽管朗伯反射面常见，但也存在不同。不管光线以任何角度照射在朗伯反射面上，都是以相同的形式反射回去，如图 2.27 所示。图中没有标出入射光线，因为朗伯反射面与光的入射角没有关系，而且图中给出的是二维图像，而实际上在表面是类似球形的三维空间。

朗伯在 1760 年提出各角度反射的光照强度与法线上的光照强度成余弦函数关系。利用余弦函数关系假想出二维空间圆模型和三维空间球模型，无论入射光是什么角度，出射光线都是以相同形式反射。

图 2.28 中人眼看到的亮度在一个锥形视野中，在朗伯反射面中不是只有一条朗伯反射光线，而是整个区域中都是朗伯反射光线。当在正上方观察时锥形视野的投射面积较小，人眼可看到垂直向上少量强光线，在一侧人眼观察锥形视野时，可看到较大投射区域，尽管光线比较微弱，但人眼可以获得数量较多的反射光线。

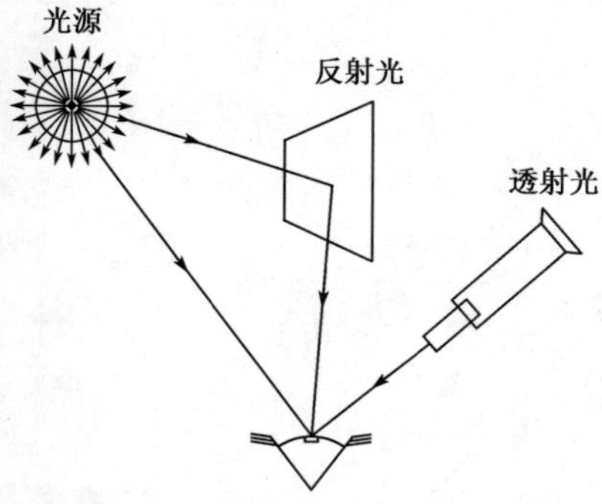

图 2.27　射入人眼的三种光

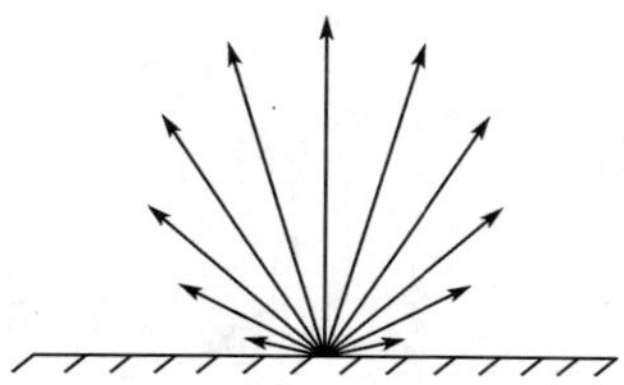

图 2.28　朗伯反射面

从数学角度分析，人眼观察面积的增加量和光强减小量是相互平衡的。图 2.29 光强随人眼与法线角度增加而减小，观察面积随角度增加而增大；光强随光线与法线的夹角增加而减小，但人眼观察的锥形视野增加补充了光强的减小。这个结论需遵循两种假设：①必须是标准朗伯反射面；②假定人眼观察视野是准确的圆柱面。

图 2.30 从不同角度观察的面积成余弦函数关系，$A=A'\cos(\alpha)$，观察面的面积应理解为一个面在观察方向上的投影面积。

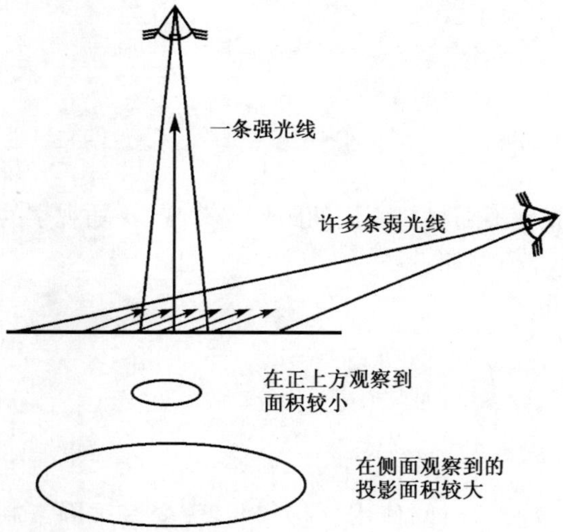

图 2.29　朗伯辐射面的不同观察位置

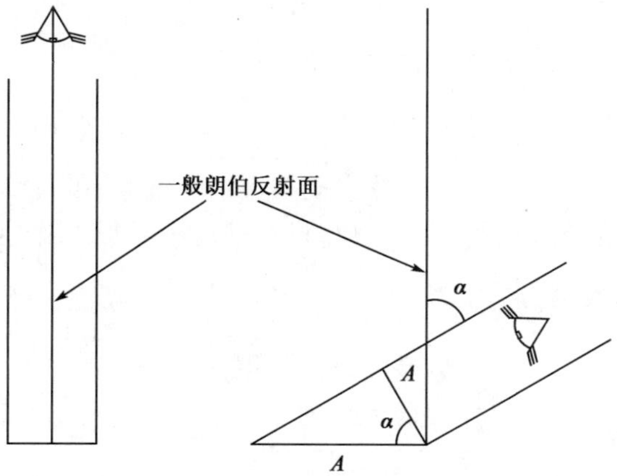

图 2.30　不同角度观察的面积

另一种情况是远离一个均匀照射的朗伯反射墙面，表面的亮度不会降低。距离墙面 1m 观察其明亮程度，然后再移动到 2m 处观察墙面的明亮程度，亮度没有改变，如图 2.31 所示。因为尽管光强随着距离的平方降低，但观察的区域增加了，观察面积随距离的平方也增加。

反射多少光取决于反射面的颜色，黑色墙面没有白色墙面反射的光多。朗伯反射面的反射率在 0～1 间，用百分数表示为 0～100％，一般用希腊字母 ρ 表示。反射率是反射出来的光通量除以到达表面的光通量。实际中，不是光源所有的光都投射在表面上，可假想成光通量投射成倾斜的金字塔形式(图 2.32)，所以反射率等于射出的光通量除以射入的光通量。因为大多物体表面都会反射光，反射率不会是 0，但任何物体表面都不会完全将入射光线反射回去，即反射率不会是 100％。

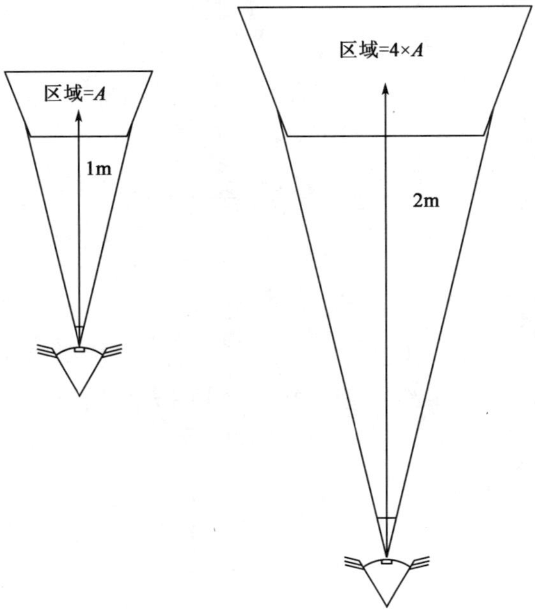

图 2.31　墙面的距离与观察区域

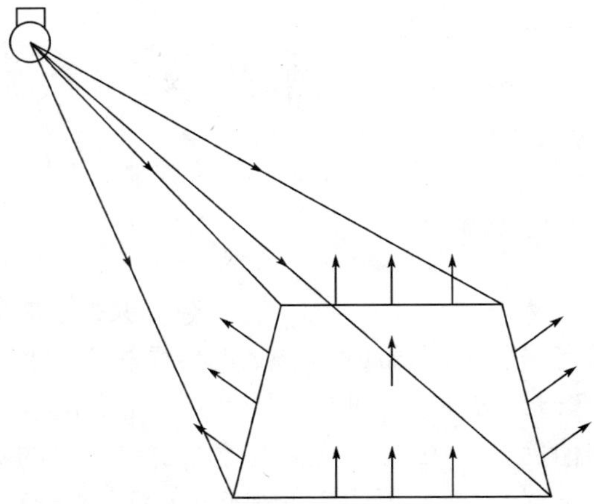

图 2.32　光通量投射成倾斜的金字塔形式

反射率计算公式如下：

$$反射率=\rho=\frac{射出的光通量}{射入的光通量} \tag{2.11}$$

因此，对于(标准朗伯反射表面)人眼看到的亮度不随材料表面的距离而改变，不随观察的角度而改变，亮度只与材料的反射系数有关，其计算模型如下：

$$L=\frac{\rho E}{\pi} \tag{2.12}$$

式中：L——人眼看到的亮度；

ρ——表面的反射率；

E——表面的照度。

之前有人认为：亮度被称为“光度学明度”但没有长时间使用，因为“明度”受客观因素制约，不仅受观测环境的影响而且与观测者的人眼状态和心情有关。

2.2.2　隧道照明光源

隧道照明的光环境质量是由特定的光源在隧道环境中营造出来的，公路隧道一旦投入使用，照明系统几乎就处于长期照明状态，选择一种适宜的光源和光源灯具，是实现隧道照明安全、高效节能的重要环节。光源特性选择的合理与否将影响照明光环境质量和能耗，应综合考虑，合理运用。

1)隧道照明光源特征

光源的光色反映了光源本身的颜色以及在该光源下能够显示物体颜色真实的程度，其特性包含了显色性和色表两个方面，显色指数与色温是其定量化的描述指标。隧道照明光源应满足隧道特定环境下的光色（适宜的光谱分布、色温和优良的显色性）、光效、光通量、光衰减、环境寿命、成本和光环境照明质量评价指标要求，同时还应能保证在车辆尾气排放形成的烟雾中有良好的能见度。

（1）光谱分布

自然光源和一般人工光源都是由不同波长的光组成的复合光，将复合光中各种波长的相对功率量值按对应波长排列联合起来，就形成该复合光的光谱功率分布（或光谱能量分布），它是光源的重要物理参数。光是以电磁波形式传播的辐射能，光进入眼睛后产生的知觉称为视觉，包括对视场内物体的明暗、形状、颜色、运动及远近等知觉。光对视知觉的强度不仅与光的能量大小有关，而且与光的波长有关系，波长在380～760nm的电磁波能引起光视觉，称为可见光光谱，如图2.33所示。在可见光的波长范围内，人眼对不同波长光感受性及灵敏度有所不同，隧道照明设置时不仅要考虑光的物理特性，更重要的是要分析驾驶员的视觉系统对各种可见波长光的反应特性，即动态视觉对可见光谱的感受性为人工营造安全、舒适的光环境奠定基础。

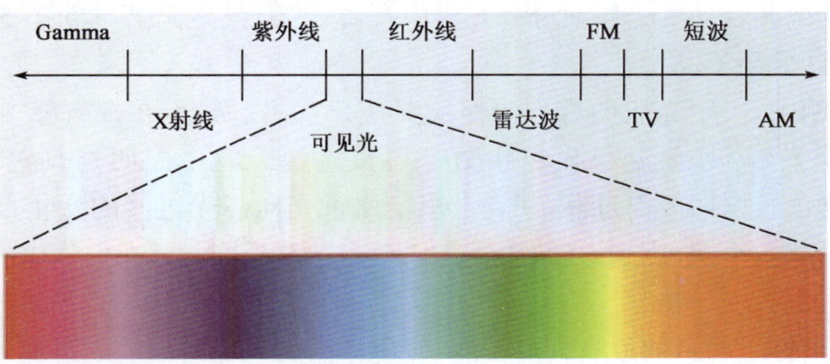

图2.33　可见光光谱

（2）显色指数

光源的显色性是衡量光源颜色品质的重要参数，是颜色真实程度的表征，表征光源显色性的评价指标是显色指数CRI，它表示物体在该光源照射下表现的颜色与标准光源（太阳光）照射下所表现颜色的相符程度，CIE把正午时太阳光的显色指数规定为100。光源的光谱辐射能量分布决定光源的显色性，具有连续光谱分布；同时光谱覆盖范围较宽，并且光谱能量特性接近自然光的光源会具有较为理想的显色性。在国内外现有的研究标准中，显色指数一直作为评价颜色表现真实程度的重要指标，显色性好的光源提高了对彩色目标物的视觉可靠性，对于非彩色目标物的视觉功效影响尚没有研究。非彩色是指白、灰、黑等不带颜色的色彩，白色、灰色和黑色等非彩色物体对白光光谱各波长的光吸收程度均等，反射比在80%～90%的物体呈现白色，反射比在4%之下为黑色，反射比基于它们之间的物体呈现为不同程度的灰色，灰色介于黑色和白色之间。

显色性是光源的光照能否正确呈现出物体颜色效果的一个性能。如果各色物体在光源的照射下所呈现的颜色效果与标准光源（太阳光）照射时相同或相似，则该光源的显色性好或较好。反之,如果物体在受光照射后出现颜色失真,则称该光源的显色性差。显色性是隧道照明光源特性的一个重要指标,真实传达物体在隧道光源照射下的颜色效果,是保证驾驶员在隧道中行驶能够及时准确地感知道路、交通和环境信息,并做出正确判断的重要依据。在我国,对于光源显色性的研究,目前仍沿用国际照明委员会 CIE 制定的显色指数法(也称测验色法),以其数值化的显色指数 Ra 作为定量评价指标,一般认为 Ra=100~80 显色性优良,Ra=79~50 显色性一般,Ra<50 显色性较差。光源的光谱分布是决定光源显色性最重要的因素之一。日光、白炽灯都是连续光谱,具有与白炽灯和日光相似的连续光谱的光源均有较好的显色性。具有较好显色性的光源其成本也越高,从行车安全视认需求层面分析,驾驶员对隧道照明光源的显色性 Ra 一般要求大于 70 的光源有利于驾驶视认的安全性。

(3)色温

色温是当光源所发出的颜色与“黑体”在某一温度下辐射的颜色相同时,“黑体”的温度,单位是开尔文(K);也可理解为光源发光的颜色采用“色温”来定量描述。不同色温的光源所散发出的光线颜色不同,对驾驶员的视觉感受不同,给驾驶员心理和生理上的影响不同;在不同光源色温的照明环境下,驾驶员对于目标物视认做出的反应和效果不同。据国外对视觉反应时间的测量结果表明,不同光源的光谱组成及人眼适应水平对视觉反应时间的长短影响很大。视觉反应时间与光源光谱成分组成有关,辐射光谱中含有较多蓝、绿色光光谱的视觉反应时间为最短。因此,从驾驶视认安全层面分析光谱中含有蓝、绿色光光谱有利于驾驶视认,不同色温光源的动态视认效果不同。

传统隧道照明中,采用高压钠灯作为照明光源,色温较低,而在现行隧道设计中,多采用 LED 等新型照明光源,其色温与显色指数都可以选择。隧道照明灯具色温多在 3 000~6 500K范围内,光由暖白向冷白过渡,视觉上也会由黄光向白光过渡的变化,驾驶员的视认能力也受到影响。同时,不同色温的光线由于光谱分布功率不同使其在空气中的穿透能力不同,都会影响驾驶员视认。

不同显色性条件下颜色的逼真程度不同,显色性高的光源对颜色的再现较好,我们所看到的颜色也就较接近自然原色,同一色温不同显色指数光源下,显色指数越高越利于驾驶员视认。光源的色温和显色性都与光源的光谱辐射能量分布有关。然而,我们通过大量的视认实验发现它们两者的最终结果又没有必然的因果关系,即高色温的光源不一定拥有高显色指数,反之,低色温的光源也不一定失去高显色指数。因此,要全面、客观、公正的反映光源的颜色特征,必须综合考虑光源的色温和显色指数这两个指标。

2)隧道照明光源种类

隧道照明安全与节能减排是当前隧道照明急需解决的一个关键问题。随着高速公路建设尤其是山区高速公路隧道建设的发展,隧道照明设施规模越来越大,隧道运营电费也越来越高。隧道运行管理部门为了降低运营成本采取局部甚至全部关灯方式,使得隧道照明光环境质量下降,增大了隧道交通安全运行风险。目前,隧道照明发展趋势主要体现在三个方面:一方面是对旧有照明光源灯具的改造,具体体现在以 LED 光源灯替换传统的荧光灯、高压钠灯等;第二方面,用远程控制技术实现对隧道照明进行智能监控和科学管理;第三方面,对降低隧道照明能源消耗、提高照明效果、保证隧道行车安全、稳定和舒适性的要求进一步提高。

目前隧道照明中的光源种类主要有白炽灯、荧光灯、高压钠灯等传统隧道照明光源和

LED 灯、无极荧光灯等新型隧道照明光源等，隧道照明光源的发展方向是安全、高效节能。

(1)传统隧道照明光源

①白炽灯。白炽灯开创了人类电气照明的历史，是照明也是隧道照明的第一代光源。白炽灯结构简单、使用方便、易于调光、色调温暖、显色性好，但是发光效率低、耗电高、寿命短、容易破碎。目前隧道照明中已不使用白炽灯。

②荧光灯。荧光灯属气体放电光源，使用寿命短，在雾区穿透性较差，调光范围有限，但显色性较好。荧光灯的光效和寿命均为普通白炽灯的 5 倍以上，一般在隧道紧急停车带和人行横洞中使用。

③高压钠灯。高压钠灯属高强度气体放电光源，光效较高，在雾区穿透性强、使用寿命长，但显色性较差，高压钠灯显色指数 Ra 只有 20～25。

(2)新型隧道照明光源

①发光二极管(LED)。是一种固态的半导体器件，发光原理属于场致发光，蓝光晶片发出蓝光激发黄色荧光粉，蓝光和黄光复合成白光。LED 光谱对比太阳光谱，460nm 左右的蓝光最强，黄光含量次之，光谱不具有连续性，420nm 以下，740nm 以上的含量极少，显色指数偏低。具有响应速度快、发光效率可达 130lm/W，功率损耗小，寿命可高达 100 000h，节约成本等优点。LED 发展趋势是大功率高亮度白光，以实现对传统光源的替代。

②无极荧光灯(电磁感应灯)。无极荧光灯采用的原理是先由电产生磁场，再由磁场产生感应电流，再应用耦合震荡原理将产生的高频电压注入玻璃壳或玻璃管中。电磁感应灯的寿命可以达到 60 000h 以上，光效可达 85～90lm/W，显色性好，而且高效节能。但电磁感应灯存在电磁干扰的问题，且价格昂贵。

3)隧道照明光源与驾驶视认

隧道照明光源特性如光谱构成、色温、显色指数等指标特性与驾驶员的视认能力有着较强的相关性。驾驶员在不同光源特性下的视觉功效是影响驾驶员驾驶行为特性变化的主要指标。在不同光源特性环境下，驾驶员视觉感受不同，对目标物视认需求也存在差异。要全面、客观地反映不同光源特性下光环境对驾驶员视认性的影响，必须综合分析光源的色温、显色指数等特性指标与视认的关系，以满足不同光环境条件对驾驶员视认需求的影响。

我们在模拟隧道内营造了不同光源的光环境，对 12 名驾驶员进行了小目标物体的视认试验，在试验中采用 ETG 眼动仪动态记录驾驶员视认过程中搜索目标物过程中注视点的信息。图 2.34 所示为 ETG，其屏幕最大分辨率为 1 280×960 像素；数据采集频率为 30Hz，眼动捕捉范围为水平方向±35°，垂直方向±27.5°，眼动追踪解析度 0.1，视线焦点精确度 0.5°～1.0°(在所有距离上)。通过 ETG 采集到的驾驶员视认目标物的信息，可以分析得到驾驶员搜索目标物注视点的帧数(即视认时间)，得到驾驶员在不同光源特性照明环境条件下观测目标物的视认功效特性。

通过对模拟隧道视认实验数据的整理、分析和统计，得到了在一定亮度水平条件下，不同光源色温、不同显色指数与视认时间的关系特性。

(1)相同光环境亮度水平下不同光源色温的视认功效特性

当亮度分别为 1.5cd/m^2、2cd/m^2、2.5cd/m^2、3cd/m^2、3.5cd/m^2、4cd/m^2、4.5cd/m^2、5cd/m^2、显指分别为 60、70、80、90 时，不同色温与视认时间的关系曲线如图 2.35～图 2.42 所示。

图 2.34　ETG 眼动仪

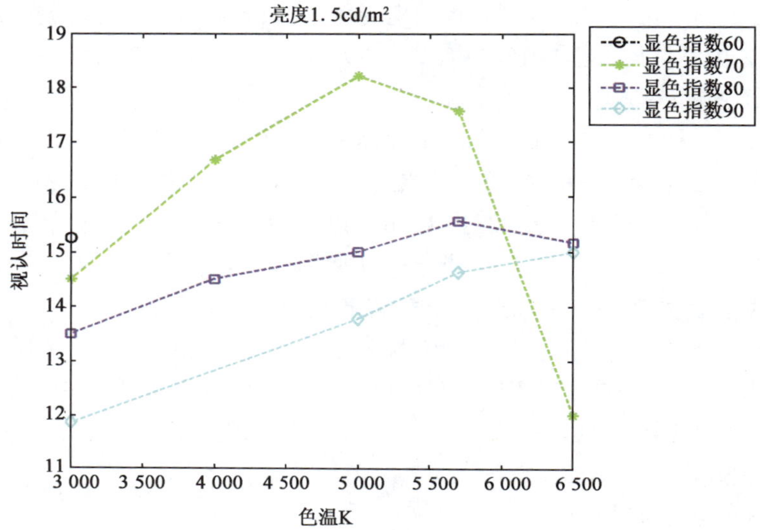

图 2.35　亮度 1.5cd/m² 条件下视认效率

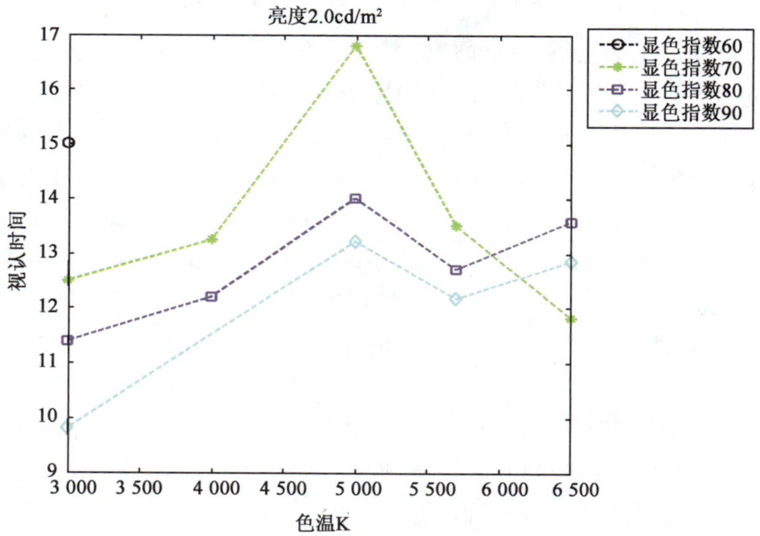

图 2.36　亮度 2cd/m² 条件下视认效率

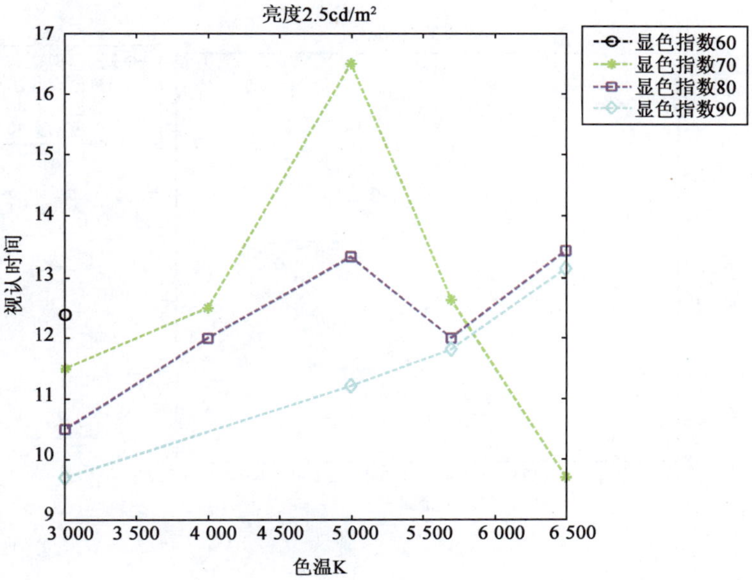

图 2.37 亮度 2.5cd/m² 条件下视认效率

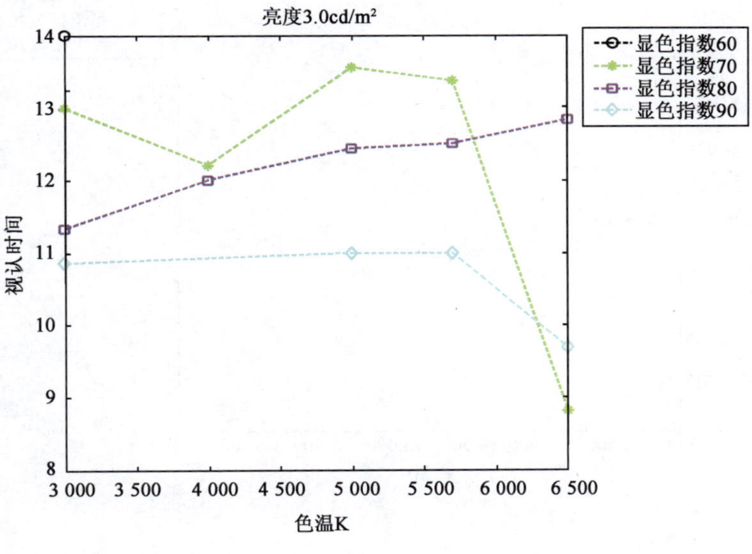

图 2.38 亮度 3cd/m² 条件下视认效率

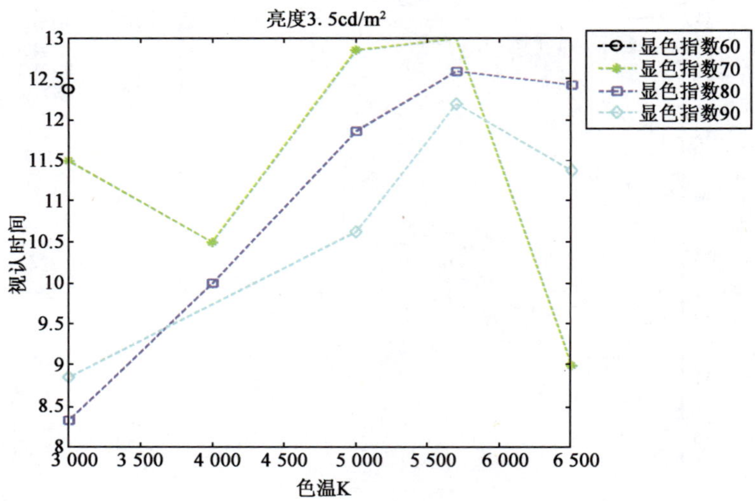

图 2.39 亮度 3.5cd/m² 条件下视认效率

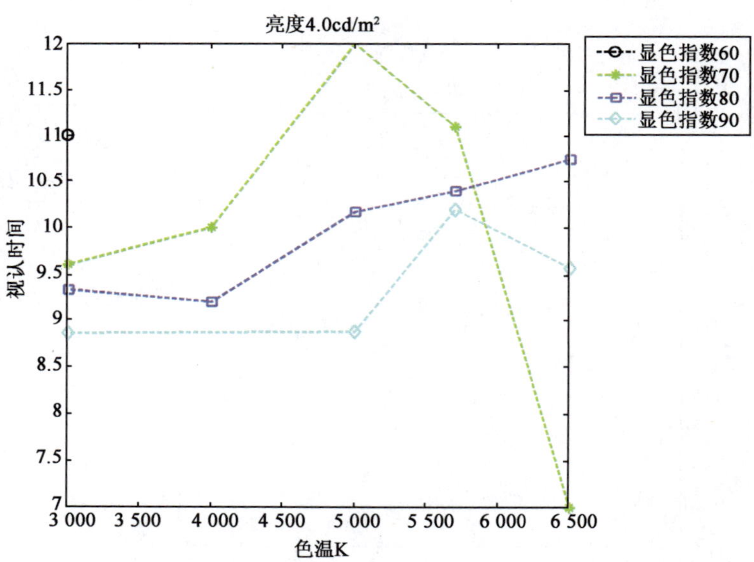

图 2.40 亮度 4cd/m² 条件下视认效率

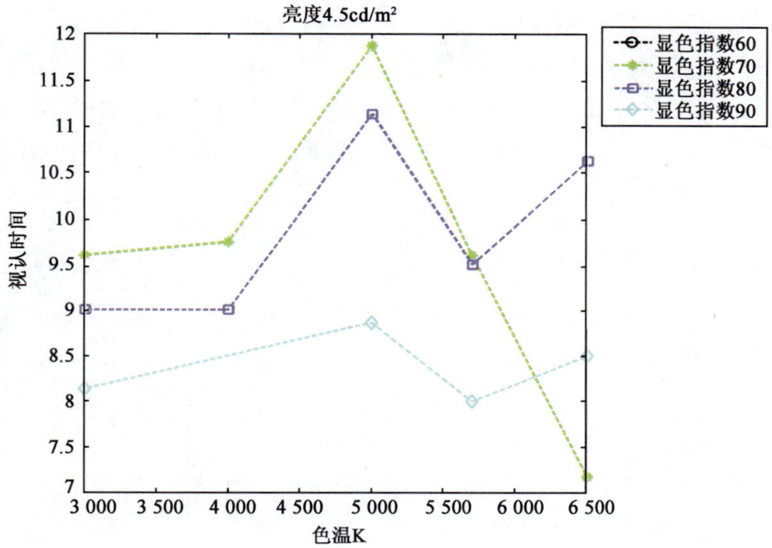

图 2.41 亮度 4.5cd/m² 条件下视认效率

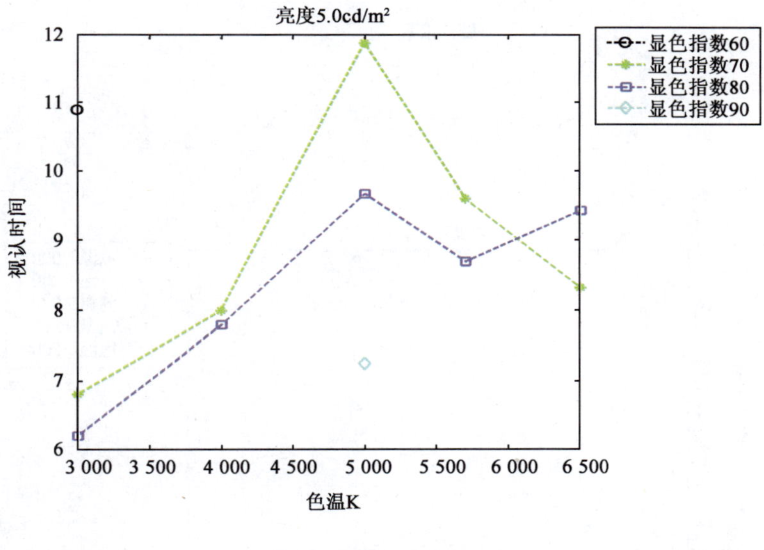

图 2.42 亮度 5cd/m² 条件下视认效率

从试验结果可见，在一定的亮度水平下，随着光源的色温增加，即从 3 000K、4 000K、5 000K、5 700K 到 6 500K 变化时，随着光色由黄光向白光的变化过程中，驾驶员视认目标物的时间随之增加。驾驶员在低色温 3 000K、4 000K 两组光源下对目标物的视认时间相对较短，视觉功效较好。在环境亮度水平较低时，不同光色环境下非彩色目标物与其背景环境颜色对比度不同，目标物与背景环境颜色差异增加了驾驶员对目标物的视敏度。因此，在一定的亮度水平下，低色温 3 000K、4 000K 黄色光源较高色温的白色光源增加了视认目标物与背景环境的光色对比度，在一定程度上增加了驾驶员视认目标物的视觉敏锐度，提高了驾驶视认的视觉功效，有利于驾驶员对目标物的视认。

(2)相同光环境亮度水平下不同光源显色性的视认功效特性

当亮度分别为 1.5cd/m²、2cd/m²、2.5cd/m²、3cd/m²、3.5cd/m²、4cd/m²、4.5cd/m²、5cd/m²，色温分别为 3 000K、4 000K、5 000K、5 700K、6 500K 时，不同显色指数与视认时间的关系曲线如图 2.43～图 2.50 所示。

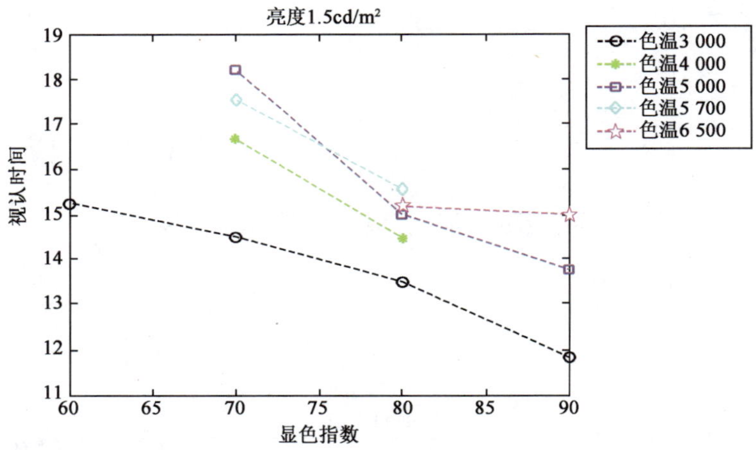

图 2.43　亮度 1.5cd/m² 条件下视认效率

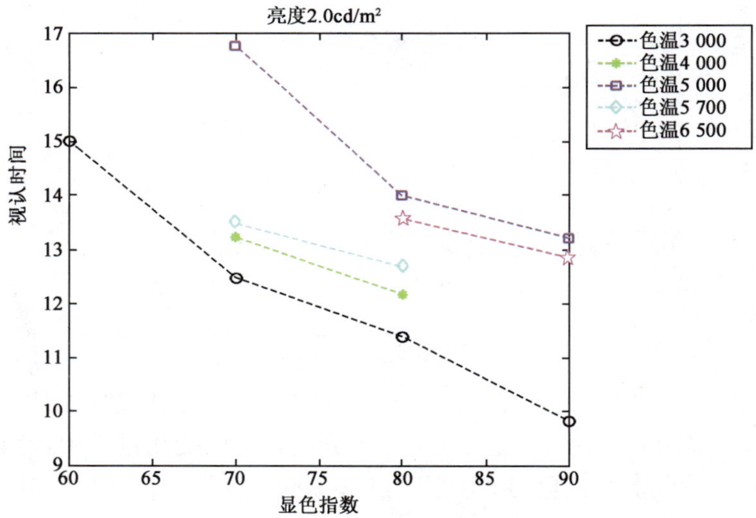

图 2.44　亮度 2cd/m² 条件下视认效率

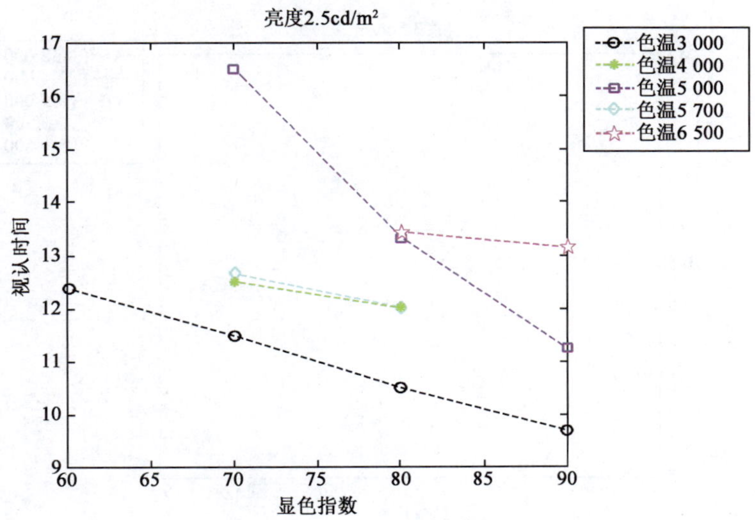

图 2.45　亮度 2.5cd/m² 条件下视认效率

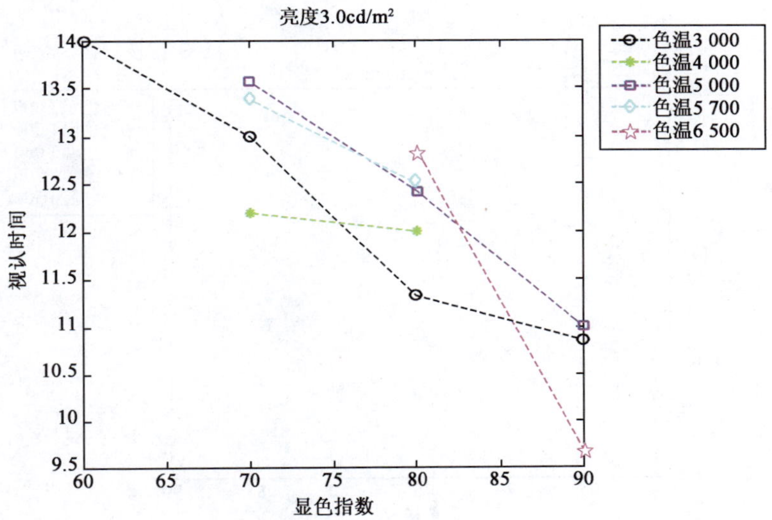

图 2.46　亮度 3cd/m² 条件下视认效率

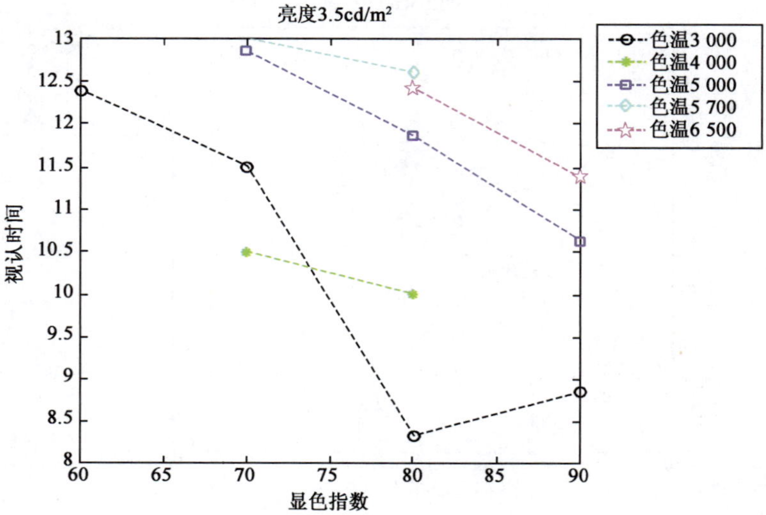

图 2.47　亮度 3.5cd/m² 条件下视认效率

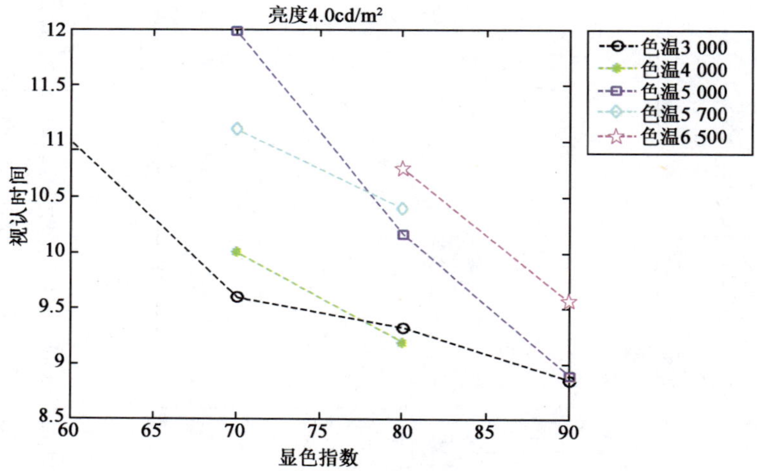

图 2.48　亮度 4cd/m² 条件下视认效率

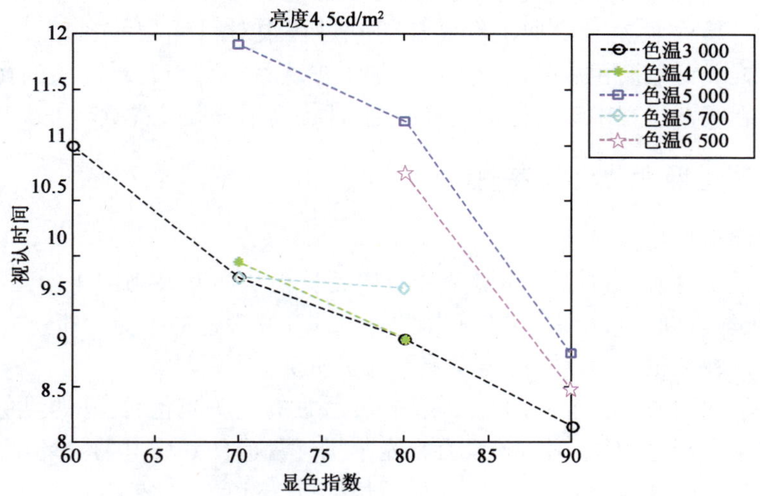

图 2.49　亮度 4.5cd/m² 条件下视认效率

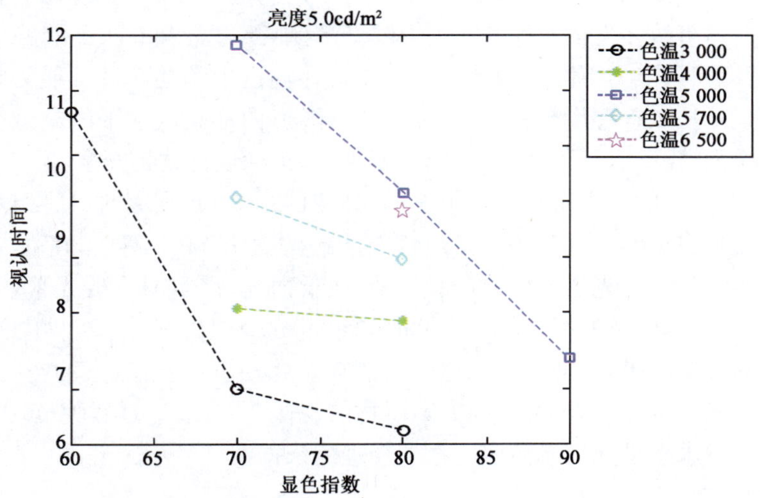

图 2.50　亮度 5cd/m² 条件下视认效率

从试验结果可见，在一定亮度水平下，随着光源显色指数由 60、70、80 到 90 的增加，视认目标物的时间变短，说明了显色指数高的光源能提高驾驶员对灰色目标物的视觉功效。在光源的亮度和色温一定的条件下，提高光源显色指数，可以提高驾驶员对非彩色目标物视认的视亮度，即可以提高非彩色目标物的视觉功效。

综上，随着光源亮度水平和显色指数的提高，驾驶员对目标物的视觉功效提高，证明了在实际工程中，要增加视觉可见度而又不增加光源功率，提高光源显色性不失为一种有效的节能方法;在环境亮度水平较低时,不同光色环境下非彩色目标物与其背景环境颜色对比度不同,目标物与背景环境颜色差异增加了驾驶员驾驶过程中对目标物的视敏度,低色温 3 000K、4 000K两组黄光光源较高色温的白光光源增加了视认目标物与背景环境的光色对比度,从而提高了驾驶员在视认过程中对目标物的视敏度,即提高了驾驶员视觉功效。

2.2.3 隧道照明光环境特性

1)隧道照明质量特性

照明质量是由光源、目标物、环境条件与驾驶员视认相互作用产生的结果。光形成了照明,照明使驾驶员看到了目标物,并有了驾驶员生理和心理上的感受。驾驶员在光环境中驾驶时的生理和心理特征很大程度上综合反映了照明质量。

隧道光环境照明质量主要由四个要素构成:适宜的光源光色、良好的显色性、合理设置位置下的亮度水平和舒适的亮度分布、没有眩光干扰。营造良好质量的光环境应综合考虑隧道洞口朝向、洞口景观、隧道空间结构特性、隧道长度、长隧道内景观、路面类型、隧道壁反射率以及设计速度、建设与营运费用等因素,实现没有光障(包括白洞效应、黑洞效应)、眩光、闪烁等不良光环境质量的干扰,满足驾驶员在行车过程中的视认需求。

(1)亮度水平

路面亮度的概念见 2.2.1。隧道路面亮度水平是满足驾驶员安全、稳定和舒适驾驶的重要条件。隧道交通事故多发的一个重要原因是与驾驶行为需求不匹配的路面低亮度质量水平,使驾驶员动态视认能力下降甚至丧失。驾驶员在隧道中的动态视认能力是保证行车安全的一个重要因素。从工程建设与管理的角度分析,隧道内部亮度水平的高低会影响到行车的安全性。一般说来,亮度水平越高,行车视距就越远,车辆运行就越安全,但在有烟雾尘埃的环境条件下,视距随亮度的增大是有一定限度的,其原因是:当无烟雾时,亮度越大,从前方目标物上反射到驾驶员眼里的光就越多,对目标物看得越清楚;当有烟雾时,在强光的照射下,烟雾尘埃颗粒一方面吸收部分光强,另一方面产生漫散反射光,严重时形成光幕,干扰了来自目标物的反射光,干扰了驾驶员的视认能力。此时如果过分增大亮度,就会产生眩光现象,导致限制或降低视距的不良后果,且加大了隧道照明能耗。此外,在湿度较大的空气中,在强光照射下也往往会形成光幕,影响驾驶员对前方障碍物的视认。因此,适宜驾驶员安全、稳定、舒适驾驶视认的亮度质量水平是隧道光源照明经济合理的依据。

(2)亮度均匀性

照明光源在为路面提供良好的亮度水平的同时,在路面上的某些区域可能会产生较低的亮度,使障碍物与路面之间的亮度对比值低;如果在驾驶员视场中出现较大的亮度差异,会导致驾驶员眼睛视认灵敏度下降,引起所谓的“瞬时适应”问题,以至于驾驶员不易察觉出在那些较暗区域中的障碍物,带来行车安全风险。路面或侧壁墙上连续、反复地出现亮带和暗带,还会产生“斑马效应”或称“波浪”,使在行驶中的驾驶员感到烦躁,影响驾驶心理和安全视认,危及行车安全。

(3)频闪

合理的布灯方式与安装质量对营造良好的隧道光环境有着重要影响。由于隧道的特殊结构,隧道内的照明主要由照明灯具提供,中间段的灯具排布间距较宽,由于灯具的不连续布置,当车辆以一定的速度在隧道中行驶时，如果驾驶员的视觉不断经受明暗变化的刺激频率超过一定阈值时会产生烦乱，即“频闪效应”。这时，眼睛看运动的物体，物体会在视网膜上成像一闪即逝，接着进行下一次成像，这样反复地呈现在驾驶员眼睛上就会形成时亮时灭不连续的光，这样的闪烁会对驾驶员的视觉系统产生不舒适的刺激作用，给行车安全带来风险。

(4)眩光

眩光是一种视觉条件，这种条件的形成是由于亮度分布不适当，或亮度变化的幅度太大，或空间、时间上存在着极端的对比，以致引起观察者不舒适或降低观察重要物体的能力，或同时产生这两种现象。在国际上，将眩光分为不舒适眩光和失能眩光两种，不舒适眩光是指光源对观察者引起不舒适的眩光，而失能眩光是指光源使观察者的视觉观察能力降低的眩光。不舒适眩光是由于眩光源的散射光线射入人的眼睛而导致的不舒适性所引起的，这种眩光对人眼的视觉能力并不造成影响；失能眩光则是由光源的散射光线在视网膜上产生了视感从而影响了人眼的正常视力，由于失能眩光的影响会使等效光幕与目标物的成像相重叠，从而导致目标物的对比度明显下降，进而导致人眼无法清晰地判断和识别目标物体。引起不舒适感的不舒适眩光的出现，不一定对视觉功能和视敏度造成影响，但是在某些情况下，不舒适眩光的影响也会随着时间推移而加重。隧道白天出口、夜间隧道入口亮度较高，就会产生“白洞效应”，驾驶员的视觉产生较强的眩光现象。隧道内照明光源灯具安装角度不合理，过强的光线直接或折射进入驾驶员眼睛时，也会使驾驶视认时形成眩光，而且当隧道照明条件处于中间视觉时更容易产生眩光。

2)隧道照明质量与驾驶员驾驶视认

隧道照明光环境质量特性是照明光源在特定位置和环境下营造出来的直接作用于驾驶员眼睛，影响驾驶员视认能力的参数。驾驶员在不同光环境质量特性下的视觉功效是影响驾驶员驾驶行为特性变化的重要指标。在不同光源与光环境质量特性环境下，驾驶员视觉感受不同，对目标物视认需求也存在差异。要全面，客观地反映不同光源特性下光环境质量对驾驶员视认性的影响，必须综合分析光环境质量特性，以满足不同光环境条件下对驾驶员视认需求的影响。

我们在模拟隧道内营造了不同光源的光环境质量水平，对12名驾驶员进行了小目标物体的视认实验，在实验中采用ETG眼动仪动态记录驾驶员视认过程中搜索目标物过程中注视点的信息。通过计算分析，得到驾驶员搜索目标物注视点的帧数(即视认时间)，得到驾驶员在不同光环境质量条件下观测目标物的视认功效特性。

(1)相同色温不同亮度水平视认效率

图2.51～图2.55为光源的色温在3 000K、4 000K、5 000K、5 700K、6 500K时，随着光环境亮度水平的提高，即亮度从1.5～5cd/m^{2}的变化过程中，亮度和视认时间的关系曲线。

从试验结果可见，随着光环境亮度水平的提高，即亮度从1.5～5cd/m^{2}的变化过程中，视认时间逐渐变短，证明了在同一色温下，随着亮度水平的提高，驾驶员对目标物的视认功效随之提高。

(2)相同显色指数不同亮度水平视认效率

图2.56～图2.58为光源的显色指数为70、80、90时，随着光环境亮度水平的提高，即亮度从1.5～5cd/m^{2}的变化过程中，亮度和视认时间的关系曲线。

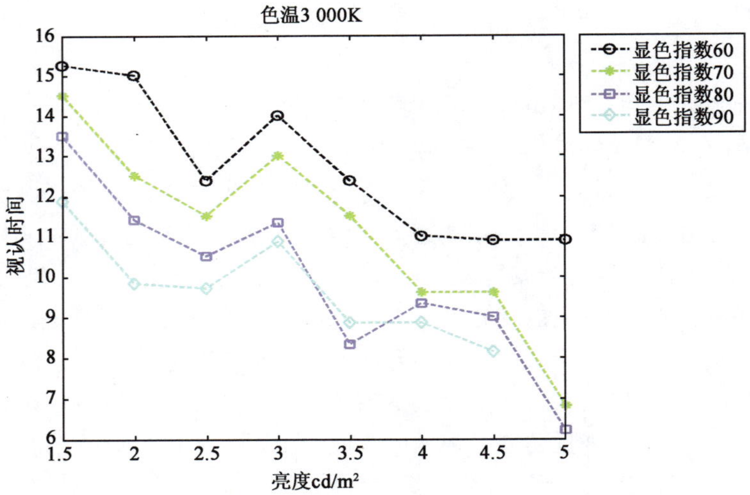

图 2.51　色温 3 000K 条件下视认效率

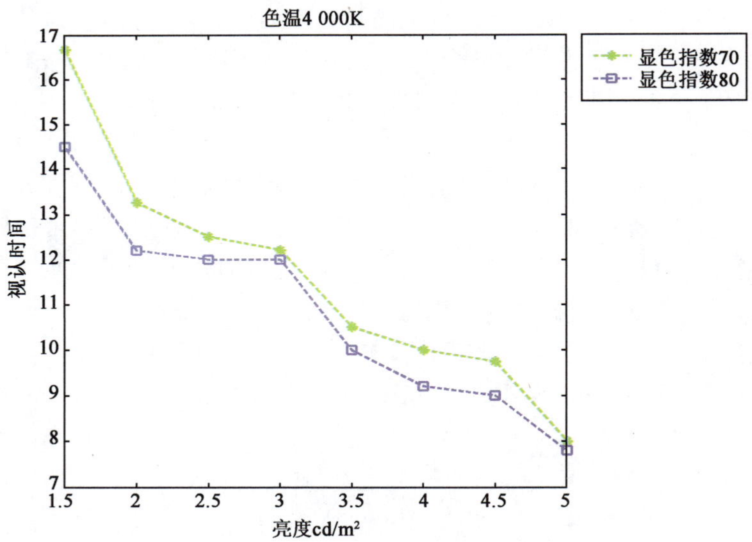

图 2.52　色温 4 000K 条件下视认效率

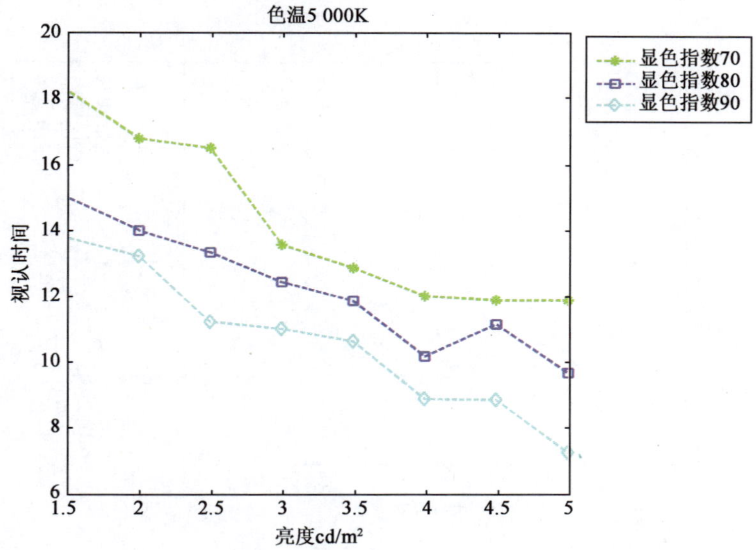

图 2.53　色温 5 000K 条件下视认效率

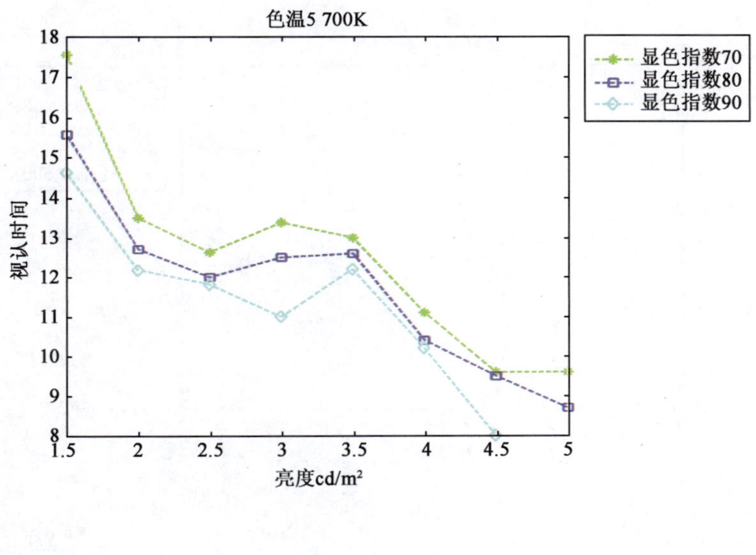

图 2.54　色温 5 700K 条件下视认效率

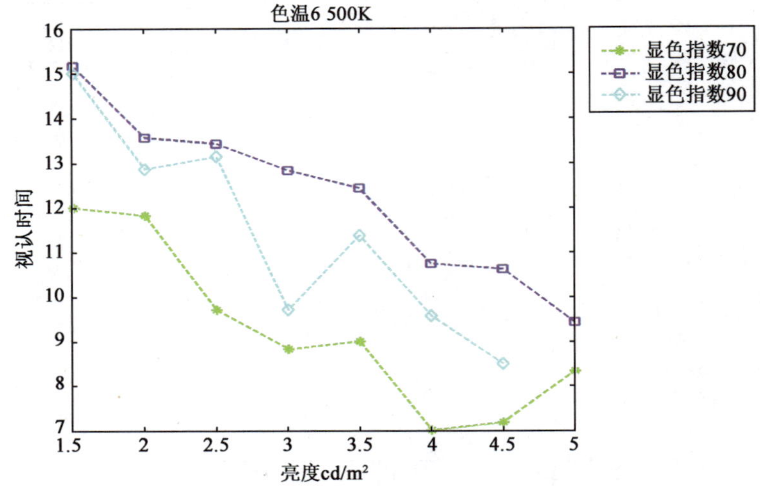

图 2.55　色温 6 500K 条件下视认效率

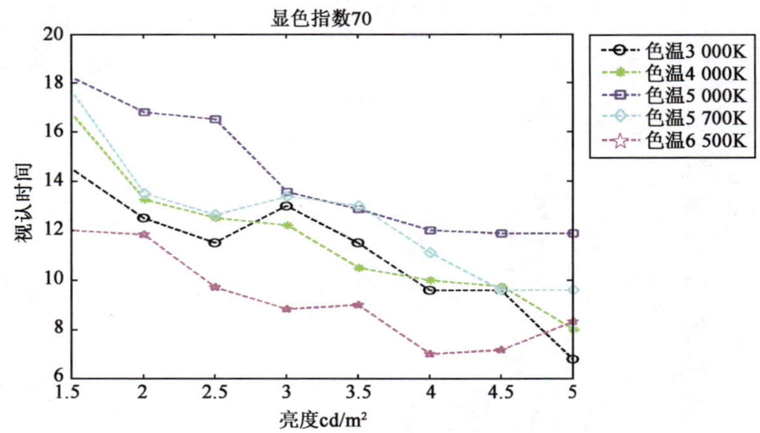

图 2.56　显色指数 70 条件下视认效率

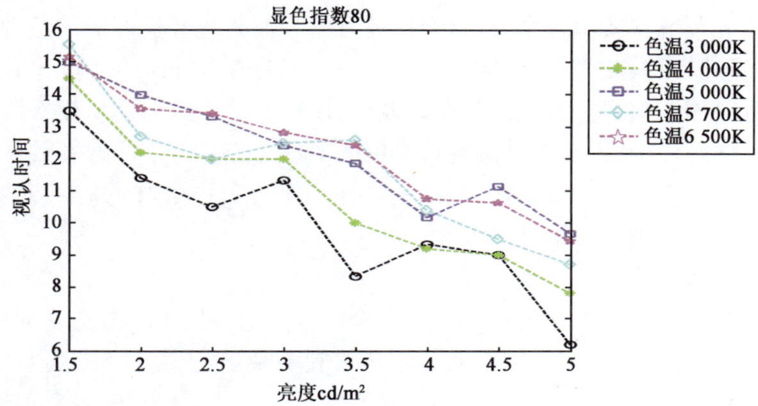

图 2.57　显色指数 80 条件下视认效率

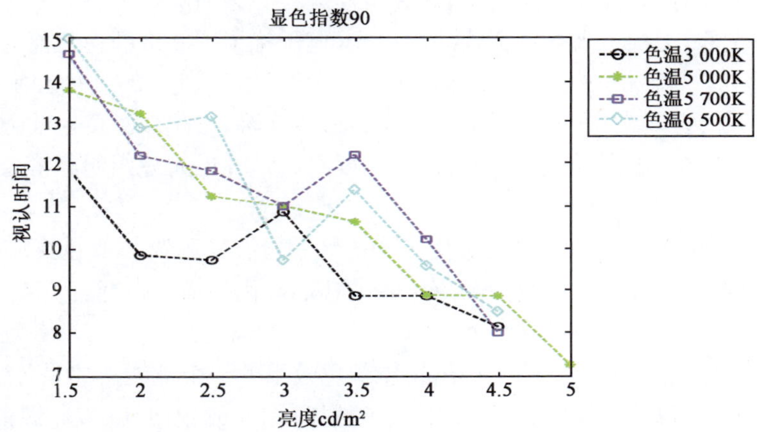

图 2.58　显色指数 90 条件下视认效率

从试验结果可见，在同一显色指数下，随着光环境亮度水平的提高，即亮度从 1.5～5cd/m^{2}的变化过程中，视认时间逐渐变短，驾驶员对目标物的视认功效随之提高。

综上所述，不同的光源特性色温和显色性分别对驾驶员的视认效率有影响，在相同的光色环境下随着照明亮度水平的提高，驾驶员的视认功效相应得到提高。

2.3　隧道照明特性

2.3.1　隧道照明质量

照明质量是由光源、目标物与驾驶员相互作用产生的结果。光形成了照明，照明使驾驶员看到了目标物，并有了驾驶员生理和心理上的感受。照明质量是驾驶员生理和心理因素的综合反映。

良好的隧道光环境主要由4个要素构成：适宜的光源光色和良好的显色性，合理的亮度水平、舒适的亮度分布、没有眩光干扰，同时还应进一步考虑隧道洞口朝向、隧道长度、长隧道内景观、洞口景观、路面类型、隧道壁反射率，以及设计速度、建设与营运费用等因素，综合确定照明水平。在隧道光环境中，影响驾驶员视认的因素有很多，但最终需要依靠照明光源特性、照明环境的几何特性来提高照明质量，满足驾驶员在行车过程中的视认需求。驾驶员视认对隧道照明质量需求主要体现在以下几个方面。

1)亮度

驾驶员在隧道中的视认能力是保证行车安全的一个重要因素。隧道交通事故多发的主要原因是：与驾驶行为需求不匹配的路面低亮度使驾驶员视认能力下降。从工程建设与管理的角度看隧道内部亮度大小直接关系到车辆行驶的安全与否。一般说来，亮度越大，行车视距就越远，车辆运行就越安全，但在有烟雾尘埃的环境条件下，视距随亮度的增大是有一定限度的，其原因是：当无烟雾时，亮度越大，从前方目标物上反射到驾驶员眼里的光就越多，对目标物看得越清楚；当有烟雾时，在强光的照射下，烟雾尘埃颗粒一方面吸收部分光强，另一方面产生漫散反射光，形成光幕，干扰了来自目标物的反射光，也干扰了驾驶员的视认能力。此时，如果过分增大亮度，就会产生眩光现象，导致限制或降低视距的不良后果，且加大了隧道照明能耗。此外，在湿度较大的空气中，强光照射下往往也会形成光幕，影响驾驶员对前方障碍物的视认。因此，适宜驾驶员安全、稳定、舒适驾驶视认的亮度水平是隧道光源照明经济合理的亮度水平。

2)光色

光源的光色反映光源本身的颜色以及在该光源下能够显示物体颜色真实的程度，其特性包含显色性和色表两个方面。显色指数与色温是其定量化的描述指标。

(1)显色指数

显色性是光源的光照能否正确呈现出物体颜色效果的一个性能。如果各色物体在光源的照射下所呈现的颜色效果与标准光源(太阳光)照射时相同或相似，则该光源的显色性好或较好。反之，如果物体在受光照射后出现颜色失真，则称该光源的显色性差。显色性是隧道照明光源特性的一个重要指标，真实传达物体在隧道光源照射下的颜色效果，是保证驾驶员在隧道中行驶能够及时准确地感知道路、交通和环境信息，并做出正确判断的重要依据。在我国，对于光源显色性的研究，目前仍沿用国际照明委员会CIE制定的显色指数法(也称测验色法)，以其数值化的显色指数Ra作为定量评价指标。一般认为Ra＝80～100显色性优良，Ra＝50～79显色性一般，Ra＜50显色性较差。光源的光谱分布是决定光源显色性最重要的因素之一。日光、白炽灯都是连续光谱，具有与白炽灯和日光相似的连续光谱的光源均有较好的显色性。具有较好显色性的光源其成本也越高，因此从行车安全视认需求层面分析，Ra≥70的光源有利于驾驶视认的安全性。

(2)色温

光源发光的颜色可采用“色温”来定量描述，不同色温给驾驶员心理和生理上的影响不同，在不同光源色温的照明环境下，驾驶员对于目标物视认做出的反应和效果不同。据国外对视觉反应时间的测量表明，不同光源的光谱组成及人眼适应水平对视觉反应时间的长短影响很大。视觉反应时间与光源光谱成分组成有关，辐射光谱中含有较多蓝、绿色光光谱的视觉反应时间为最短。因此,从驾驶视认安全层面分析,不同色温光源的动态视认效果不同。

光源的色温和显色性都与光源的光谱辐射能量分布有关。然而,我们通过大量的视认试验发现,它们两者的最终结果又没有必然的因果关系,即高色温的光源不一定拥有高显色指数,反之,低色温的光源也不一定失去高显色指数。因此,要全面、客观、公正地反映光源的颜色特征,必须综合考虑光源的色温和显色指数这两个指标。

3)灯具布置

隧道照明灯具的布置包括隧道主线路段照明灯具的布置和隧道其他路段照明灯具的布置。

(1)隧道主线照明灯具布置

隧道主线路段照明灯具的布置需考虑路面亮度满足驾驶动态安全、舒适视认要求,不要出现频闪效应和眩光。隧道主线路段照明灯具的布置有三种基本形式:双侧对称布置、双侧交错布置、中间布置,如图 2.59 所示。对于圆形(或拱形)隧道断面,灯具采用两侧交错布置时地面亮度效果最佳。

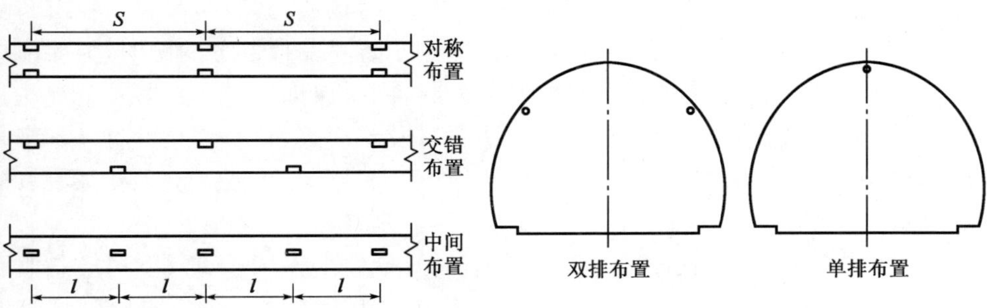

图 2.59 隧道灯具的布灯形式(尺寸单位:m)

对称布置和交错布置一般是将灯具安装在墙壁和顶棚之间的拐角处,而不是安装在墙面上,这种布置方式可以提供良好的视觉环境,使得隧道墙壁底部到 2m 高的范围内具有不低于路面平均亮度的照明效果。从照明效果看,在相同的隧道环境和采用相同照明灯具条件下,交错布置方式产生的路面照度略优于对称布置产生的路面照度,但其路面亮度总均匀度高于对称布置。因此总体来说交错布置优于对称布置,交错布灯的光效率要高于对称布灯。中间布置是将灯具安装在顶棚的轴线处,这种布置方式可以使较多的光强度分布在路面上,灯具的照明效率较高,但是这种布置方式在灯具维修时必须中断公路一侧甚至双侧交通。灯具的布置方式应该按照灯具的配光、光源特性、路面亮度分布、闪烁、眩光、维修和使用的经济性等方面进行。隧道灯具照明的合理布置方式就是实现在经济、合理的条件下达到最好的驾驶视认效果。

(2)隧道其他路段照明灯具布置

行人横洞、行车横洞以及紧急停车带均属于隧道逃生救援基础设施。当隧道内发生异常事件时,供受困人员逃离事故现场、引导受困人员逃离事故现场和临时停车所用。为提高公路隧道行车安全性和舒适性、满足救援及养护维修的需要,隧道内行人横洞、行车横洞及紧急停车带均应设置满足驾驶员安全视认需求的横洞照明和局部照明。

行人横洞及行车横洞是为受困人员或车辆逃离事件现场提供的通道。驾驶员在行人横洞及行车横洞洞口位置驾驶视认需求高,特别是位于横通道与主洞的连接位置处,其照明设置应提供必要的色温、显色性光源特性下的亮度、亮度均匀度，以便驾驶员能够安全视认隧道轮廓边界及路面上障碍物。由于逃生人员在行人横洞中或逃生车辆行车横洞中可按逃生速度考虑照明需求，进入或行驶在照明水平可适当降低，在满足驾驶员安全视认的基础上达到节能减排的目的。

行人及行车横洞照明建议采用LED节能型光源，其亮度不应低于1.0cd/m^2。行人及行车横洞照明平时可以处于关闭状态，一旦行人横洞及行车横洞开启使用，应能立即自动启动照明光源。

距隧道行人横洞、行车横洞洞门两侧0.5m、1.0m、1.5m的位置设置1个电光引导标志，用于标识行人横洞、行车横洞的位置，以便于逃生人员视认。电光诱导标志宜采用双面显示，采用LED节能型照明光源。电光引导标志通过主控制器实现常亮、闪烁、调节发光亮度的控制。隧道出入口的电光引导标志宜为黄色，或沿车行方向左黄右白，人行横洞、车行横洞处的电光引导标志宜为绿色。

紧急停车带主要是为给异常车辆提供检修维护的临时场所，其照明设置的要求与隧道主线有所不同。紧急停车带要求配置特殊的照明以区别于隧道其他部分的照明，为保障故障车辆能够安全进入紧急停车带进行车辆检修或临时停靠，同时保证驾驶员能够安全视认紧急停车带位置、使用情况、标志、轮廓标线、隧道轮廓边界以及路面障碍物，宜在紧急停车带布设显色指数较高的光源进行照明，光源需满足亮度、色温、显色性及均匀性要求，其照明亮度建议不应低于4.0cd/m^2。

隧道应急照明光源应呈线状连续布设，以起到诱导视线的作用。直线隧道应急照明灯具布置间距不应大于24m，弯道隧道应急照明灯具布置间距应加密。应急照明灯具建议采用LED节能光源。在检修道边缘宜增设凸起轮廓标或在检修道侧壁施画红白相间反光漆以警示驾驶员不要与检修道相撞。

4)灯具配光

隧道照明灯具的配光光束角有的比较宽，有的比较窄，但是其共同点是不仅主光束射向路面，其他部分的光线也可以射到隧道壁上，这样就可以增加壁面和路面的亮度以及壁面和路面的对比度，从而提高驾驶员对道路线形以及障碍物的视认能力。在隧道中使用的照明灯具的配光形式主要有三种：对称式、顺光式和逆光式。对称式照明是将灯具发出的光线落在与车流相同和相反的方向上；顺光式照明灯具光线落在与车流相同的方向上；逆光式照明灯具光线是落在与车流相反的方向上，是将灯具横向安装在隧道顶部，使光线直接照射迎面行驶而来的车辆上的一种照明配光技术，这种技术充分利用了光线在路面上的反射作用，并且极大地增强了目标物与墙面和路面之间的对比度，提供了比以普通形式安装的隧道灯具更好的配光照明效果，最有利于驾驶员在隧道内的动态驾驶视认。

目前国内隧道照明使用最多的配光方式为对称式照明，国外很多隧道是采用逆光式照明方式，尤其是北欧地区，技术发展已经比较成熟。逆光式照明使路面更亮，目标物的轮廓线更加清晰而且更易于驾驶视认。建议我国隧道照明采用逆光式照明方式。

5)灯具位置

在进行隧道主线照明灯具的布置时，基于闪烁频率低于2.5Hz或高于15Hz时对人的影响可忽略不计的特点，可将频闪频率控制在小于2.5Hz或大于15Hz的范围内。隧道照明灯具的频闪频率主要与照明光源特性、照明灯具安装间距和车速有关。

隧道内照明灯具高度应该以不干扰按国家标准装载高度和宽度的车辆正常行驶，并能使亮度损失最小为宜。若隧道内照明灯具高度不满足车辆行驶净空要求，就容易被行驶车辆特别是大车剐蹭而导致隧道内照明灯具损坏，影响隧道照明质量；如果同样亮度的灯具设置位置过高，会使亮度损失大，不经济节能。通过大量的现场实验研究发现，在保证隧道路面平均亮度及亮度总均匀度条件下，满足驾驶员安全舒适驾驶视认需求和亮度损失最小并便于隧道内灯具养护维修的情况下，隧道内照明灯具的高度可适当提高。以 70W 的 LED 公路隧道专用灯具为例，平均亮度、亮度总均匀度与灯具高度、角度的关系如表 2.4 所示，照明灯具位置宜在距地面 5.3～6.7m 高度范围内，角度应使灯具正对车行道中线，灯具的位置范围如图 2.60 所示。

亮度质量与灯具物理量的关系 表 2.4

高度(m)	仰角(°)	平均亮度(cd/m²)	亮度总均匀度
5.3	23	6.2	0.783
5.6	19	6.2	0.786
5.9	15	6.1	0.772
6.2	10	6.2	0.747
6.5	5	6.2	0.720
6.7	0	6.1	0.658

2.3.2 隧道照明节能

目前我国高速公路隧道使用的光源类型主要有高压钠灯和 LED 灯两种。高压钠灯光源色温低，具有透雾性能好、使用寿命长和技术成熟可靠，价格相对低等优点。但高压钠灯发光颜色为黄色，色温及显色指数较低，不利于驾驶员视认。高压钠灯的灯型决定了灯具的光源利用率低，仅有 40%左右；同时由于钠灯含汞、铅等化学污染物，不利于环保，且启动、再启动时间慢。LED 隧道灯光源有寿命长、显色指数高、光色选择性多、发光效率高和可实现单灯控制等优点。现对高压钠灯与 LED 灯光源主要技术参数进行比较。

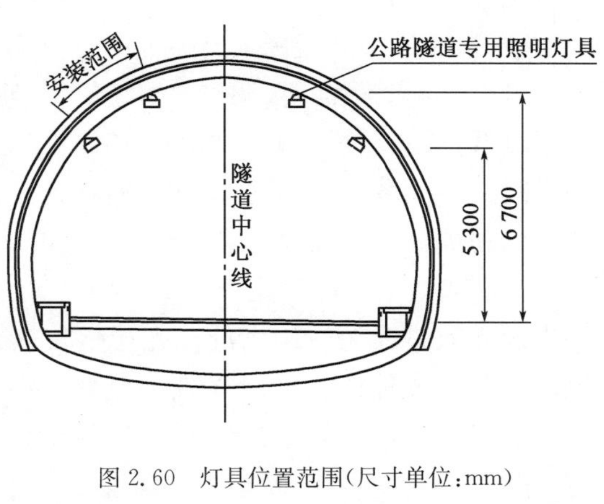

图 2.60 灯具位置范围(尺寸单位：mm)

1)光源寿命

从使用寿命方面来看，LED 灯光源把光衰达到 70% 作为寿命期限，寿命平均超过 50 000h。高压钠灯光源是把一批光源点亮到了 50%的损坏数量来定义寿命，在标准电压下工作平均能达到 20 000h。如果按照高压钠灯光源寿命定义来对 LED 灯进行衡量，其寿命会远远超过 100 000h；如果按照 10%的数量损坏定义或是按照 LED 灯光源寿命定义来进行衡量，那么高压钠灯光源的寿命就是在 10 000h 左右，所以 LED 灯光源的使用寿命远远超过高压钠灯。

2)光源显色性

人眼可见光的范围为 380～780nm,在此范围内的光线才能被人眼接受与识别。高压钠灯与 LED 灯光源的可见光谱图如图 2.61、图 2.62 所示。

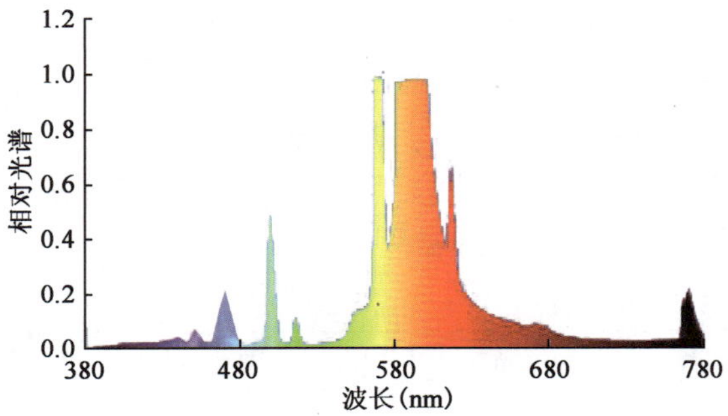

图 2.61　高压钠灯可见光相对光谱功率分布图

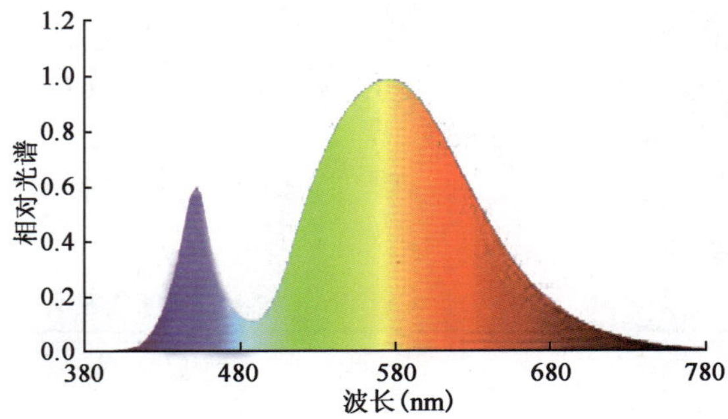

图 2.62　LED 灯可见光相对光谱功率分布图

从光谱图中可见 LED 灯光源不同波长光辐射能的大小接近太阳光,而钠灯中的蓝光、绿光部分基本没有;LED 灯光源在红光区的分布要比高压钠灯更宽泛。在同等光照下,白光 LED 灯显色性好,物体清晰可辨;而高压钠灯光源显色性差,物体原色的视觉还原能力差。光源的显色指数只要大于 70 以上,就能比较真实地反映出物体的颜色而不至于有较大的失真,显色效果较好;在 30 以下,则显色效果会较差。若采用白色 LED 灯为光源,显色指数可达到 75、80,视觉效果要明显优于高压钠灯光源。

3)光源色温

从图 2.61 和图 2.62 的光谱图中可以看出 LED 灯光源发出的可见光中中短波光线所占的比例较多,高压钠灯光源发出的可见光中长波光线所占的比例较多,而且目前 LED 灯光源的色温可以根据实际需要,调整中短波比例,使用时发出接近于自然光的光线;高压钠灯光源的色温较低,通常在 2 000～3 000K,在使用时发出黄光。人类长期生活在自然白光的条件下,驾驶员眼睛感觉最舒适、最容易适应的就是自然光光色,所以 LED 灯光源的色温较高压钠灯更适合驾驶员眼睛的视觉需求。

4)光源光效与光源利用率

光源光效是光源所发出的总光通量与该光源所消耗的电功率的比值,是衡量灯具将多少电能转化为光能的指标。光效值越高,表明灯具将电能转化为光能的能力越强,即在提供同等亮度的情况下,该光源的节能性越强;在同等功率下,该光源的照明性能越强,即亮度越大。

光源利用率是指在规定条件下测得的光源所发射的光通量值与光源内所有光源发出的光通量测定值之和的比值。

高压钠灯光源是球型发光体,高压钠灯发光是向周围 360°方向散射,利用反射器来投光,通常仅有 60%～80%的光通量到达地面,光源利用率较低。以 250W 钠灯为例:初始光通量 30 000lm,灯具实际光通量 13 500lm,250W 钠灯实际功率 300W。所以 250W 钠灯的实际光效仅为45lm/W。LED灯光源不是球形反光，有定向发光的特点，更有利于光学设计，并且到达地面的光通量高达85%以上。以光源功率100W的LED为例：初始光通量11 200lm，因为LED是单向性发光，灯具效率较高，灯具实际光通量9 070lm，灯具总功率110W，所以此款LED灯的灯具光效为82.5lm/W。因此，LED光源与高压钠灯的初始光效虽然相差不大，但LED灯光源的利用率比高压钠灯高得多，使LED灯光源的实际光效比高压钠灯高得多，节约能耗指标高。此外，高压钠灯含有汞等重金属物质对环境有害；LED灯能实现绿色环保。

5)照明需求

现行公路隧道照明规范标准主要根据钠灯制定，而在实际隧道运行条件下不同隧道照明光源对满足驾驶员视认有着很大影响，表2.5为作者采用不同光源类型灯具营造的隧道中间段光环境在不同运行速度下的亮度需求阈值。从表2.5中可以看出，不同LED光源灯具照明光环境下满足驾驶员动态驾驶视认需求的隧道中间段亮度阈值不同，并且大多低于根据钠灯制定的规范值。在实际隧道运营中，根据表2.5中选择合适的灯具类型，LED灯具需求亮度低于高压钠灯，只需要较低的亮度就可以达到比较满意的驾驶视认需求照明效果，相应的LED灯具功率需求降低，最终可实现降低电能消耗的目标。

各光源类型不同速度下亮度阈值 表2.5

LED光源类型	亮度阈值(cd/m^2)			
	60km/h	80km/h	100km/h	120km/h
6 500K,70	0.38	0.45	0.97	1.72
4 000K,80	0.39	0.47	0.97	1.90
5 000K,90	0.52	0.62	1.29	2.23
5 700K,70	0.54	0.80	1.40	3.00
3 000K,80	0.58	0.84	1.43	3.01
6 500K,80	0.59	0.88	1.60	3.01
3 000K,90	0.60	0.88	1.70	3.39
5 000K,80	0.61	1.05	1.99	3.42
3 000K,70	0.85	1.26	2.18	3.44
5 700K,90	0.86	1.37	2.36	3.46
5 000K,70	0.99	1.37	2.37	3.61
6 500K,90	1.01	1.38	2.69	4.07
5 700K,80	1.10	1.38	3.08	4.51
4 000K,70	1.13	1.53	3.36	4.70
规范	1.0	1.5	3.0	4.5

通过高压钠灯及LED灯两种光源的技术参数对比分析可见，从山区高速公路隧道运行光环境节能减排以及驾驶员认知安全舒适的角度出发，目前LED灯光源是较为理想的隧道绿色照明光源。

2.3.3 隧道照明调光性能

1)可调性

在传统隧道照明中,通常采用分级调光的方式,由于高压钠灯的不可调性,只能采用开关回路的方式,通过开关部分灯具,达到调光的目的。但是,关闭部分灯具会造成隧道内亮度不均匀,开成“斑马效应”,很容易使驾驶员视觉产生疲劳,存在安全隐患。同时频繁开关灯具对灯具的使用寿命会造成严重损耗,且开启的灯具只能保持满功率开启,同样会影响灯具的照明质量,浪费能耗,使用寿命降低。具有可调性的灯具,可根据不同天气、不同交通量和不同时段进行单灯调光,期初寿命阶段大大节约能耗;在调光过程中,不但可以保证隧道照明光环境质量的均匀性不降低,而且灯具较低功率的运行有利于减小灯具发热、延长灯具使用年限。

2)实时性

图 2.63 是一幅山区高速公路洞外亮度变化图。山区云系多变,洞外亮度变化幅度大、频率快,面对这种亮度变化,显然任何简单的分级调光照明系统都无法实现实时地跟踪调节,只有采用满功率开灯方可满足规范要求,造成巨大的电能浪费。

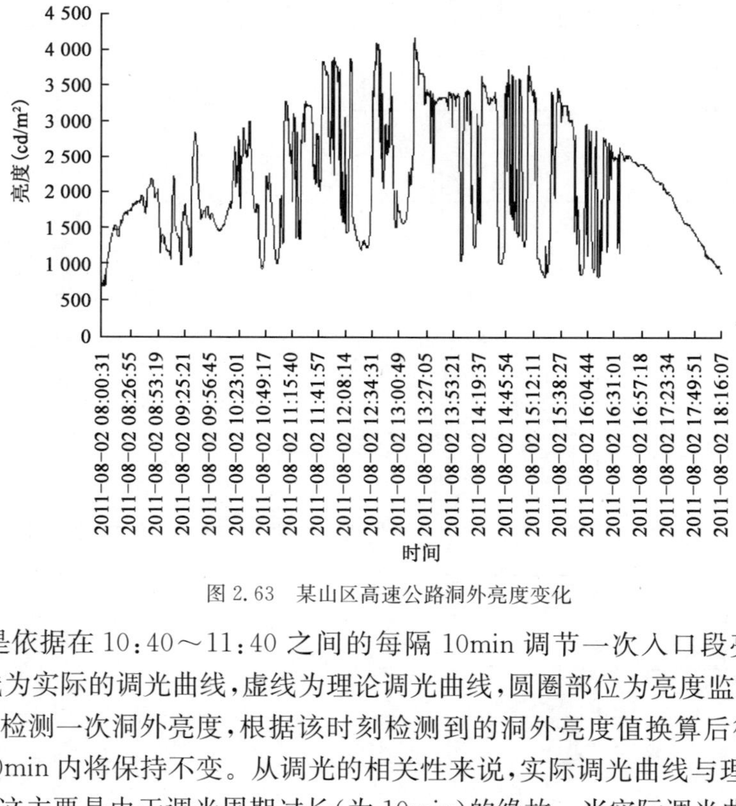

图 2.63 某山区高速公路洞外亮度变化

图 2.64 是依据在 10:40～11:40 之间的每隔 10min 调节一次入口段亮度的调光曲线。图 2.64中实线为实际的调光曲线,虚线为理论调光曲线,圆圈部位为亮度监测点,照明控制系统每隔 10min 检测一次洞外亮度,根据该时刻检测到的洞外亮度值换算后得到的调光数值,调光数值在 10min 内将保持不变。从调光的相关性来说,实际调光曲线与理论调光曲线的相关性并不大。这主要是由于调光周期过长(为 10min)的缘故。当实际调光曲线在理论调光曲线之上时,系统处在过度照明状态,电能浪费巨大;当实际调光曲线在理论调光曲线之下时,既是“黑洞效应”产生之时,也是危险时段;当亮度由高到低跳变时,即是“盲视效应”产生的时刻。任何的简单分级调光,当亮度从低到高突变时,问题不大;但当亮度由高到低突变时,人的视觉

同样会产生短时的不适应，这种不适应类似于“黑洞效应”，对高速行驶的车辆来说是非常危险的。

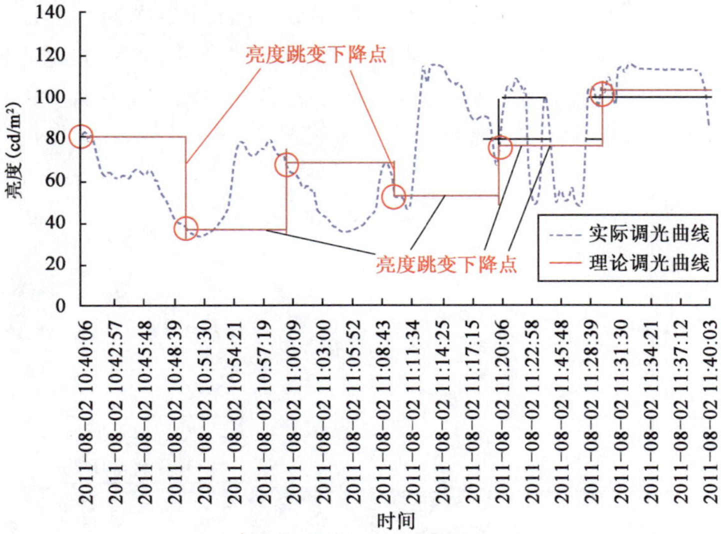

图 2.64 调光周期为 10min 时对隧道光环境的影响

图 2.65 是依据在 10:50～11:00 之间的每隔 1min 调节一次的入口段亮度调光曲线。从图 2.65 中可以看出，只有在洞外亮度急剧上升时，才会出现较大的滞后偏差，出现短时间的“黑洞效应”；其他时间实际调光曲线基本上在理论调光曲线上下波动，但偏差并不大。

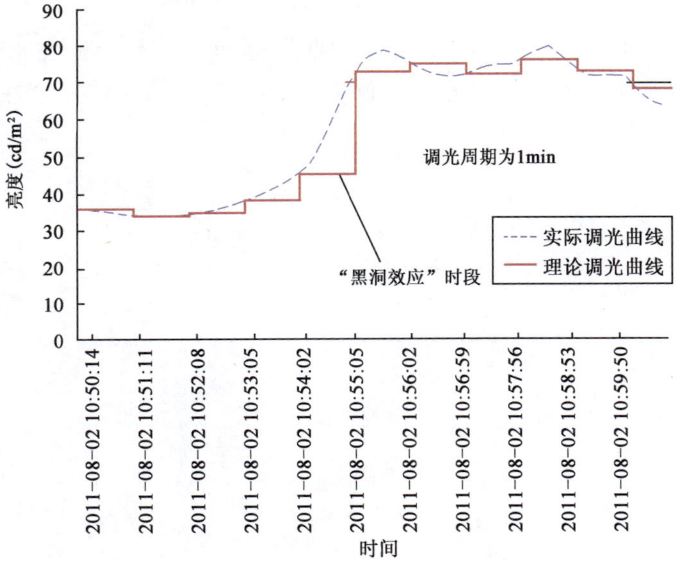

图 2.65 调光周期为 1min 时对隧道光环境的影响

3)精细化

图 2.66 是依据 10:40～11:40 之间的分 10 级调光曲线。图中将亮度等级分为 10 级，从 0cd/m² 开始，每隔 20cd/m² 为一个亮度等级。图中曲线为理想的精细化实时调光曲线，即理论调光曲线，横线为实际的调光曲线。当理论调光曲线超过亮度等级时，实际调光曲线才开始

向上一级或下一级跳变。从图 2.66 中不难看出，这种调光方式会使洞内频繁出现亮度跳变，特别是亮度由亮至暗的跳变，会严重危及行车安全。在传统的钠灯分回路调光照明中，虽然也会出现亮度跳变，但由于调节的频度极低，每日通常不过两三次，因而其亮度跳变所产生的危险性并不突出，而图 2.66 确是相当突出。从调光的相关性来说，实际的调光曲线与理论的调光曲线相关性并不大。这主要是由于调光亮度等级太少的缘故，这种简单的多级调光方式还始终存在着过度照明，节能效果并不理想。

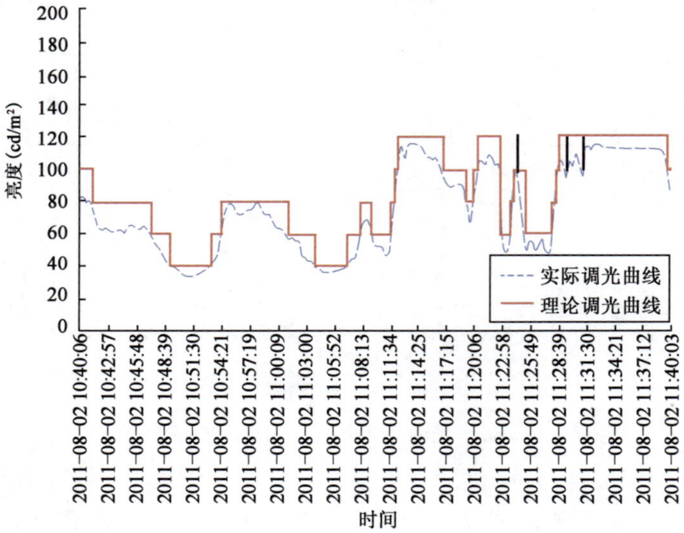

图 2.66　调光分级对隧道光环境的影响

隧道照明选取可调型灯具，且照明调光的周期越短、越实时性，调光的分级越多、越精细化时，隧道内调光色温和亮度才能越接近理论需求亮度，隧道内行车的安全性也就越高，隧道照明系统的节能幅度也就越大。

第3章

隧道入口照明技术

隧道入口照明需要了解隧道入口前自然光环境特性及隧道入口各段照明质量评价指标、照明标准和照明设计。

3.1 隧道入口前自然光环境特性

隧道入口前光环境特性包括隧道入口前白天和夜间自然光环境影响因素及特征、光环境驾驶视认需求特性、照明质量评价指标。

3.1.1 光环境影响因素及特征

光环境影响因素及特征在白天和夜间有所不同，设置不当会引发驾驶员在入口段不良的驾驶视认特性。

1)白天光环境影响因素及特征

白天隧道入口段光环境影响因素多样复杂，主要受限于隧道入口前自然界白天的光源特性下隧道入口段光环境影响因素、驾驶员驾驶认知和行为特性。

(1)白天隧道入口段光环境影响因素

①空间差异。白天驾驶员从隧道外路段接近隧道路段时，首先感受到的是空间差异。隧道外部驾驶员行车环境较宽阔舒适、视野较好，驾驶员在行驶到隧道前一定距离时空间视野就会受到限制。驾驶员空间视野如图 3.1 所示，车辆驶至洞外适应点 A 时，驾驶员的 20°视场范围内，洞外景物基本消失，开始适应隧道入口段暗环境。

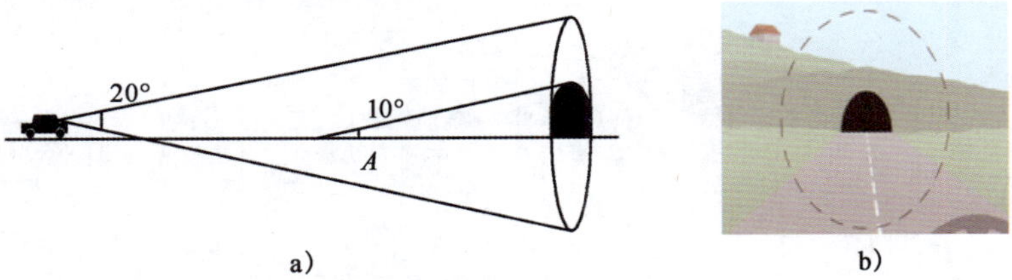

a)　　　　b)

图 3.1　驾驶员空间视野示意图

②亮度因素。洞外亮度 $L_{20}(S)$是指在接近段起点 S 处，距地面 1.5m 高正对洞口方向 20°视场实测得到的平均亮度，是驾驶员进入隧道洞口前眼睛已适应了来自洞口外一定行驶距离内主要视场范围的综合亮度值。

入口段的亮度是入口段的布灯亮度,是提供给驾驶员视认隧道内路况信息的基础。驾驶员驶入隧道的整个过程中,驾驶员注视点会很自然地前移到隧道入口内,注视点前移导致驾驶员对隧道入口段照明需求增大以获得必要的路况信息。

在驾驶员驶入隧道的整个过程中,不仅是隧道入口段内的亮度水平,洞外亮度水平的高低也会影响驾驶员对目标物的视认。

③光色因素。驾驶员驶入隧道的整个过程中,驾驶员注视点会很自然地前移到隧道入口内,隧道内的光色因素会影响驾驶员的视认。而且,驾驶员在隧道外长时间行驶,已习惯了隧道外的光色环境,驾驶员所在的洞外光环境也会影响其对目标物的视认。

隧道洞外自然光色温与入口段人造光源色温会存在一定差异。当洞外色温小于 6 000K,洞外亮度处于较高水平的晴天时,随着入口段洞内外色温差异增大,驾驶员视认的亮度折减系数随之增大,驾驶员对入口段明—暗视觉需求升高,即当洞外色温小于 6 000K,洞外亮度处于较高水平时,减小入口段洞内外色温差有利于驾驶员视认。当洞外色温大于 6 000K,洞外亮度处于较低水平时,随着入口段洞内外色温差异增大,满足驾驶员视认的亮度折减系数随之减小,驾驶员对入口段明—暗视觉需求降低,即当洞外色温大于 6 000K,洞外亮度处于较低水平时,在一定范围内增大入口段洞内外色温差有利于驾驶员视认。

(2)白天隧道入口段驾驶认知和行为特性

①认知特性。山区高速公路隧道内环境条件的特殊性限制了驾驶员认知的信息来源和车辆的行驶轨迹。驾驶员控制车辆运行的过程,是一个不断感知环境刺激、判断决策和修正驾驶行为的循环过程。驾驶员在动态驾驶过程中需要通过视、听、触觉等感觉器官不断从隧道的道路交通运行环境中感知道路、交通和环境情况及车内的各种信息,经过大脑进行处理,做出反应和判断,使车辆适应不断变化的道路、交通和环境条件,并按驾驶员的驾驶期望在道路上行驶,同时感觉器官不断地感知车辆对道路及环境的适应情况信息,并对车辆作进一步的微调。在这一过程中,驾驶员受到自身一系列生理、心理因素的制约和外部交通和光源条件刺激的影响。及时准确地对道路、交通和环境刺激信息进行处理是行车安全的关键,在信息的感知、处理、判断和操作上某一环节发生失误,就会带来交通事故风险。

驾驶员在隧道中的驾驶过程可以简化为驾驶员的感知、判断及操作过程。其简化模型如图 3.2 所示。

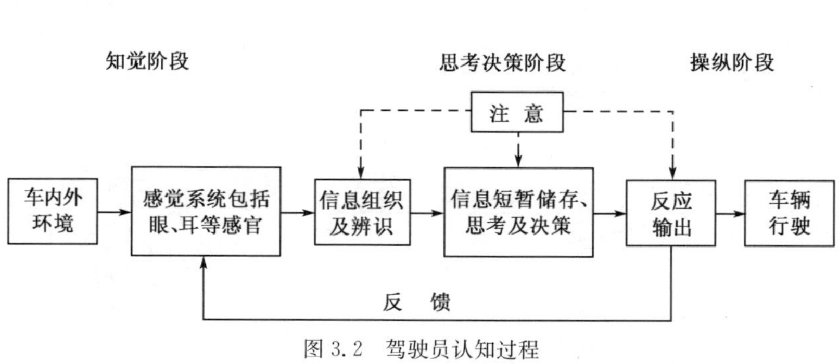

图 3.2 驾驶员认知过程

白天隧道入口光环境变化剧烈,驾驶员要掌握隧道入口段路况信息就需要获取足够信息进行处理、判断和决策。单位时间内驾驶员视觉接受的刺激信息量越多,驾驶员越容易出现判断失误,增加事故风险。当驾驶员驾驶车辆接近隧道洞口时,驾驶员会存在空间适应和时间适应两个适应过程。

a. 空间适应。白天，驾驶员从隧道外路段接近隧道路段时，首先存在空间适应，隧道外部与内部最大的不同是：驾驶员在行驶到隧道前一定距离时，空间视野会受到限制。在隧道外，驾驶员会感觉行车环境较宽阔舒适、视野较好，但当隧道入口出现在驾驶员视野内时，由于隧道的封闭结构，驾驶员会感到行驶空间陡然变窄，出现不同程度的压抑、紧张、恐惧，一旦隧道内外光环境存在不适当的差异，驾驶员就会采取减速等措施，确保行车安全，而这种减速行为又往往给后面跟驰的车辆带来风险。

b. 时间适应。当驾驶员驶入隧道入口段时，一旦隧道内外亮度存在不适当的差异，驾驶员通过洞口的时间很短，亮度变化却很快，驾驶员的视觉会经历一个"暗适应"的过程。而且白天驾驶员从明亮的隧道外部驶入较暗的隧道内部后，视觉需要一定的调节适应时间，才能看清隧道前方的道路交通行驶条件。

从人体功效学角度来解释，就是当驾驶员由隧道外亮环境进入隧道内暗环境时，开始时驾驶员眼睛会不适应，看不清道路前方周围物体及前方道路交通条件，通过一段时间后，驾驶员的眼睛瞳孔会放大，以增加射入眼内的光能；同时驾驶员的眼睛由锥体细胞起作用转变成杆体细胞起作用，使得其眼睛适应了隧道内亮度水平，才能够看清周围物体及前方道路、交通和环境条件，这个适应的时间段如果过长，就会影响行车安全性。

②行为特性。白天公路隧道内外亮度差异较大，洞内路面亮度较低，当车辆接近较长隧道入口时，驾驶员通常会感到隧道入口处的"黑洞效应"。我们通过大量现场实车试验及研究成果发现，当隧道入口段亮度差异超过一定的阈限范围时，驾驶员会在一定运行速度下无法视认隧道入口内前方道路交通条件，这时驾驶员会采取减速措施，当减速度超过一定的阈限时，还会影响行车的稳定及安全舒适性；相反，驾驶员能够看清隧道入口内道路、交通和环境条件时，会保持期望速度稳定驶入隧道。在隧道内外不同亮度条件下，驾驶员在白天入口段行驶时，其行为和生理、心理特性如下。

a. 运行速度特性。白天天气晴朗的条件下，隧道外入口前洞外亮度很高，而隧道入口段亮度水平也保持较高亮度水平时，亮度差异适中。图 3.3a)所示为接近段亮度与入口段亮度差异适中时驾驶员的运行速度变化规律，在入口段(6 500K，70)光色环境下，隧道洞外亮度为 355cd/m^2，洞内入口段亮度为 61cd/m^2 时，驾驶员驾驶车辆以平均 78km/h 的速度，波动为 2km/h 的速度稳定行驶，驾驶员在安全停车视距外能够视认隧道前方道路、交通和环境条件，隧道内外亮度差异水平对驾驶员的安全视认影响不明显，驾驶员能驾驶车辆保持与隧道外路段一致的运行速度稳定驶入隧道洞口。图 3.3b)所示为接近段亮度与入口段亮度差异较大时驾驶员的运行速度变化规律，入口段(6 500K，70)光色环境下，在隧道洞外亮度为 2 500cd/m^2，洞内入口段亮度为 32cd/m^2 条件下，当隧道洞内外亮度差异较大时，驾驶员在隧道外一般路段以 78km/h 速度驾驶车辆行驶，到达隧道入口前无法视认隧道内路面情况时，驾驶员一直采取减速措施，速度差达到 7.1km/h。

通过对驾驶员运行速度特性分析可知，入口段光环境过渡不合理会造成驾驶员视觉过渡不适，影响驾驶员对前方车辆或障碍物的视认，从而在一定程度上影响驾驶员的驾驶操作行为。表 3.1 及图 3.4 所示为隧道入口处驾驶员速度差与亮度折减系数的关系，可见亮度折减系数越小，隧道洞内外环境亮度差异越大，驾驶员越难视认前方道路及车辆信息，从而导致驾驶员减速的程度越大，速度差异越大，越不利于行车安全。

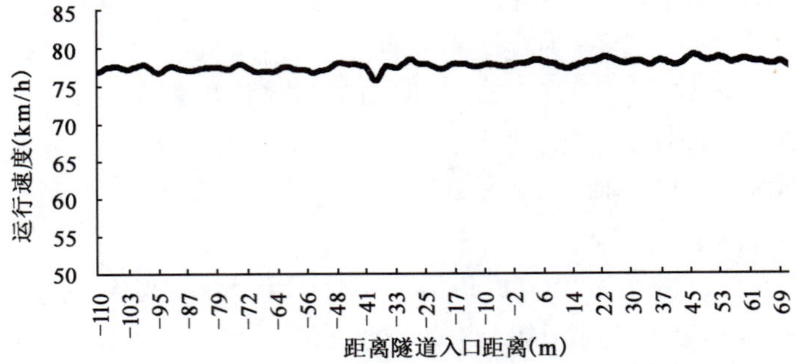

a）

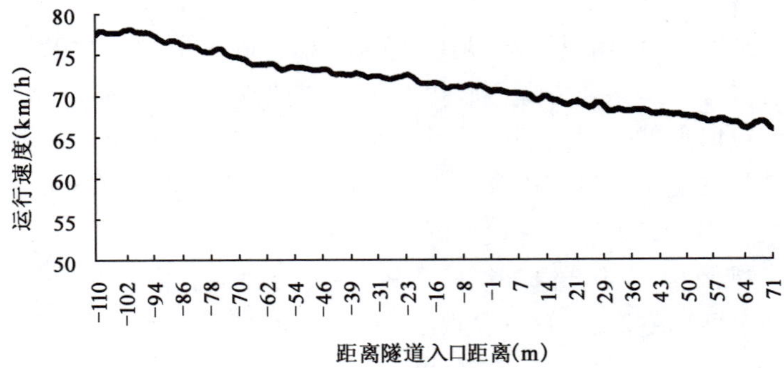

b）

图 3.3 白天入口段运行速度特性分析

隧道入口过渡段速度差异 表 3.1

隧道编号	开始减速时速度(km/h)	减速后最低速度(km/h)	速度差(km/h)	亮度折减系数
a	105.8	77.5	28.3	0.005
b	86.2	64.6	21.6	0.009
c	58.1	40.1	18	0.011
d	77	61.7	15.3	0.011
e	77.11	74.8	2.31	0.094
f	72.2	69.9	2.3	0.102

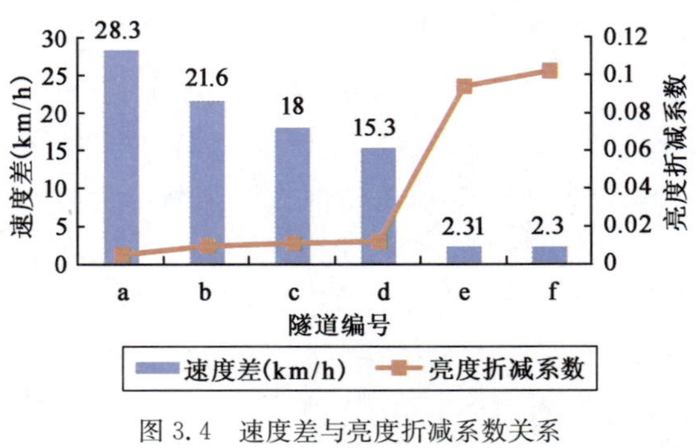

图 3.4 速度差与亮度折减系数关系

b. 视认特性。驾驶员在行车过程中，主要通过眼睛获取道路环境信息。通过实时跟踪记录驾驶员的眼动轨迹来分析其注视位置、瞳孔面积变化等眼动指标特性，可以获得驾驶员在隧道影响区域驾驶过程中每一时刻的视认信息及在视认时的生心理变化特征。

a)注视特性。驾驶员在观察目标物时，主要采取注视、眼跳和追随等 3 种眼动形式。驾驶员在驾驶中为视认某一物体，两只眼睛必须保持一定的方位才能使物体成像在视网膜上，这种将眼睛对准某一目标对象的活动叫作注视。驾驶员在视认目标物时，先是用眼睛注视目标对象，并追随这一目标移动，在注视过程中伴随眼跳的发生。驾驶员在视认某一目标物时，其注视时间受车速、光环境变化、道路线形等因素影响，一般认为，车辆运行速度越高，光环境变化越剧烈，道路线形越复杂，会造成驾驶员注视点改变越频繁，注视时间越长，眼跳加快。

驾驶员的注视位置随行车环境的变化而变化，注视点位置的变化能够反映出驾驶员对道路、交通和信息的关注情况，可以作为驾驶员行为变化规律致因的参考指标。白天，当驾驶员驾车接近隧道入口时，驾驶员注视点会很自然地前移到隧道入口内，注视点前移导致驾驶员对隧道入口段照明需求增大以获得必要的路况信息，如图 3.5 所示。而入口段光环境相对洞外较暗，如果光环境的变化超过一定的阈限范围，就会使驾驶员视野变窄，注视时间延长，降低驾驶员感知、处理信息的能力，使驾驶员无法全面掌握隧道入口段交通状况，易使驾驶员产生紧张情绪，不利于行车安全。

图 3.5 白天入口段驾驶员注视特性

b)瞳孔变化特性。驾驶员在进入隧道前一定距离内，会因隧道空间和光环境差异的影响在速度发生变化的同时，眼睛的生理条件也会发生变化，特别表现在瞳孔面积指标特征方面。瞳孔大小的变化是由巩膜内的瞳孔括约肌和瞳孔散大肌共同负责。驾驶员在进行信息加工活动时，瞳孔面积会发生变化，其变化幅度与进行加工时的心理努力程度密切相关。驾驶员从外界正常道路环境驶入隧道入口时，道路环境转变成视觉刺激进入驾驶员脑中枢，脑中枢依据视觉刺激的强弱，经快速处理后神经冲动经延髓、脑干网状结构、下丘脑等部位传至脊髓上的交感神经，使驾驶员的交感神经产生兴奋，使瞳孔散大肌收缩，从而使瞳孔放大。因此，瞳孔变化是反映驾驶员生心理活动的一个重要指标，驾驶员对光变化的适应是通过调节瞳孔的变化来适应，随着亮度差异水平的变化而变化。

如图 3.6 所示，在白天某隧道入口处亮度由洞外 5 300cd/m^2 过渡到入口段 65cd/m^2，亮度变化水平差异很大，可以看出在进入隧道前路段，驾驶员瞳孔面积维持在相对平稳的较低水平(390px)，伴有眨眼发生；当车辆行驶至隧道入口位置时，由于隧道洞内入口段亮度较低，为适应暗环境驾驶员瞳孔面积开始明显升高达到 3 000px，瞳孔面积由于光环境的剧烈变化而迅速增加，如果超过了驾驶员自身的视觉适应能力，瞳孔将难以聚焦，导致视网膜不能清晰成像，进而产生瞬时盲期。待驾驶员驾车进入中间段后，驾驶员瞳孔面积维持在一个相对较高的水平。

2)夜间隧道入口段光环境影响因素及特征

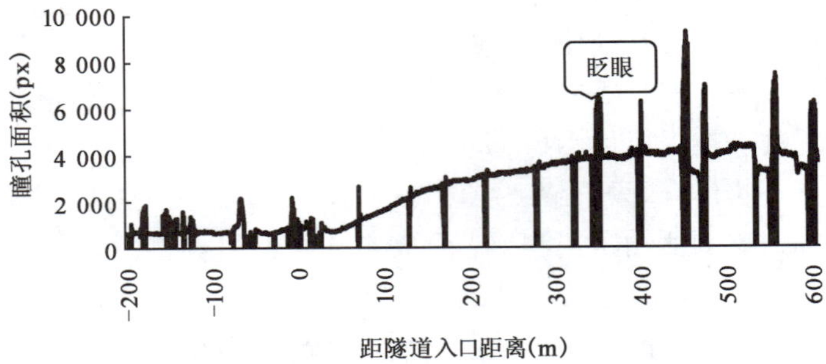

图 3.6 隧道入口瞳孔面积变化曲线

(1)夜间隧道入口段光环境影响因素

①空间因素。夜间,驾驶员接近隧道路段时,首先感受到的是空间差异。驾驶员在夜间漆黑的环境下,长时间行驶后,发现明亮的隧道入口,随着车辆的前进,隧道洞口在驾驶员视野内所占比例越来越大,如图 3.7 所示。

图 3.7 夜间隧道入口前空间差异

②亮度因素。夜间,驾驶员从隧道外驶入隧道的整个过程中,隧道外是属于一片漆黑的环境,亮度仅靠车灯提供,隧道内入口段则提供一个相对较高的亮度,这样驾驶员可以视认隧道入口段的道路、交通和环境信息。同样的色温和显色性光源,不同亮度水平下,驾驶员的视认有效性也有差异,且较色温与显色性更加明显。亮度越高,物体表面的反射光强度越高,物体相对于路面的对比度就越大,驾驶员对于特定目标物的视认效果越好;但当亮度增加到一定值时,视认效果不再增加。但是,亮度较低时,物体表面反射光强度低,周围光照环境暗,物体与路面对比度小,严重时物体将与背景融于一体,导致驾驶员在安全视距范围内无法辨别物体,引发交通事故。

③光色因素。驾驶员在夜间从隧道外驶入隧道的整个过程中,人工光源不仅仅提供亮度,入口段的光色环境也同样影响驾驶员对目标物的视认。在隧道行车过程中,不同显色性的光环境对路面上可能存在的障碍物的颜色的还原度不同,驾驶员对于不同还原度物体的反应不同,所需要的视认时间也就不同。色温是对光源发光颜色的定量描述,光源的光色极大地影响着物体的表面色彩和环境气氛,同时也对驾驶员生心理产生影响。

(2)夜间隧道入口段驾驶认知和行为特性

①认知特性分析。夜间隧道外亮度很低,驾驶员一直处于一个黑暗且单调的行车环境中,在行车过程中,注视点绝大多数时间停留在前方车灯照亮的路面上;由于隧道入口段光环境可见度高,隧道洞口的逼近带来的驾驶环境变化使驾驶员逐渐将注视点转移至隧道内的路面上,并且通过不断地扫视,观察隧道入口处的环境条件。

相对于白天,夜间隧道内外的亮度差较小,驾驶员由一个暗环境进入到一个相对较亮的环境,产生的明适应过渡时间远远低于白天隧道出口段,认知过程也较白天出口段简单快速,可以在较短的时间内获取驾驶信息,并进行加工处理,最终做出决策。

a.空间适应。夜间驾驶员从隧道外路段接近隧道路段时首先存在空间适应,隧道外部与内部最大的区别是,驾驶员在行驶到隧道前一定距离时,空间视野中会出现明亮度高的隧道洞口,随着车辆的前进,隧道洞口在驾驶员视野所占比例越来越大。驾驶员在夜间漆黑的环境下长时间行驶后发现明亮的隧道入口,压抑的情绪得到释放,驾驶员往往会采取加速措施驶入隧道。过亮的隧道入口段照明是导致驾驶员在隧道入口段超速行驶的关键因素。因此,隧道应设置合理照明,以满足驾驶员的视觉功能和心理需求,保证行车安全。

b.时间适应。当车辆行驶到隧道前一定距离后,驾驶员的视野内的景物完全被隧道洞口占据,此时光环境变化速度很快,驾驶员在很短的时间内由漆黑的自然环境进入到隧道灯具营造的明亮的光环境中,会经历一个明适应过程,但亮度差异远远小于白天情况下的隧道出口段。驾驶员不会产生生心理上的不适,只要保证隧道内外的亮度差异可以满足驾驶员对潜在障碍物的视认即可。

②行为特性分析。

a.运行速度特性分析。驾驶员在夜间驾驶车辆由一个漆黑的环境驶入明亮隧道的过程中,驾驶员感受到的隧道环境变化较快。随着隧道环境的改变,驾驶员获得的视觉信息不断变化,致使驾驶员的注视点、瞳孔面积不断发生改变,视觉神经将这些信息传送给大脑,驾驶员进一步改变驾驶行为,调整车辆的运行速度以适应不断变化的隧道环境。这些信息造成的变化最终将体现到运行速度上。

我国高速公路夜间一般路段驾驶环境属于一成不变的暗环境,驾驶员驾驶行为主要受到前车灯照明环境的影响。图3.8为本研究在试验过程中采集到的驾驶员在夜间驶入不同的隧道时,3种典型的运行速度变化特征,相对于外界的自然环境,夜间高速公路隧道内与洞口处较为明亮,信息也更容易获取,且夜间隧道入口段的运行速度变化与隧道长度无关,所以当驾驶员发现有光环境营造的隧道入口时,视野内的环境变得明亮,一般会采取加速措施,直至达到期望速度,驶入隧道后,运行速度会继续随着隧道内行车环境与道路条件的变化而发生改变。

b.视认特性。驾驶员在驾驶过程中从发现隧道入口到逐渐驶入隧道的过程中,眼睛的扫视幅度逐渐减小,注视持续时间增加。在黑暗的自然环境中看到隧道明亮的入口时,驾驶员的注视点起初停滞在隧道洞口处断面上,此时驾驶员处于空间适应阶段,明亮的洞口将成为驾驶员驶入隧道的标志信息,激发驾驶员的驾驶情绪,兴趣点多集中在洞口,如图3.9a)所示;之后注视点逐渐移动到隧道内,驾驶员处于时间适应阶段,隧道内的环境快速出现在驾驶员的视野中,在熟悉了入口处的情况后,注视点逐渐移至远处,如图3.9b)所示。

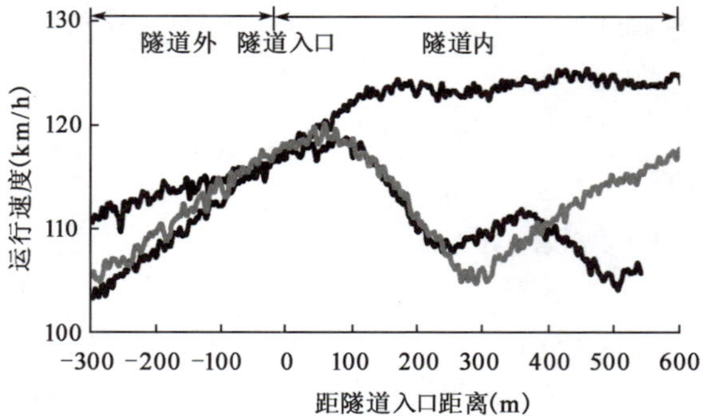

图 3.8 夜间运行速度变化规律

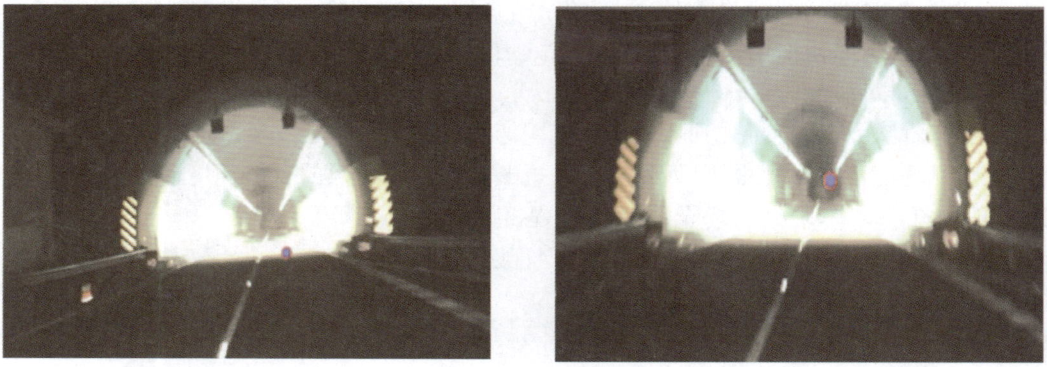

图 3.9 夜间隧道入口驾驶员注视点

c. 瞳孔变化特性。图 3.10 为作者在试验过程中采集到的驾驶员在夜间驶入隧道时的瞳孔面积变化特征。当驾驶员在夜间驾驶车辆行驶至隧道前一定距离时，由于受到隧道内人工照明光源影响，其瞳孔面积迅速收缩，并在进入隧道后继续完成收缩，之后慢慢趋于稳定，不再变化。说明驾驶员在进入隧道前就开始视觉认知上的调整，直至进入隧道后一段距离内继续完成调整。

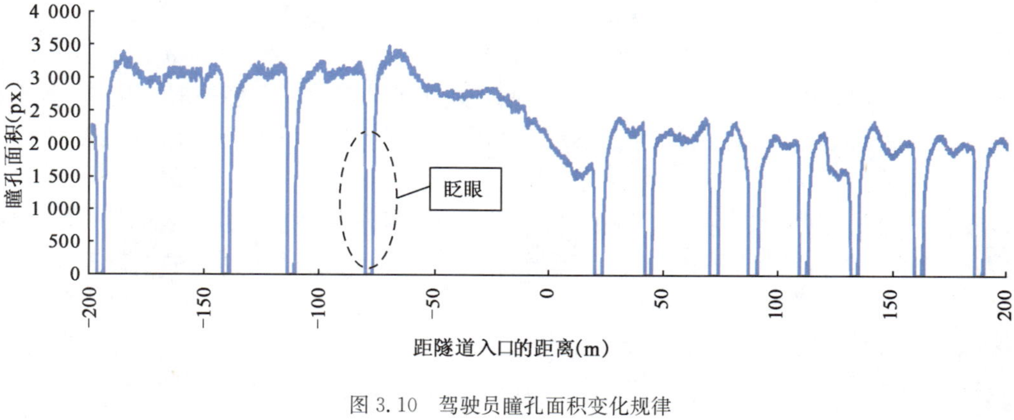

图 3.10 驾驶员瞳孔面积变化规律

3)入口段不良视认特性分析

公路隧道是一个狭长、封闭的管状构造物,白天驾驶员从隧道外向隧道内行驶的过程中,特别是在天气晴朗的白天,由于洞内外亮度的较大差异,急剧的亮度变化会使驾驶员视觉产生"明暗"适应问题,使驾驶员的视觉不能在安全的视觉需求时间内适应光环境变化,眼睛需经过一定时间才能够看清隧道内部的情况,即出现视觉适应滞后现象。这种较长时间的适应会因隧道长度不同带给驾驶员的反应影响不同。可以将驾驶员驶入隧道时的影响感受分为两种情况:当驾驶员驶入从隧道洞口可以看得到出口外的亮度很高的短隧道时,会产生"黑框效应",这时驾驶员会造成视觉的反差,难以辨认障碍物,给行车安全带来风险;当驾驶员驶入从隧道洞口看不到出口外的亮度的长隧道或特长隧道时,会感觉隧道洞口很黑,以至于无法辨认洞口附近的道路交通条件,甚至辨认不清障碍物,这种现象称为"黑洞效应"。以上两种现象无疑会影响驾驶员对前方车辆或障碍物的视认能力,增加驾驶员的心理负担,产生紧张和恐惧心理,导致在隧道入口前减速行驶的不良驾驶行为,这种减速度将随驾驶速度的增加而增大,行车风险也加大。

在夜间,隧道内外环境亮度差异大时,驾驶员会在进入洞口时出现"暗明"适应问题。驾驶员对由明到暗和由暗到明的适应时间是有差异的,由明到暗的适应时间比由暗到明更慢,相应的暗适应需求距离比明适应距离要长。

3.1.2　光环境驾驶视认需求特性

1)白天入口段光环境驾驶视认需求特性

通过驾驶员在隧道接近段和入口段的认知和行为特性的分析可见,影响驾驶员视认和行为特性的因素,除道路、交通和环境条件外,隧道外的自然光和隧道入口段的人造光源特性是主要因素。为保证正常视力的驾驶员在一定运行速度和交通量条件下安全视认前方道路交通条件,驾驶员对光源的色温、显色性、亮度及亮度均匀性、洞外与洞内亮度差异水平等特性具有一定要求。

(1)亮度及亮度均匀性

光源的亮度是指光源表面沿法线方向上每单位面积的光强,是反映发光体(反光体)表面发光(反光)强弱的物理量,驾驶员视认与照明环境的亮度密切相关。驾驶员的视觉系统极其复杂,有很大的自调能力,但这种能力有一定限度,能引起光觉的最低限度光通量就称为视觉识别阈限,用亮度衡量,又称为亮度阈限。

通过实验发现相同光色环境不同亮度水平下,驾驶员的视认能力存在差异,表3.2为同一种光源不同亮度水平条件下驾驶员静态视认实验结果。

不同亮度水平下驾驶员视认结果　　表3.2

光源类型(5 700K,70)								
亮度(cd/m^2)	5	4.5	4	3.5	3	2.5	2	1.5
平均发现帧数	9.60	9.60	11.10	13.00	13.38	12.63	13.50	17.57
发现次数	10	10	10	8	8	8	8	7
发现比例(%)	100	100	100	100	100	100	100	87.50

从表 3.2 中可见，隧道入口段路面亮度不同，驾驶员对隧道入口段视觉感受不同，对目标物视认能力存在差异。因此，隧道入口段路面亮度是表征隧道入口段光环境视认有效性的重要指标。

由于路面亮度是隧道顶面人造点光源投射地面，叠加后通过地面反射进入驾驶员眼帘，叠加反射不均匀会产生不均匀暗斑或阴影，在驾驶时视认会产生“波浪”感，带来行车安全风险，因此，隧道入口段区域内路面的亮度均匀性也是表征隧道入口段光环境特性的重要指标。

(2)亮度差异需求

亮度能够引起驾驶员对视觉环境的明暗感受。大脑对目标物亮度的明暗判断受到物体反射特性和整体视觉环境中亮度的影响。光源或受照目标物反射的光线进入驾驶员眼睛，在视网膜上成像使驾驶员能够识别它的形状和明暗。视觉上的明暗知觉取决于进入人眼的光通量在视网膜物象上的密度。图 3.11 为驾驶员在不同光色条件下静态视认目标物的亮度差异需求。当光源照在路面目标物上时，即使很微弱，人在暗处也可以看清路面物体的轮廓；但如果将相同亮度的光源放置在眼睛周围，目标物放置在原位置处，人眼却不能看清楚物体的轮廓，甚至看不到地面上的物体。因此驾驶员在不同光色环境下视认物体时，从明处看暗处比从暗处看明处的视觉需求要高，不同的亮度差异环境下对人眼的视认有一定影响。当驾驶员行驶在洞内外亮度不同的环境中时，从高亮度驶入低亮度的环境中，亮度差异水平超过一定值时会影响驾驶员的视认，甚至产生“黑洞效应”，不利于安全行车。因此，可采用隧道内外亮度差异水平来表征隧道入口段光环境特性指标。

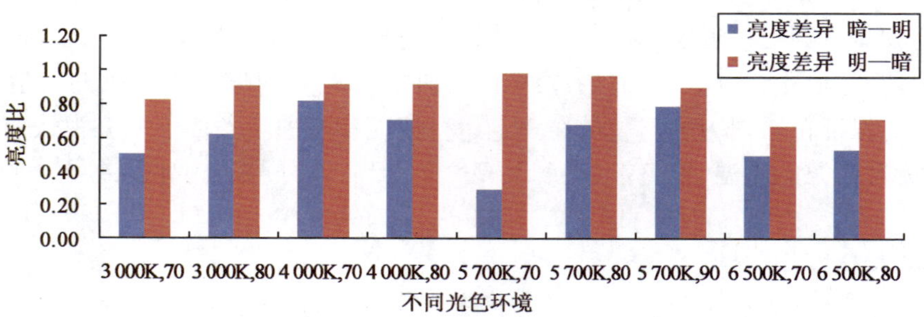

图 3.11　不同光环境下亮度差异需求

(3)光色需求

①色温。色温是当光源所发出的颜色与“黑体”在某一温度下辐射的颜色相同时，“黑体”的温度就称为该光源的色温，单位是开尔文(K)。不同色温的光源所散发出的光线颜色不同，如图 3.12 所示，对驾驶员的视觉感受不同。同时不同色温的光线由于光谱分布功率不同使其在空气中的穿透能力不同，都会影响驾驶员视认。

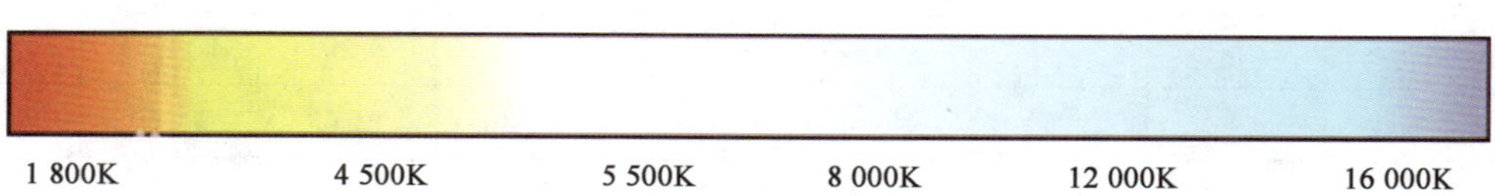

图 3.12　不同色温光源对应光线颜色

图 3.13 为当视认距离分别为 75m 和 110m 时，入口段相同显色指数，不同色温光源下驾驶员对目标物的静态亮度差异视认需求。从图 3.13 中可见，在相同视认距离下，隧道入口段光源色温不同，驾驶员对隧道入口段亮度差异的需求不同，视认能力存在差异。因此，可采用隧道光源的色温来表征隧道入口段光环境特性指标。

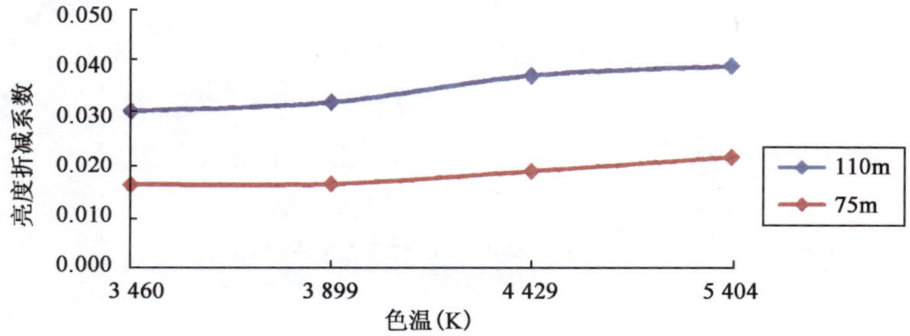

图 3.13 驾驶员不同色温光源条件下视认效果

②显色性。不同显色性条件下颜色的逼真程度不同，显色性高的光源对颜色的再现较好，我们所看到的颜色也就较接近自然原色，显色性低的光源对颜色的再现较差，如图 3.14 所示为相同色温不同显色指数光源下，驾驶员对物体的视认效果。可以看出在低亮度环境水平下，同一色温、不同显指光源下，显色指数越高，越利于驾驶员视认。

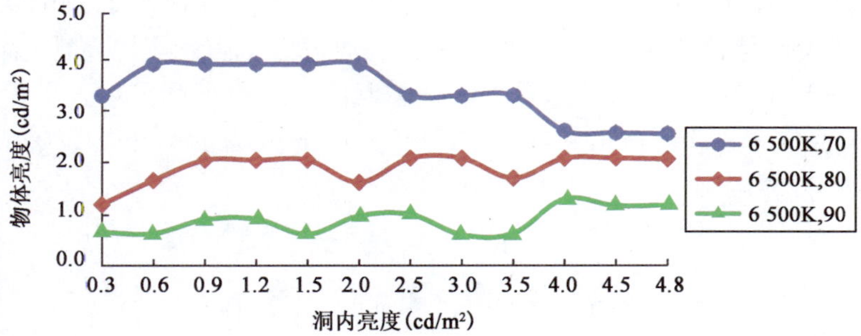

图 3.14 驾驶员在不同显色指数光源条件下视认效果

CIE 制定了一种评价光源显色性的方法——显色指数法(也称测验色法)，以其数值化的显色指数 Ra 作为定量评价指标，即光源的显色指数用在被测光源照射下表现的颜色与标准光源照射下所表现颜色的相符程度(CIE 把参照光源的显色指数规定为 100)来衡量。如果各色物体在某光源的照射下所呈现的颜色效果与标准光源照射时相同或相似，则称该光源的显色性好或较好。反之，如果物体在受光照射后出现颜色失真，则称该光源的显色性差。因此，具有连续光谱分布，同时光谱覆盖范围较宽，并且光谱能量特性接近自然光的光源是驾驶员驾驶视认较为理想的光源，显色指数也是表征隧道光源特性的重要指标。

2)夜间入口段光环境驾驶视认需求特性

隧道光环境应满足驾驶员视觉信息采集和行车安全舒适的需要，要确保行车安全，必须确保驾驶员发现并看清障碍物时距离障碍物的距离大于一个安全停车距离。驾驶员视认是人体生心理体征及投射到路面的光照特性等各种指标的综合效果，影响视认效果的因素有很多，但最终必须依靠照明光源来提高驾驶员在行车过程中的视认可靠性和视觉舒适性，从而保证行车安全。驾驶员的视认可靠性和视觉舒适度与隧道可见度条件有关,而隧道的可见度又与光源的显色性密切相关。光源的色温、显色性、路面平均亮度、均匀度、眩光等隧道照明质量各个影响因素之间存在着一定的内在关系,且对驾驶员的视认可靠性和视觉舒适性起综合影响作用。

从驾驶员夜间在隧道入口前的认知和行为特性分析可见,影响驾驶员视认和行为特性的因素,除道路、交通和环境条件外,隧道入口段的人造光源特性是重要因素。为了保证驾驶员在一定运行速度和交通量条件下安全视认前方道路交通环境条件,更快、更容易地发现前方道路上障碍物,保证交通安全,需要从光源的色温、显色性、亮度、均匀性方面来提高隧道光环境质量,提高驾驶的稳定性、舒适性和安全性,同时达到隧道节能的目的。

3.2 隧道入口段照明质量评价指标

3.2.1 白天入口段照明质量评价指标

1)亮度折减系数

在机动车驾驶员行车作业时,眼睛直接感受到的是路面的亮度,而不是照度,落在隧道路面上的照度不能说明视觉感知的强烈度,以路面亮度为依据制定标准更为科学合理。目前CIE和世界上多数国家也都是以亮度为依据制定隧道照明质量标准。合理的隧道入口洞外与入口段亮度过渡设计是影响驾驶视认问题的关键。通过大量静态实验发现,描述隧道入口段与洞外的亮度差异可以用亮度折减系数来表征。洞内入口段亮度采用入口段路面平均亮度L_{th}来表达,洞外亮度采用距离隧道洞口一个安全停车视距位置的洞外亮度$L_{20}(S)$来表达。亮度折减系数K的计算式为

$$K = \frac{L_{th}}{L_{20}(S)} \tag{3.1}$$

式中: L_{th}——隧道入口段路面平均亮度;

$L_{20}(S)$——隧道入口段洞外平均亮度。

2)色温及显色性

不同色温、显色性的光源照明环境下,驾驶员的视觉认知效果不同。在明视觉条件下,驾驶员对555nm的黄绿光较敏感;在暗视觉条件下,眼睛对507nm的蓝绿光较敏感。在中间视觉条件下的照明环境,据国外对视觉反应时间的测量表明,不同光源的光谱组成及人眼适应水平对视觉反应时间的长短影响很大。视觉反应时间与光源光谱组成有关,辐射光谱中含有较多蓝、绿色光的视觉反应时间为最短。隧道入口段洞外自然光色温与隧道内光源色温存在差异,光源色温影响隧道入口段光色环境,不同色温条件的光线呈现不同的颜色,驾驶员视觉感受不同,会影响驾驶员对前方车辆或障碍物视认。同时由于光源的显色性不同,物体颜色的真实反映程度不同,驾驶员对目标物的判断会产生影响。因此,在光环境特性的研究中必须采用色温和显色指数来表征隧道入口段光源光色特性指标。

3)视认距离

驾驶员在隧道影响区域行驶时,必须保证驾驶员在前方一定距离处的净空范围内能有效识别前方安全距离范围内道路的线形条件、路面条件、标志标线、车辆信息、障碍物和景观条件

等信息。驾驶员的视认距离直接影响驾驶员在道路上行驶的安全性，只有保证足够的安全视认距离，才能够使驾驶员完成认知、判断、决策、操作等一系列过程，保证行车安全。

CIE在《隧道和地下通道照明指南》中建议，将汽车在行驶时，驾驶员自看到前方障碍物起至到达障碍物前安全停车所需的最短距离作为安全停车视距。这一指标可以直接反映驾驶员在各种照明条件下所产生的生理及心理效应，具有较强的科学性及客观性。因此，本研究中也采用安全视认距离指标作为表征隧道入口段驾驶员视认能力需求的评价指标，将被试驾驶员能否在大于或等于一个安全停车视距处发现路面上的目标障碍物作为判定隧道入口段光环境照明安全的依据，从而保证行车安全。

3.2.2　夜间入口段照明质量评价指标

1)光源特性评价指标

夜间驾驶员行驶到隧道入口前主要受到隧道内外光源差异的影响，隧道内亮度、色温与显色性均较隧道外有很大不同，夜间隧道外环境黑暗，自然光极其微弱，亮度几乎为零，用色温与显色性作为隧道外光源的评价指标已经失去意义。这种情况下隧道内光环境明显优于隧道外，色温与显色性的差异可用隧道内光源的色温与显色性表示，用隧道内外的亮度差表示亮度差异。

2)视认距离

在驾驶员驾驶车辆接近隧道的过程中，驾驶员一直处在一个黑暗的环境下，而夜间隧道内照明光源所提供亮度值远远小于白天隧道外的自然光源所提供亮度值，驾驶员在驶入隧道的过程中不会产生明显的明适应；在此过程中营造安全的驾驶环境的主要任务是保证驾驶员能够在安全距离以外对注视区域可能出现的障碍物进行有效视认。因此，采用视认距离作为评价视认过程的指标。

3.3　隧道入口段照明标准

在不同光源特性环境下，驾驶员视觉感受不同，视认需求也存在差异。驾驶员在动态驾驶操作过程中的驾驶视认要比静态条件下的驾驶操作视认有明显的衰减差异，但是静态安全视认是保证驾驶员动态安全视认的基础。明显地，动态驾驶视认比静态视认试验难度大，风险也大，在照明质量研究中为了缩减动态试验工作量、减小试验的次数和营造野外动态试验光环境的难度，以保障被试驾驶员的安全性，我们通过营造隧道不同光源特性条件下入口段光环境，试验研究驾驶员在不同光源特性环境条件下对目标物的视认能力差异；根据试验结果缩减动态试验方案，试验研究满足驾驶员动态视认的入口段照明质量标准；根据静态和动态试验结果分析，研究得到满足驾驶员动态视认的入口段照明质量标准。

3.3.1　白天入口段照明标准

1)静态试验

通过营造白天隧道入口段光环境，测试白天不同天气、不同时间隧道入口段自然光特性的变化规律；光源选取了显色指数70，光效90lm/W，功率160W，色温3 000～6 500K的灯具；随机选取了12名驾驶员进行视认试验;驾驶员在隧道入口段不同光环境特性条件下,按设计速度分别为60km/h和80km/h的一个安全停车视距处放置目标物,驾驶员对目标物进行视认,追踪检测、记录驾驶员在不同光源特性、不同安全视认距离条件下满足驾驶员安全视认需求的隧道入口段亮度折减系数值;分析隧道入口段不同光环境特性条件下驾驶员对目标物视认能力差异特性。

(1)静态试验数据

为扩大样本量以提高测量数据精确度和有效度,实验过程中对12名驾驶员在同一试验环境下重复进行,以剔除驾驶员个体差异。最终得到有效试验样本量总计192个。

①入口段色温与亮度折减系数关系分析。当洞外色温水平小于6 000K,洞外亮度处于较高水平的晴天时,隧道入口“黑洞效应”较为明显,不利于驾驶员视认。通过对试验数据整理、分析,得到入口段不同色温对驾驶员在不同设计速度安全视认距离的视认影响特征规律,入口段色温与满足驾驶员视认需求的亮度折减系数关系曲线分别如图3.15a)、b)所示。

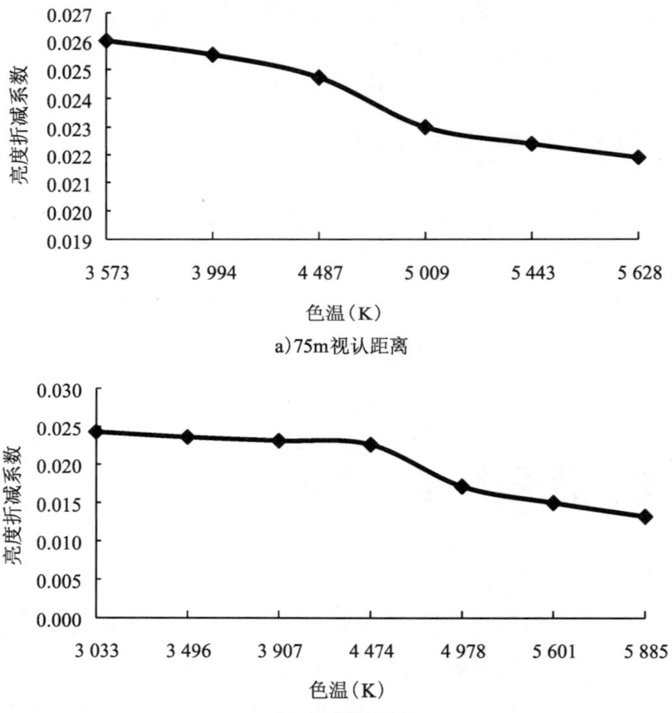

图3.15　入口段色温与亮度折减系数关系(洞外色温小于6 000K)

基于图3.15中亮度折减系数变化趋势可知,当视认距离分别为75m、110m时,随着入口段光源色温水平的提高,隧道内外色温差异减小,满足驾驶员视认的亮度折减系数随之减小,驾驶员对入口段明—暗视觉需求降低,即当洞外色温小于6 000K,洞外亮度处于较高水平时,入口段隧道内采用接近甚至稍低于洞外自然光的色温,有利于驾驶员视认。

当洞外色温大于6 000K,洞外亮度处于较低水平时,隧道入口内外的亮度差异要比晴天时小。通过试验数据整理、分析,得到入口段色温对驾驶员视认影响的特征规律,入口段色温与满足驾驶员视认需求的亮度折减系数关系曲线分别如图3.16a)、b)所示。

基于图 3.16 中亮度折减系数变化趋势可知，当视认距离分别为 75m、110m 时，随着入口段光源色温水平的提高，隧道内外色温差异增大，满足驾驶员视认的亮度折减系数随之增大，驾驶员对入口段明—暗视觉需求升高，即当洞外色温大于 6 000K，洞外亮度处于较低水平时，入口段隧道内采用较低色温光源，有利于驾驶员视认。

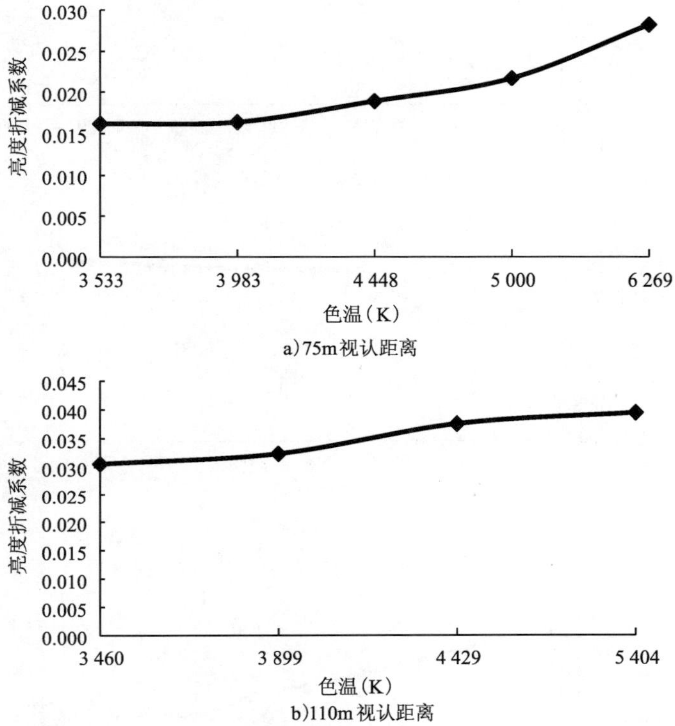

图 3.16　入口段色温与亮度折减系数关系（洞外色温大于 6 000K）

②隧道内外色温差与亮度折减系数关系分析。洞外自然光源色温与入口段人造光源色温存在一定差异。当洞外色温小于 6 000K，洞外亮度处于较高水平的晴天时，通过试验数据整理、分析，得到入口洞内外色温差对驾驶员视认影响的特征规律，色温差与满足驾驶员视认需求的亮度折减系数关系曲线分别如图 3.17a)、b)所示。

基于图 3.17 中亮度折减系数变化趋势可知，当视认距离分别为 75m、110m 时，随着入口段洞内外色温差异增大，满足驾驶员视认的亮度折减系数随之增大，驾驶员对入口段明—暗视觉需求升高，即当隧道入口段洞外色温小于 6 000K，洞外亮度处于较高水平时，减小入口段洞内外色温差有利于驾驶员视认。

当隧道入口段洞外色温大于 6 000K，洞外亮度处于较低水平时，通过试验数据整理、分析，得到入口洞内外色温差对驾驶员视认影响的特征规律，色温差与满足驾驶员视认需求的亮度折减系数关系曲线分别如图 3.18a)、b)所示。

基于图 3.18 中亮度折减系数变化趋势可知，当视认距离分别为 75m、110m 时，随着入口段洞内外色温差异增大，满足驾驶员视认的亮度折减系数随之减小，驾驶员对入口段明—暗视觉需求降低，即当隧道入口段洞外色温大于 6 000K，洞外亮度处于较低水平时，在一定范围内增大入口段洞内外色温差有利于驾驶员视认。

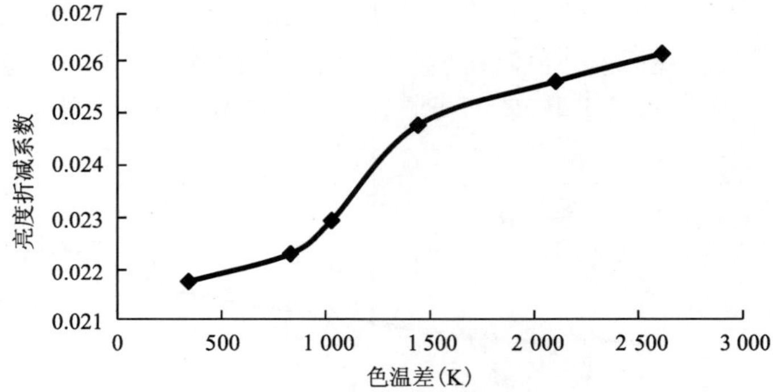

a)75m视认距离

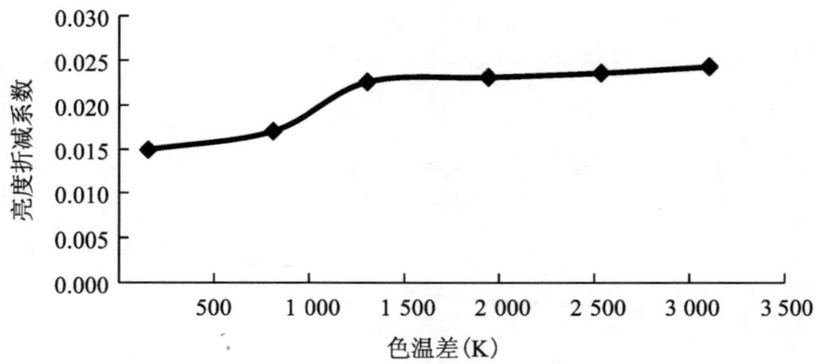

b)110m视认距离

图 3.17　色温差与亮度折减系数关系(洞外色温小于 6 000K)

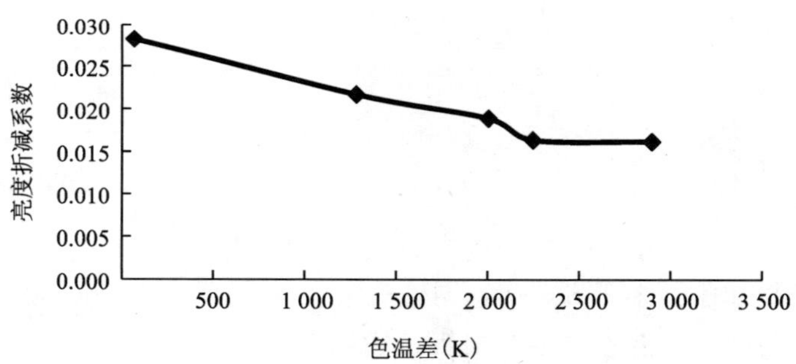

a)75m视认距离

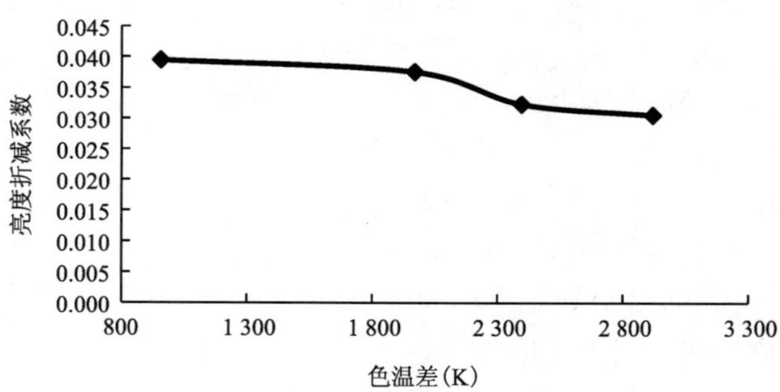

b)110m视认距离

图 3.18　色温差与亮度折减系数关系(洞外色温大于 6 000K)

(2)静态视认需求阈值

通过对驾驶员分别视认距离为75m、110m时不同光环境特性下的视认需求分析，比较不同光环境条件下驾驶员对目标物视认能力差异，得到不同视认距离、不同光环境下满足驾驶员静态视认需求的亮度折减系数阈值，并对各种可视光源进行综合优化排序，结果如表3.3～表3.6所示。

①视认距离75m。洞外色温小于6 000K，洞外亮度较高时，不同光环境下亮度折减系数安全阈值见表3.3。

不同光环境下亮度折减系数安全阈值(一) 表3.3

排序	色温(K)	物体色温(K)	物体亮度(cd/m^2)	洞外色温(K)	洞外亮度(cd/m^2)	折减系数K	色温差(K)
1	5 700	5 628	37.21	5 971	1 699	0.021 9	343
2	5 500	5 443	35.19	5 925	1 571	0.022 4	482
3	5 000	5 009	39.03	5 688	1 697	0.023 0	679
4	4 500	4 487	52.45	5 579	2 123	0.024 7	1 092
5	4 000	3 994	35.68	5 747	1 399	0.025 5	1 753
6	3 500	3 573	31.30	5 838	1 204	0.026 0	2 265

洞外色温大于6 000K，洞外亮度较低时，不同光环境下亮度折减系数安全阈值见表3.4。

不同光环境下亮度折减系数安全阈值(二) 表3.4

排序	色温(K)	物体色温(K)	物体亮度(cd/m^2)	洞外色温(K)	洞外亮度(cd/m^2)	折减系数K	色温差(K)
1	3 500	3 533	21	6 409	1 306	0.016 2	2 876
2	4 000	3 983	21	6 379	1 183	0.016 4	2 396
3	4 500	4 448	24	6 405	1 201	0.018 9	1 957
4	5 000	5 000	26	6 282	1 283	0.021 7	1 282
5	6 500	6 269	18	6 336	642	0.028 2	67

②视认距离110m。洞外色温小于6 000K，洞外亮度较高时，不同光环境下亮度折减系数安全阈值见表3.5。

不同光环境下亮度折减系数安全阈值(三) 表3.5

排序	色温(K)	物体色温(K)	物体亮度(cd/m^2)	洞外色温(K)	洞外亮度(cd/m^2)	折减系数K	色温差(K)
1	6 500	5 885	35.24	5 767	2 673	0.013 2	118
2	5 700	5 601	36.74	5 756	2 457	0.015 0	155
3	5 000	4 978	44.40	5 788	2 601	0.017 1	810
4	4 500	4 474	54.97	5 780	2 432	0.022 6	1 306
5	4 000	3 907	49.00	5 850	2 120	0.023 1	1 943
6	3 500	3 496	53.13	5 929	2 252	0.023 6	2 433
7	3 000	3 033	53.47	5 936	2 202	0.024 3	2 903

洞外色温大于6 000K，洞外亮度较低时，不同光环境下亮度折减系数安全阈值见表3.6。

不同光环境下亮度折减系数安全阈值(四)　　表 3.6

排序	色温(K)	物体色温(K)	物体亮度(cd/m^2)	洞外色温(K)	洞外亮度(cd/m^2)	折减系数 K	色温差(K)
1	3 500	3 460	25.31	6 379	1 252	0.030 5	2 919
2	4 000	3 899	29.60	6 295	1 332	0.032 3	2 396
3	4 500	4 429	33.77	6 398	1 272	0.037 5	1 969
4	5 500	5 404	30.62	6 361	1 060	0.039 5	957

2)动态试验

前期对驾驶员安全视认需求理论及大量静态视认试验结果的研究成果表明:白天隧道入口段色温亮度折减系数等隧道内外光源特性及质量指标值都会对驾驶员视认产生不同程度的影响。我们在自由流、天气状况良好条件下,在高速公路隧道现场进行驾驶员的动态驾驶视认试验,在白天隧道入口段不同亮度折减系数、色温光源条件下分别测试 6 名驾驶员以不同运行速度(60km/h、80km/h、100km/h)行驶时能够看清目标物的视认距离,研究不同光环境特性下满足驾驶员安全视认需求的隧道入口段亮度折减系数极限阈值。

(1)动态试验数据

通过隧道现场动态实车试验,采集驾驶员在不同亮度折减系数条件下,以不同运行速度驶入隧道时,发现目标物的视认距离,结合调查量表及问卷结果对采集数据进行统计、整理、分析,剔除非隧道照明光环境影响驾驶员正常视认及驾驶行为特性的样本量,最终得到 18 组小客车驾驶员白天入口段视认结果的有效试验样本,如表 3.7 所示。车辆运行速度采用驾驶员发现目标物的平均速度作为特征值;亮度折减系数即隧道入口段洞内外平均亮度比值;视认距离是驾驶员发现目标物时距目标物的实际距离。

白天入口段动态视认结果汇总　　表 3.7

编　号	光源类型	运行速度(km/h)	亮度折减系数	视认距离(m)
1	5 700K,70	52.4	0.046	113
2	5 700K,70	61.3	0.035	67
3	5 700K,70	61.9	0.014	54
4	5 700K,70	79	0.057	150
5	5 700K,70	80.1	0.043	85
6	5 700K,70	72.5	0.006	28
7	5 700K,70	97.2	0.007	53
8	5 700K,70	101.4	0.059	123
9	5 700K,70	104.8	0.061	155
10	5 700K,70	101.3	0.060	169
11	5 700K,70	124	0.055	154
12	5 700K,70	119.6	0.050	147
13	5 700K,70	85	0.040	85
14	5 700K,70	64	0.030	75
15	5 700K,70	55	0.020	60
16	5 000K,70	82.4	0.038	128
17	5 000K,70	93.1	0.049	140
18	5 000K,70	59.5	0.026	78

①视认距离与亮度折减系数关系分析。视认距离与亮度折减系数关系散点图如图 3.19、图 3.20 所示。可以看出,驾驶员对灰色目标物的视认距离与入口段亮度折减系数呈明显正相关关系,随着隧道入口段亮度折减系数的提高,驾驶员的视认距离逐渐增大。

②视认距离与车辆运行速度关系分析。视认距离与车辆运行速度关系散点图如图 3.21、图 3.22 所示,研究发现随车辆运行速度的增加,驾驶员对灰色目标物的视认距离变化没有规律性,这时驾驶员视认主要受洞内外亮度差异和驾驶员自身的行车感觉的影响,因此导致驾驶员对目标物的视认距离与车辆运行速度的相关性较差。

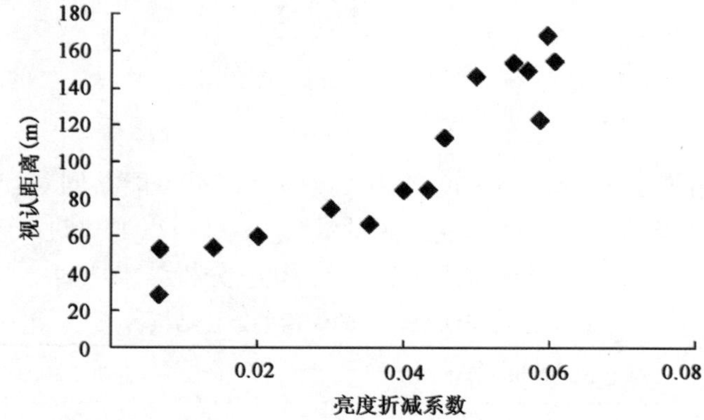

图 3.19 (5 700K,70)视认距离与亮度折减系数散点图

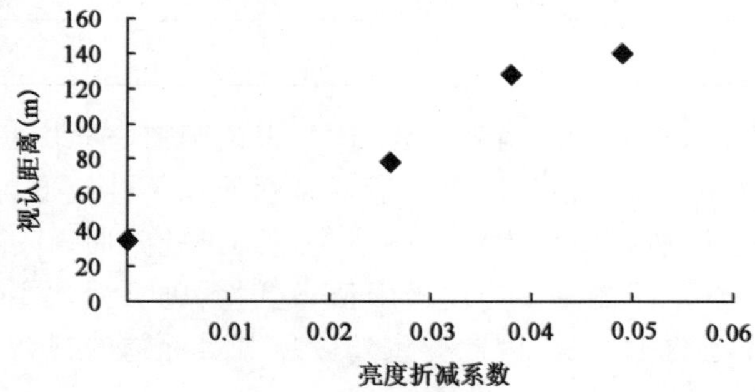

图 3.20 (5 000K,70)视认距离与亮度折减系数散点图

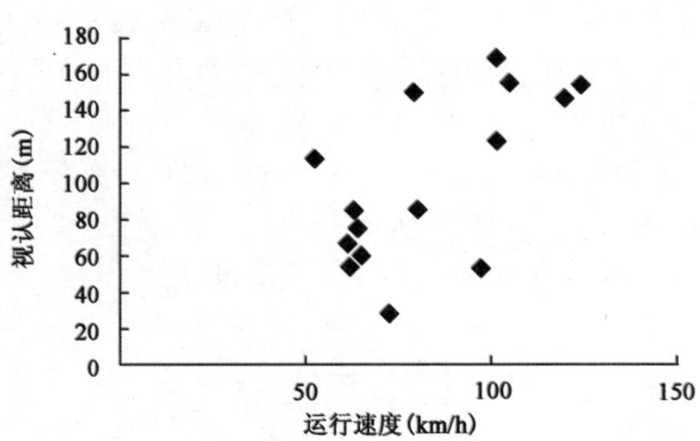

图 3.21 (5 700K,70)视认距离与运行速度散点图

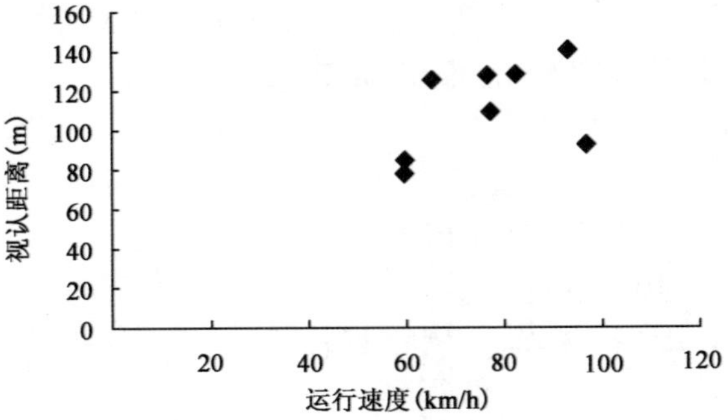

图 3.22 (5 000K,70)视认距离与运行速度散点图

(2)模型的建立

①偏相关分析。由于运行速度与亮度折减系数两个变量可能共同对视认距离产生作用,采用简单的相关系数不能真实反映两个变量间的线性关系,所以通过进一步的偏相关分析研究运行速度与亮度折减系数可能对视认距离造成的影响,分析结果如表 3.8 所示。

视认距离与两个因素的偏相关综合结果 表 3.8

变量		色温 5 700K,显色指数 70		色温 5 000K,显色指数 70	
		亮度折减系数	运行速度	亮度折减系数	运行速度
视认距离	相关性	0.912	0.054 2	0.887	0.047 1
	自由度	12	12	4	4

从表 3.8 中可以看出,在入口段两种光环境下,视认距离与亮度折减系数密切相关,相关系数分别为 0.912、0.887。视认距离与运行速度的相关性较低,这是由于随着驾驶员逐渐接近隧道入口段,驾驶员将注视点集中于隧道入口处路面,注意力高度集中,驾驶员运行速度达不到使视认下降的临界速度极限值,这时驾驶员视认主要受洞内外亮度差异和驾驶员自身的行车感觉的影响,因此导致驾驶员对目标物的视认距离与车辆运行速度的相关性较差。

②模型的建立。根据对图 3.19、图 3.20 研究发现:光源特性在(5 700K,70)及(5 000K,70)的入口段光环境下,驾驶员对灰色目标物的视认距离与入口段亮度折减系数呈正相关关系,与运行速度相关性差。将试验得到的 K、V 值代入,绘制实测值曲线,发现视认距离与亮度折减系数符合 Sigmoid 函数模型分布;在 MATLAB 软件中利用 Sigmoid 函数模型进行拟合,采用拟牛顿法中的 BFGS 方法进行参数学习,最终得到拟合结果模型如式(3.2)、式(3.3)所示,具体拟合曲线分别如图 3.23、图 3.24 所示。

当入口段光源为(5 700K,70),洞外色温小于 6 000K 时

$$D = \frac{215}{1 + e^{(-70K+3.6)}} + 27.6 \tag{3.2}$$

模型适用范围:$K \in [0.007, 0.061]$

当入口段光源为(5 000K,70),洞外色温大于 6 000K 时

$$D = \frac{140}{1 + e^{(-100K+3)}} + 27 \tag{3.3}$$

模型适用范围：$K \in [0.026, 0.049]$。

式中：K——入口段亮度折减系数；

D——视认距离(m)。

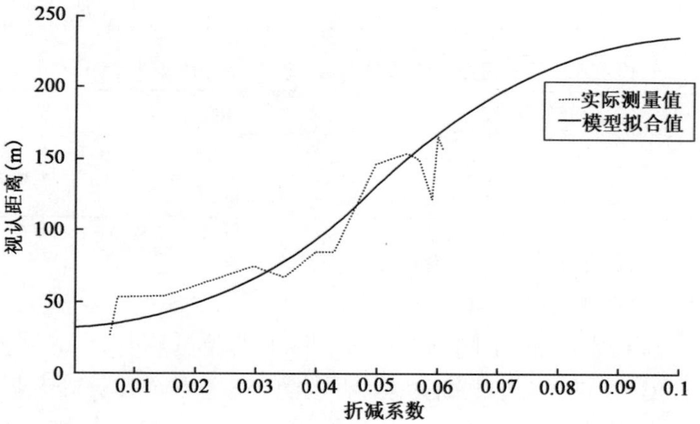

图 3.23　(5 700K,70)视认距离与亮度折减系数关系曲线(洞外色温小于 6 000K)

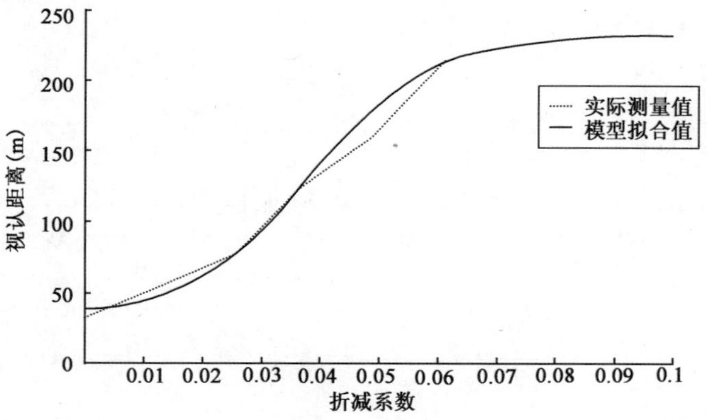

图 3.24　(5 000K,70)视认距离与亮度折减系数关系曲线(洞外色温大于 6 000K)

③模型的检验。对模型中两变量进行相关性检验，相关系数 R 均大于零，光源(5 700K,70)的光环境视认模型的决定系数 $R^2=0.95$，光源(5 000K,70)的光环境视认模型的决定系数 $R^2=0.99$，说明两个模型拟合效果很好。

对模型分别进行 F 检验，光源(5 700K,70)视认模型 $F=191.6$，$F_{0.05}(1,13)=4.67$($F>F_{0.05}$)；光源(5 000K,70)视认模型 $F=122.4$，$F>F_{0.05}(1,5)$，模型均具有显著的统计学意义。其 Sig 值均小于临界值，因此否定原假设 H_0，样本平均数差异显著，所选的回归模型成立。

(3)亮度折减系数安全阈值

由于驾驶员在不同运行条件下对安全停车视距的要求不同，因此在隧道入口段满足驾驶员驾驶视认需求的亮度折减系数也不同，将不同设计速度条件下的安全停车视距 D 代入式(3.2)、式(3.3),得到当入口段光环境光源分别为(5 700K,70)、(5 000K,70)时,能够满足驾驶安全视认的亮度折减系数,如表 3.9、表 3.10 所示。

(5 700K,70)入口段亮度折减系数安全阈值(洞外色温小于 6 000K)　　表 3.9

车速(km/h)	60	80	100
停车视距(m)	75	110	160
亮度折减系数	0.033	0.045	0.06

(5 000K,70)入口段亮度折减系数安全阈值(洞外色温大于 6 000K)　　表 3.10

车速(km/h)	60	80	100
停车视距(m)	75	110	160
亮度折减系数	0.023	0.034	0.05

3)白天入口段照明质量标准

(1)不同光环境亮度折减系数标准

根据静态试验分析结果可知,不同光色环境条件下驾驶员从明处向暗处视认灰色目标物的视认能力不同,存在一定的差异。因此根据不同光色环境下驾驶员静态视认能力的差异及确定的光源(5 700K,70)和(5 000K,70)动态条件下亮度折减系数阈值修正得到不同光色环境条件下满足驾驶员动态视认的亮度折减系数标准。

如图 3.25、图 3.26 所示,分别为洞外色温小于 6 000K、亮度较高,洞外色温大于 6 000K、亮度较低时,入口段色温与亮度折减系数关系。

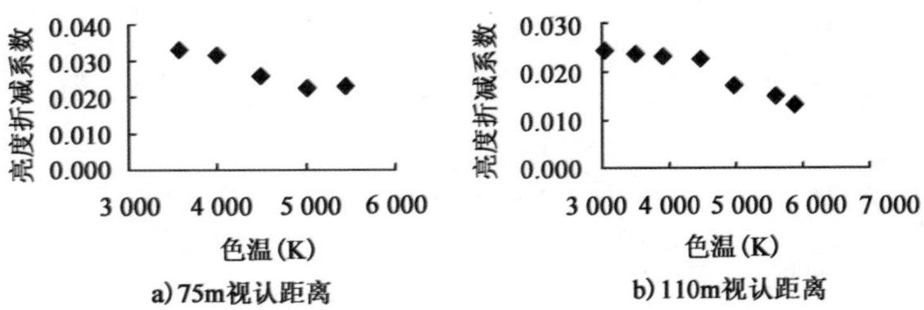

图 3.25　入口段色温与亮度折减系数关系(洞外色温小于 6 000K)

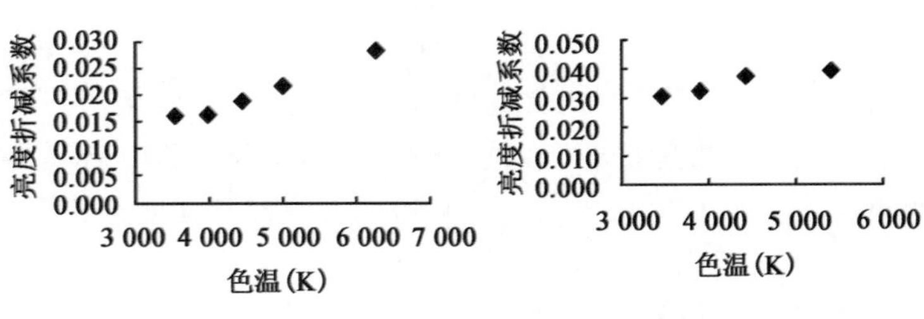

图 3.26　入口段色温与亮度折减系数关系(洞外色温大于 6 000K)

为确保数据的可靠性,将视认距离 75m 条件下满足驾驶员明—暗视认需求的亮度折减系数作为参照,根据隧道洞外色温及亮度情况分别得出 75m 视认距离且入口段不同光色环境条件下驾驶员视认目标物时所需的亮度折减系数,如表 3.11、表 3.12 所示。视认修正系数反映不同光色环境下驾驶员视认能力的差异。

当洞外色温小于 6 000K 时，不同光环境下亮度折减系数标准如表 3.11 所示。

不同光环境下亮度折减系数标准（洞外色温小于 6 000K） 表 3.11

色温(K)	亮度折减系数	视觉修正系数
5 700	0.021 9	1
5 500	0.022 4	1.023
5 000	0.023 0	1.050
4 500	0.024 7	1.128
4 000	0.025 5	1.165
3 500	0.026 0	1.187

当洞外色温大于 6 000K 时，不同光环境下亮度折减系数标准如表 3.12 所示。

不同光环境下亮度折减系数标准（洞外色温大于 6 000K） 表 3.12

色温(K)	亮度折减系数	视觉修正系数
3 500	0.016 2	0.745
4 000	0.016 4	0.754
4 500	0.018 9	0.870
5 000	0.021 7	1
6 500	0.028 2	1.302

根据已知的光色环境(5 700K，70)、(5 000K，70)动态视认条件下亮度折减系数阈值和其他不同光色环境条件下的视认修正系数，最终得到不同光色环境条件下亮度折减系数标准，如表 3.13、表 3.14 所示。

当洞外色温小于 6 000K 时，不同光色环境下亮度折减系数标准如表 3.13 所示。

不同光色环境下亮度折减系数标准（洞外色温小于 6 000K） 表 3.13

排　　序	色温(K)	亮度折减系数		
		60km/h	80km/h	100km/h
1	5 700	0.033	0.045	0.06
2	5 500	0.034	0.046	0.061
3	5 000	0.035	0.047	0.063
4	4 500	0.037	0.051	0.068
5	4 000	0.038	0.052	0.070
6	3 500	0.039	0.053	0.071

当洞外色温大于 6 000K 时，不同光色环境下亮度折减系数标准如表 3.14 所示。

不同光色环境下亮度折减系数标准（洞外色温大于 6 000K） 表 3.14

排　　序	色温(K)	亮度折减系数		
		60km/h	80km/h	100km/h
1	3 500	0.017 1	0.025 3	0.037 2
2	4 000	0.017 3	0.025 6	0.037 7

续上表

排序	色温(K)	亮度折减系数		
		60km/h	80km/h	100km/h
3	4 500	0.020 0	0.029 6	0.043 5
4	5 000	0.023 0	0.034 0	0.050 0
5	6 000	0.029 9	0.044 3	0.065 1

(2)不同交通量下亮度折减系数安全标准

参照现行《公路隧道照明设计细则》(JTG/T D70/2-01—2014)与CIE《隧道和地下通道照明指南》中对于不同交通量情况下的规定,得出不同交通量条件下亮度折减系数的换算系数,如表3.15所示。

不同交通量条件下换算系数 表3.15

设计交通量 N(辆/h)	亮度折减系数 K_1		
	60km/h	80km/h	100km/h
单向交通 $N \leqslant 350$veh/(h·ln) 双向交通 $N \leqslant 180$veh/(h·ln)	0.015	0.025	0.035
单向交通 $N \geqslant 1\,200$veh/(h·ln) 双向交通 $N \geqslant 650$veh/(h·ln)	0.022	0.035	0.045
换算系数	1.46	1.40	1.28

根据换算系数换算得出亮度折减系数标准,如表3.16、表3.17所示。

①洞外色温小于6 000K时,不同交通量情况下亮度折减系数标准如表3.16所示。

不同交通量情况下亮度折减系数标准(洞外色温小于6 000K) 表3.16

交通量	光源		满足不同设计速度的亮度折减系数		
	色温(K)	显色指数	60km/h	80km/h	100km/h
单向交通 $N \leqslant 350$veh/(h·ln) 双向交通 $N \leqslant 180$veh/(h·ln)	3 500	70	0.039	0.053	0.071
	4 000	70	0.038	0.052	0.070
	4 500	70	0.037	0.051	0.068
	5 000	70	0.035	0.047	0.063
	5 700	70	0.033	0.045	0.06
单向交通 $N \geqslant 1\,200$veh/(h·ln) 双向交通 $N \geqslant 650$veh/(h·ln)	3 500	70	0.057	0.074	0.090
	4 000	70	0.055	0.072	0.089
	4 500	70	0.054	0.071	0.087
	5 000	70	0.051	0.065	0.080
	6 000	70	0.048	0.063	0.076

注:当交通量在其中间值时,按内插考虑。

②当洞外色温大于 6 000K 时，不同交通量情况下亮度折减系数标准如表 3.17 所示。

不同交通量情况下亮度折减系数标准(洞外色温大于 6 000K)　　表 3.17

交 通 量	光 源		满足不同设计速度的亮度折减系数		
	色温(K)	显色指数	60km/h	80km/h	100km/h
单向交通 $N\leqslant$350veh/(h·ln) 双向交通 $N\leqslant$180veh/(h·ln)	3 500	70	0.017	0.025	0.037
	4 000	70	0.017	0.026	0.038
	4 500	70	0.020	0.030	0.044
	5 000	70	0.023	0.034	0.050
	6 000	70	0.030	0.044	0.065
单向交通 $N\geqslant$1 200veh/(h·ln) 双向交通 $N\geqslant$650veh/(h·ln)	3 000	70	0.025	0.035	0.048
	4 000	70	0.025	0.036	0.048
	4 500	70	0.029	0.041	0.056
	5 000	70	0.034	0.048	0.064
	6 000	70	0.044	0.062	0.083

注：当交通量在其中间值时，按内插考虑。

3.3.2 夜间入口段照明标准

1)静态试验

作者根据静态视认试验测试不同色温的光源环境下驾驶员对目标物的视认情况，选择光源显色指数 70，光效 90lm/W，功率 160W，色温 3 000～6 500K 的灯具，随机抽取 6 名驾驶员在夜间入口段不同色温光环境特性设计速度分别为 60km/h 和 80km/h 条件下的一个安全停车视距处对隧道内灰色小目标物进行视认试验；调节光环境不同的亮度水平，通过阈限设定的视认分级量表记录驾驶员的视认情况；检测、记录驾驶员在不同光源特性、不同安全视认距离条件下，满足驾驶员安全视认需求的夜间隧道入口段亮度差；分析夜间隧道入口段不同光环境特性条件下驾驶员对小目标物视认能力差异特性。

(1)静态试验数据

将 5 名驾驶员在相同光环境视认条件下的亮度差取平均值，得到视认结果如表 3.18 所示。

静 态 视 认 结 果　　表 3.18

序　号	色　温	视 认 距 离	亮度差均值(cd/m²)	视 认 情 况
1	3 000	75	0.916	清楚
2	4 000	75	1.587	清楚
3	5 000	75	1.531	清楚
4	5 700	75	2.211	清楚
5	3 000	75	0.646	一般清楚
6	4 000	75	1.014	一般清楚
7	5 000	75	1.216	一般清楚
8	5 700	75	1.778	一般清楚

续上表

序　　号	色　　温	视认距离	亮度差均值(cd/m²)	视认情况
9	3 000	110	1.183	清楚
10	4 000	110	2.503	清楚
11	5 000	110	2.711	清楚
12	5 700	110	4.065	清楚
13	3 000	110	0.980	一般清楚
14	4 000	110	2.129	一般清楚
15	5 000	110	2.306	一般清楚
16	5 700	110	3.303	一般清楚
17	3 000	110	0.433	有点模糊
18	4 000	110	1.202	有点模糊
19	5 000	110	1.317	有点模糊
20	5 700	110	2.003	有点模糊

将5名驾驶员在不同色温、不同视认等级情况的平均视认结果数据分组绘制散点图，结果如图3.27所示。在夜间同等的路面亮度水平下，驾驶员从暗处观看明亮处小目标物时，低色温光源营造下的光环境更有利于视认。当色温处于4 000～5 000K之间时，色温的变化对驾驶员的视认影响很小。

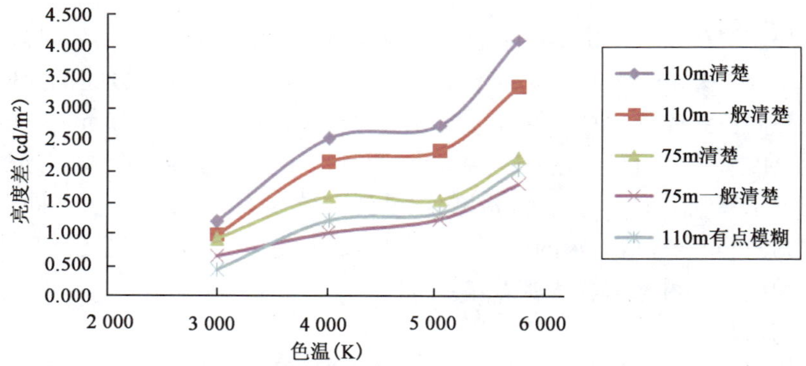

图3.27　不同色温下的亮度差需求

(2)静态视认需求阈值

车辆行驶过程中，当驾驶员发现前方路面上存在障碍物时，便会采取相应措施进行避让。在静态情况下，这与本试验中定义的“有点模糊”标准最为吻合，即“一眼发现目标物，轮廓不太清晰，但能感受大概”。最终采用此标准作为静态情况下驾驶员的亮度差需求阈值，结果如表3.19所示。

静态条件下驾驶员亮度差需求　　表3.19

色温(K)	显色指数	视认距离(m)	静态亮度差(cd/m²)
3 000	70	110	0.433
4 000	70	110	1.202
5 000	70	110	1.317
5 700	70	110	2.003

2)动态试验

通过实车动态试验,测试驾驶员对小目标物的视认情况。试验时调节不同的隧道内路面亮度,要求驾驶员驾驶车辆以一定的速度从隧道外向隧道内行驶,并在行驶过程中对前方目标物进行视认,以能否轻松快速地发现目标物为判别标准,记录驾驶员对目标的视认情况。通过分光辐射照度计采集视认情况下对应的路面处亮度值。最终建立亮度差、视认距离与运行速度三者之间的关系模型,找到满足驾驶员安全行驶时所需要的路面亮度差阈值。

(1)动态试验数据

根据动态视认试验方案,利用仪器设备采集了车辆的运行速度、隧道内外的实时亮度,以及试验人员对目标物的视认距离等数据,结果如表3.20所示。

夜间动态试验结果 表3.20

序　号	色温(K)	显色指数	亮度差(cd/m^2)	运行速度(km/h)	视认距离(m)
1	5 700	70	3.393	57.2	165.7
2	5 700	70	3.382	81.0	193.9
3	5 700	70	3.395	89.8	266.3
4	5 700	70	0.337	63.2	114.7
5	5 700	70	0.330	71.7	104.8
6	5 700	70	0.329	94.7	33.3
7	5 700	70	0.759	76.2	70.3
8	5 700	70	1.560	80.0	90.0
9	5 700	70	2.217	78.0	166.0
10	5 700	70	2.236	95.0	187.3
11	—	—	0	52.4	85.0
12	—	—	0	89.4	63.1
13	5 000	70	0.618	57.8	110.07
14	5 000	70	1.045	58.2	139.8
15	5 000	70	1.049	76.7	149.84
16	5 000	70	1.477	98.6	147.09
17	5 000	70	0.616	59.8	71.72

注:1.将隧道洞内路面亮度与洞外路面亮度的差值称为亮度差。
2.第11、12组数据为关闭隧道内人工照明光源的情况。

①亮度差与视认距离分析。将试验结果绘制亮度差与视认距离的关系图,如图3.28所示。在5 000K和5 700K两种不同照明光源情况下,驾驶员对目标物的视认距离都随着隧道内外路面亮度差的增大而增加,如图3.28所示。当亮度差为零时(即关闭隧道内部照明),视认距离保持在50~100m。虽然图3.28a)与b)所呈现的增长趋势相同,但是,由于照明光源不同,它们的增长幅度不同。

②运行速度与视认距离分析。将试验结果绘制运行速度与视认距离的关系图,如图3.29所示。在5 700K和5 000K两种照明光源情况下,驾驶员对目标物的视认距离没有随着运行速度的改变而发生明显变化,而是呈现出比较随机的状态。

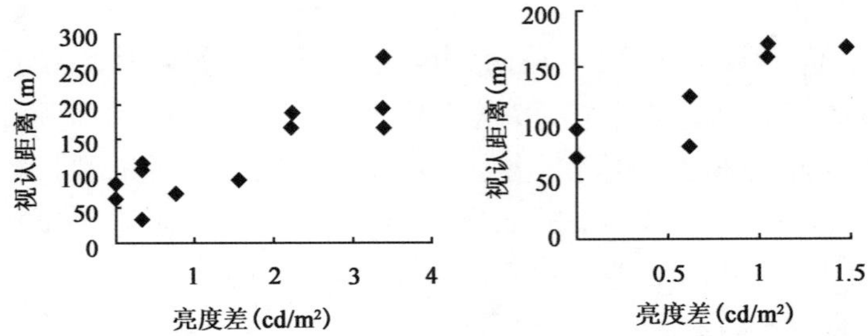

a)色温5 700K显色指数70　　b)色温5 000K显色指数70

图 3.28　视认距离与亮度差的关系

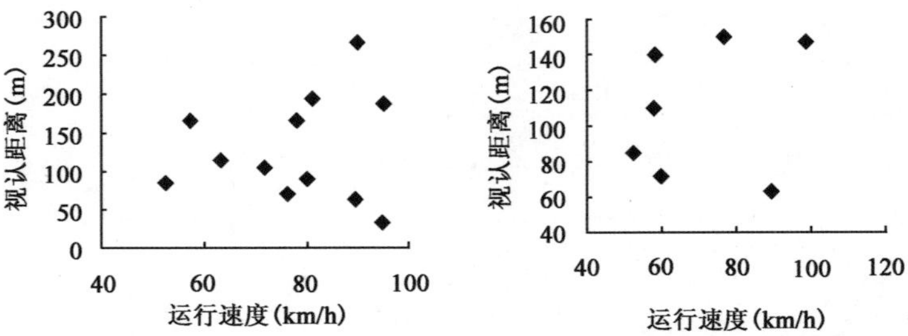

a)色温5 700K显色指数70　　b)色温5 000K显色指数70

图 3.29　视认距离与运行速度的关系

(2)模型的建立

①视认距离与运行速度、亮度差相关性分析。为了考证运行速度与亮度差两个变量是否共同对视认距离产生影响,笔者进一步通过偏相关分析,研究运行速度与亮度差是否对视认距离产生影响。

控制亮度差,对视认距离与运行速度进行偏相关分析,结果如表 3.21 所示。

视认距离与运行速度偏相关分析结果　　表 3.21

	控制变量			视认距离	运行速度
色温 5 700K 显色指数 70	亮度差	视认距离	相关性	1.000	−0.003
			显著性(双侧)	—	0.994
			自由度	0	9
		运行速度	相关性	−0.003	1.000
			显著性(双侧)	0.994	—
			自由度	9	0
色温 5 000K 显色指数 70	控制变量			视认距离	运行速度
	亮度差	视认距离	相关性	1.000	−0.179
			显著性(双侧)	—	0.734
			自由度	0	4
		运行速度	相关性	−0.179	1.000
			显著性(双侧)	0.734	—
			自由度	4	0

控制运行速度，对视认距离与亮度差进行偏相关分析，结果如表 3.22 所示。

视认距离与亮度差偏相关分析结果　　表 3.22

	控制变量			视认距离	亮度差
色温 5 700K 显色指数 70	运行速度	视认距离	相关性	1.000	0.859
			显著性（双侧）	—	0.001
			自由度	0	9
		亮度差	相关性	0.859	1.000
			显著性（双侧）	0.001	—
			自由度	9	0
色温 5 000K 显色指数 70	控制变量			视认距离	亮度差
	运行速度	视认距离	相关性	1.000	0.868
			显著性（双侧）	—	0.025
			自由度	0	4
		亮度差	相关性	0.868	1.000
			显著性（双侧）	0.025	—
			自由度	4	0

视认距离与运行速度和亮度差两个因素的偏相关综合结果见表 3.23。

视认距离与两个因素的偏相关综合结果　　表 3.23

变　量		色温 5 700K 显色指数 70		色温 5 000K 显色指数 70	
		亮度差	运行速度	亮度差	运行速度
视认距离	相关性	0.859	−0.003	0.868	−0.179
	自由度	9	9	4	4
	不相关概率	0.001	0.994	0.025	0.734

从表 3.23 中可见：在两种色温显色指数情况下，视认距离与运行速度的相关系数仅为 0.003和 0.179，不相关概率为 99.4%与 73.4%。视认距离与亮度差密切相关，相关系数分别为 0.859、0.868，不相关概率 P 分别小于 1%与 2.5%。

由于夜间入口外环境黑暗，车辆在前进的过程中行车环境基本不发生变化；加之驾驶员在暗环境中对周围景物的感知能力下降，因此其难以准确感知车辆速度。所以视认距离受运行速度的影响很小，并且每位驾驶员的感受差异大，试验数据无明显规律。

②回归分析。通过对试验结果数据的一般性规律与相关性分析，发现驾驶员对于目标物的视认距离与隧道内外亮度差呈现明显的正相关关系，亮度差越大，驾驶员越容易视认目标物。

取亮度差作为自变量，视认距离作为因变量，对夜间高速公路隧道入口段驾驶员的视认情况与隧道内外亮度差绘制关系图，如图 3.30 所示。根据其分布情况分别进行线性、二次多项式与指数回归分析，分析表明，只有线性回归模型可以通过样本的方差分析（即样本均数差异的显著性检验）与模型系数显著性检验，故需建立两种光源情况下视认距离与亮度差之间的线性关系。

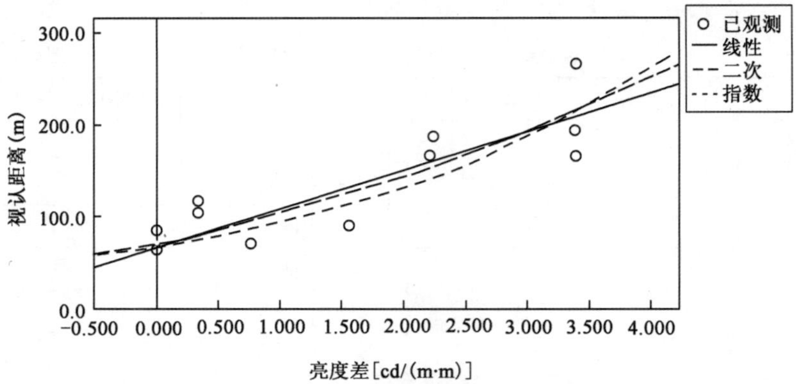

a)色温5 700K 显色指数70

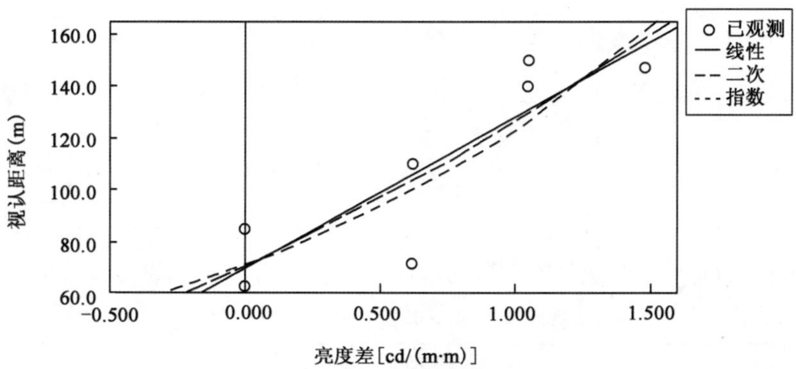

b)色温5 000K 显色指数70

图 3.30 视认距离与亮度差散点关系

进一步得到两种光源特性下自变量(亮度差)与因变量(视认距离)的拟合关系如式(3.4)、式(3.5)。

a. 色温 5 700K,显色指数 70:

$$D = 42.271\Delta L + 65.161 \tag{3.4}$$

b. 色温 5 000K,显色指数 70:

$$D = 57.939\Delta L + 69.720 \tag{3.5}$$

式中:D——视认距离(m);

ΔL——夜间隧道洞内外亮度差(cd/m^2)。

对模型中两变量进行相关性检验,通过相关系数 R 反映变量之间的相关方向和相关程度,分析结果如表 3.24 所示,式(3.4)、式(3.5)的相关系数均大于零,说明亮度差与视认距离呈正相关关系;调整 R^2 分别为 0.716 与 0.710,视认距离 D 与亮度差 ΔL 的相关性较高。

相 关 性 检 验 表 3.24

模 型	R	R^2	调整 R^2	估计值的标准误差
1	0.816	0.742	0.716	36.051 5
2	0.871	0.758	0.710	19.830

③方差分析。通过 F 显著性检验说明自变量对因变量是否有解释力，分析不同变量对总体变异的贡献大小，从而确定变量对结果的影响程度，分析结果如表 3.25 所示。当显著水平取 0.05 时，式(3.4)、式(3.5)的 Sig 值均小于临界值，因此否定原假设 H_0，样本平均数差异显著，所选的回归模型成立。

方差分析　　表 3.25

模型		平方和	自由度	均方	F	Sig
1	回归	37 370.246	1	37 370.246	28.753	0.000
	残差	12 997.140	10	1 299.714		
	总计	50 367.387	11			
2	回归	6 173.167	1	6 173.167	15.699	0.011
	残差	1 966.108	5	393.222		
	总计	8 139.275	6			

根据样本估计的结果应用 T 检验对总体回归系数的有关假设进行检验，检验结果具有较好的预测效果的变量 T 值应大于 2 或者小于 −2。检验结果如表 3.26 所示，假设检验的显著性概率 Sig，亮度差与常量的检验 P 值均小于 0.05，说明模型系数具有较高的显著性。

系数显著性　　表 3.26

模型		非标准化系数		标准系数	T	Sig
		B	标准误差			
1	亮度差	42.271	7.883	0.861	5.362	0.000
	（常量）	65.161	15.724		4.144	0.002
2	亮度差	57.939	14.662	0.871	3.962	0.011
	（常量）	69.720	12.532		5.564	0.003

(3)试验结果

当隧道内外亮度差为零(即关闭隧道照明)时，隧道内外均处于夜间自然照明光源的情况下，视认距离与隧道内照明光源的色温、显色指数无关，视认距离(即模型中的常数项)应为定值。故取两模型中常数项的均值 $\frac{65.161+69.720}{2}=67.441$ 作为该定值。根据该定值对常数项进行修正得：

①色温 5 700K，显色指数 70：

$$D = 41.414\Delta L + 67.441 \tag{3.6}$$

②色温 5 000K，显色指数 70：

$$D = 60.071\Delta L + 67.441 \tag{3.7}$$

由以上分析结果可知，在不同色温与显色指数的人工照明光源的情况下，亮度差与视认距离应呈如下关系：

$$D = a \cdot \Delta L + 67.441 \tag{3.8}$$

式中：a——不同光源所对应的不同系数。

从模型中可以看出，在夜间隧道入口段随着亮度差的增大，视认距离也逐渐增大；由于受到人眼视力的限制，当亮度差增长到一定值时，视认距离将不会再增加。根据本模型建立的样本值，该模型的适用范围 $D\in[67.441,266.3]$，$\Delta L\in[0.000,3.395]$。

3)夜间入口段照明质量标准

(1)静态亮度差与动态亮度差

车辆行驶过程中,当驾驶员发现前方路面上存在障碍物时,便会采取相应措施进行躲闪。在静态情况下,这与静态试验中定义的“有点模糊”标准最为吻合,即“一眼发现目标物,轮廓不太清晰,但能感受大概”。最终采用此标准作为动态情况下其他色温的亮度差需求阈值修订参考。

通过式(3.6)、式(3.7)可以计算出视认距离为110m时所需亮度差阈值与通过静态试验测得亮度差阈值,如表3.27所示。不论是静态试验还是室外动态试验,在色温为5 000K,显色指数为70的照明光源条件下,驾驶员视认目标物所需亮度差均小于色温为5 700K,显色指数为70的照明光源;动态试验与静态试验结论一致,进一步证明在夜间隧道入口段采用色温5 000K、显色指数70的照明光源更加有利于驾驶员对目标物的视认,提高行车的安全性。

亮 度 差 需 求　　表3.27

色温(K)	显色指数	视认距离(m)	静态亮度差(cd/m^2)	动态亮度差(cd/m^2)
5 000	70	110	1.317	0.708
5 700	70	110	2.003	1.028

根据表3.27中的静态亮度差阈值与动态亮度差阈值,结合“有点模糊”视认等级时驾驶员所需的亮度差阈值数据对动态情况下所需求的阈值进行差分推导,结果如表3.28所示。

动态亮度差差分结果　　表3.28

色温(K)	显色指数	视认距离(m)	静态亮度差(cd/m^2)	动态亮度差(cd/m^2)
3 000	70	110	0.433	0.296
4 000	70	110	1.202	0.655
5 000	70	110	1.317	0.708
5 700	70	110	2.003	1.028

(2)模型修正

将表3.28中数据代入模型 $D=a\cdot\Delta L+67.441$ 中求得不同照明光源情况下的系数 a,得到不同光源下亮度差与视认距离关系图及回归模型,如图3.31和表3.29所示。

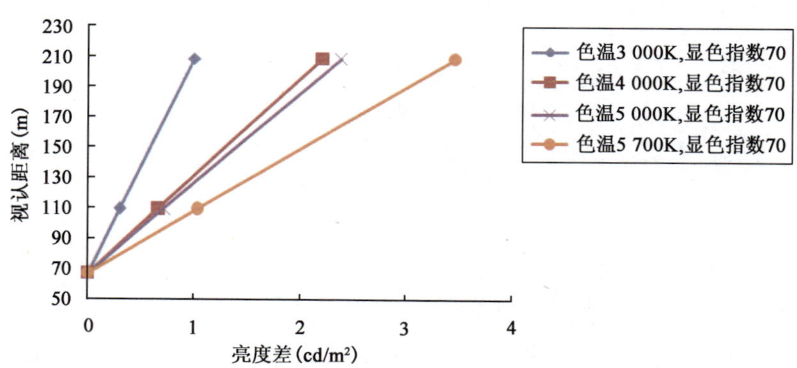

图3.31　不同照明光源下亮度差与视认距离的关系

夜间隧道入口段驾驶员视认需求模型　　表 3.29

色　温　(K)	显色指数	模　　型
3 000	70	$D=143.569\Delta L+67.441$
4 000	70	$D=64.991\Delta L+67.441$
5 000	70	$D=60.071\Delta L+67.441$
5 700	70	$D=41.414\Delta L+67.441$

(3)亮度差标准

《公路路线设计规范》(JTG D20—2006)中规定的不同设计速度下，为保证行车安全所需停车视距如表 3.30 所示。根据表 3.29 中不同光源下驾驶员对亮度差需求模型，计算得到在不同设计速度下驾驶员所需停车视距对应的亮度差阈值。在交通量较低、路面亮度均匀情况下驾驶员视认目标物所需亮度差的最小需求阈值，如表 3.31 所示。

不同设计速度下安全停车视距　　表 3.30

运行速度(km/h)	60	80	100	120
停车视距(m)	75	110	160	210

不同光源条件下驾驶员视认目标物所需亮度差标准　　表 3.31

光　　源		满足不同设计速度的亮度差 (cd/m^2)			
色温(K)	显色指数	60km/h	80km/h	100km/h	120km/h
3 000	70	0.05	0.30	0.64	0.99
4 000	70	0.12	0.65	1.42	2.19
5 000	70	0.13	0.71	1.54	2.37
5 700	70	0.18	1.03	2.23	3.44

(4)不同交通量下亮度差标准

参照现行《公路隧道照明设计细则》(JTG/T D70/2-01—2014)与 CIE《隧道和地下通道照明指南》中对于不同交通量情况下的照明亮度规定，可得到在不同交通量条件下亮度差换算系数，如表 3.32 所示。

不同交通量条件下亮度差换算系数　　表 3.32

设计交通量 N(辆/h)	亮　度　差			
	设计速度(km/h)			
	60	80	100	120
单向交通 $N\leqslant$350veh/(h·ln) 双向交通 $N\leqslant$180veh/(h·ln)	1.0	1.5	3.0	4.5
单向交通 $N\geqslant$1 200veh/(h·ln) 双向交通 $N\geqslant$650veh/(h·ln)	2.0	3.5	6.5	10.0
换算系数	2.00	2.33	2.17	2.22

根据换算系数计算得到不同交通量情况下亮度差标准，如表 3.33 所示。

不同交通量情况下亮度差标准 表 3.33

交 通 量	光 源		满足不同设计速度的亮度差(cd/m²)			
	色温(K)	显色性	60km/h	80km/h	100km/h	120km/h
单向交通 $N \leqslant 350$veh/(h・ln) 双向交通 $N \leqslant 180$veh/(h・ln)	3 000	70	0.05	0.30	0.64	0.99
	4 000	70	0.12	0.65	1.42	2.19
	5 000	70	0.13	0.71	1.54	2.37
	5 700	70	0.18	1.03	2.23	3.44
单向交通 $N \geqslant 1\,200$veh/(h・ln) 双向交通 $N \geqslant 650$veh/(h・ln)	3 000	70	0.11	0.69	1.40	2.21
	4 000	70	0.23	1.53	3.09	4.87
	5 000	70	0.25	1.65	3.34	5.27
	5 700	70	0.37	2.40	4.84	7.65

注：当交通量在其中间值时，按内插考虑。

3.4 隧道入口段照明设计

3.4.1 光源与灯具选择

入口段的照明由加强照明和基本照明两部分组成，后者灯具的选择与安装可按中间段照明灯具考虑。我们通过大量的试验研究发现，驾驶员白天驶入隧道时洞外亮度、色温等影响着驾驶员对隧道内光环的驾驶需求。

晴天天空无云或少云，这时地面照度是由太阳直射光和天空漫射光两部分组成。其照度值随太阳的升高而增大。太阳直射光照度在总照度中所占比例随太阳高度角的增加而较快变大。晴天光谱在一天中起伏较大，分布较不均匀。且晴天时天空色温较高为 10 000～12 000K。晴天(云量覆盖率在 0.3 以下)正午的阳光近于垂直下射，较为刺眼，易造成人眼视觉不适，视觉目标的能见度下降。同时，晴天隧道洞口外部环境亮度和色温都较高，与隧道内环境形成较大的差异，驾驶员会感觉十分耀眼和不适，需要较长时间去适应亮度和色温的差异变化。

阴天由于没有太阳直射，光谱分布较为均匀，对比晴天的主波长，阴天的主波长偏左，500～780nm 绿色、黄色、红色光谱明显增加，且在一天中变化平缓，天空亮度分布均匀且相对稳定，光线较为柔和，天空色温为 6 000～8 000K。因此，阴天时进入驾驶员眼睛的光线较为柔和，对眼睛的刺激较小，隧道洞内外亮度和色温差异比晴天时小，驾驶员驶入隧道时对亮度和色温差异的视觉突变程度也相对减小。

雾天、雨天及雪天等不利天气情况条件下，大气中的水蒸气和尘雾多，浑浊度大，受雾、雨、雪等影响会降低能见度，影响驾驶员安全视认。在雨、雾天气情况下低色温的黄色光具有较强的穿透性，当处于雾天、雨天及雪天等不利天气情况条件下时，隧道入口段使用低色温灯能有效提升驾驶员驾驶视认安全性。

为了更好地满足不同工况条件下驾驶员在隧道入口时的驾驶视认需求，入口加强照明应采用变色温光源照明灯具，打破传统照明灯具色温单一化的弊端，实现隧道照明光源可随洞外自然光色温变化与驾驶视认需求而变化的设置。我们通过洞外各种工况自然光条件下的驾驶视认需求研究发现，低色温 3 000K 和高色温 6 500K 之间的变化能有效满足自然光与人照光过度的驾驶视认需求，通过研究开发了 3 000K 和 6 500K 两种色温芯片的照明灯具，通过改变不同的回路以控制两组芯片的输入电流，使两种色温芯片具有不同的发光强度，通过调节芯片的亮度实现整灯色温的变化。在具备色温调节的隧道智能照明控制器中增设了一路加强照明控制输出，用两路不同的控制信号可实现灯具的色温与亮度调控。

由于入口段照明主要需要消除驶入隧道的“黑洞效应”的不利影响，所以入口段要求有较高的照明水平，同时在满足照明安全视认的前提下尽量减少能耗，因此宜选择光效高、亮度高的光源。在选择 LED 光源灯具时应注意以下几点。

(1)LED 光源在良好散热设计的条件下其寿命在 50 000h 以上，当芯片的工作温度超过最高结温时，每上升 2℃其可靠性将降低 10%，上升 20℃寿命将减少 50%。不同品牌、不同规格的芯片的最高结温不同，一般大于 115℃。采用单颗芯片陈列式布置与散热一体化设计的灯具，其外壳的最高工作温度不宜超过 80℃，这时芯片的结温在 110℃左右。采用集成芯片的灯体，其正背面的壳体温度亦如此。采用模组设计的模组壳体各部位均不得超出此范围，并且灯具的各种以上温度数据应通过 35℃环境下不间断 172h 测试取得。

(2)整灯光效要符合设计要求。要注意光源光效与整灯光效的差异。商业化的 LED 光源的光效目前可以达到从 110～250lm/W。目前隧道灯一般采用 110～130lm/W。由于电源、玻璃罩、光学透镜等造成的损失，整灯光效在 95～100lm/W。一味追求过高光效在目前阶段成本仍较高。

(3)由于隧道入口段要求具备较高的照度水平，且入口段的布灯密度较高，因此均匀度可以得到充分保障，较小的纵向投射角在同等光源光强下可以满足入口段均匀度和较高照度值的需求。但是，还考虑到光源的横向投射需满足隧道两侧墙面 2m 高范围内的平均亮度不宜低于路面平均亮度的 60%。通过大量试验，得出了 LED 灯具隧道入口段加强照明的投射角为水平投射角(即路面的纵向照明)≥45°，垂直投射角(即路面横向照明)≥91°时，高速公路隧道照明质量为最佳。

(4)由于隧道特殊的环境条件，要求隧道照明灯具应具有耐腐蚀性、密封防尘性和方便维护等特殊的功能要求。例如灯体及散热材料应选择一些耐腐或作一定程度的表面处理；灯具防护等级不低于 IP65 即防尘达到 6 级，无尘埃进入，防水达 5 级，任何方向高压喷水冲洗均无有害影响等。

3.4.2 光源配置设计方法

1)洞外引道光源配置设计

建议在隧道入口前引道(接近段)不设置路灯照明，特别是设置路灯后又不控制其亮度，往往会在夜间形成光障，使驾驶员视认不清前方洞内路面障碍物体或交通条件，给夜间行车会带来安全隐患。同时在隧道入口前设置引道路灯照明，需加大入口段亮度来消除引道照明带来的亮度差，同时带来照明能耗浪费。但是，对特殊的隧道洞口前的道路引导线形，如洞口正好在上、下坡的变坡位置或小半径曲线位置时，为增加进入洞口的诱导性，需要在隧道洞口前适当位置加装路灯或低杆照明，起主动诱导灯的功能。

2)入口段光源配置设计

入口段的照明由基本照明段和加强照明段两部分组成，基本照明段的灯具布置应按中间段照明考虑，加强照明段可选用功率较大的灯具。加强照明段的灯具设置应考虑白天洞外自然光的投射进入隧道洞口，洞口内一定范围已有较高亮度。这部分自然光可利用作为入口段加强照明段的组成部分；同时还需考虑隧道洞口位置的经纬度、结构特点、朝向、植被种植情况和引道的线形等因素来综合确定布灯位置的起始点。一般规定入口段的加强照明灯具宜自隧道洞口顶部以内 10m 处开始布设；当洞口朝阳时，白天阳光会有更多的直射光射入洞内，可根据洞口亮度的相关影响因素情况将布灯位置的起始点向内移动到最大光照直射点开始布灯；洞口有减光结构棚架或是削竹式洞口时，其布灯的起始点需作相应的调整；当在洞外距洞口一个安全视距内只能看见洞口横断截面 1/3 时，需将起始布灯前移，特别是，让驾驶员能看见洞口一侧的灯具前移更为重要，以增加灯光的诱导性，保证行车安全。

(1)入口段亮度设置

隧道入口段照明宜分两段 th1、th2 设置，与之对应的亮度可分别按下式计算。

$$L_{th1} = KL_{20}(S) \tag{3.9}$$

$$L_{th2} = 0.5KL_{20}(S) \tag{3.10}$$

式中：L_{th1}——入口段 th1 亮度(cd/m^2)；

L_{th2}——入口段 th2 亮度(cd/m^2)；

$L_{20}(S)$——洞外亮度(cd/m^2)；

K——入口段亮度折减系数。

长度 300m＜L≤500m 的非光学长隧道及长度 100m＜L≤300m 的光学长隧道，入口段亮度宜分别按式(3.9)、式(3.10)计算值的 50%取值。

长度 200m＜L≤300m 的非光学长隧道，入口段亮度宜分别按式(3.9)、式(3.10)计算值的 20%取值。

长度 L＞500m 的非光学长隧道及长度 L＞300m 的光学长隧道，入口段亮度可分别按式(3.9)、式(3.10)计算。

(2)长度设置原则

入口段长度 D_{th} 可按下式计算，其中 D_s 根据设计速度和隧道纵坡取值，如表 3.34 所示。

$$D_{th1} = D_{th2} = \frac{1}{2}\left(1.154D_s - \frac{h-1.5}{\tan 10^\circ}\right) \tag{3.11}$$

式中：D_{th1}——入口段 th1 长度(m)；

D_{th2}——入口段 th2 长度(m)；

D_s——照明停车视距(m)；

h——洞口内净空高度(m)。

照明停车视距 D_s　　表 3.34

速度 (km/h)	纵坡 (%)								
	−4	−3	−2	−1	0	1	2	3	4
120	260	245	232	221	210	202	193	186	179
100	179	173	168	163	158	154	149	145	142
80	112	110	106	103	100	98	95	93	90
60	62	60	58	57	56	55	54	53	52
40	29	28	27	27	26	26	25	25	25
20～30	20	20	20	20	20	20	20	20	20

入口段长度 D_{th} 可根据照明停车视距、最小衬托长度、洞口净空高度、适应距离进行计算。为保证机动车驾驶员对路面上小目标物(尺寸 0.2m×0.2m×0.2m,反射系数为 0.2)的视认能力,在其背后应有一段最小长度为 b 的明亮路面,如图 3.32 所示。该障碍物尺寸是采用 CIE《隧道和地下通道照明指南》的建议。

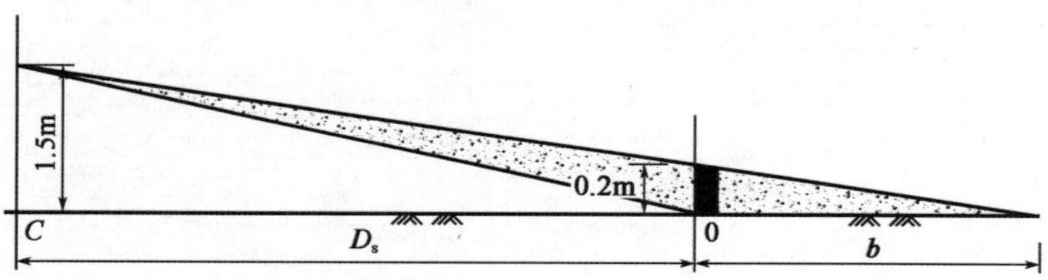

图 3.32　照明停车视距与最小衬托长度

车辆驶至洞外隧道适应点 A 时,驾驶员的 20°视场范围内,洞外景物基本消失,开始适应隧道特殊的结构和照明暗环境。适应点 A 与洞口 P 间的距离 d 称为适应距离,如图 3.33 所示。

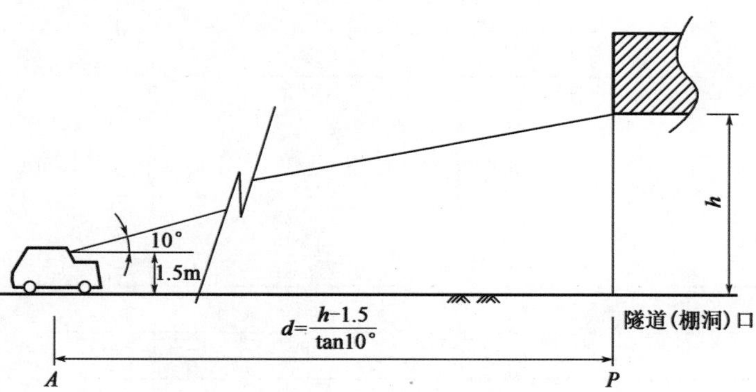

图 3.33　适应距离

当两座隧道间的行驶时间按设计速度计算小于 15s,且通过前一座隧道的行驶时间大于 30s 时,后续隧道入口段亮度应进行折减,亮度折减率可按表 3.35 取值。

后续隧道入口段亮度折减率　　表 3.35

两隧道之间行驶时间 t(s)	$t<2$	$2\leqslant t<5$	$5\leqslant t<10$	$10\leqslant t<15$
后续隧道入口段亮度折减率(%)	50	30	25	20

3)过渡段光源配置设计

驾驶员驶入隧道后,为给驾驶员继续营造良好的视觉环境的过渡以保证行车安全,在隧道入口段与中间段之间设置过渡段,合理设置照明过渡。采用 CIE 适应曲线 $L_{tr}=L_{th}(1.9+t)^{-1.4}$ 作为过渡段亮度与长度的划分依据,在过渡段区域里,过渡段宜按渐变递减原则划分为 tr1、tr2、tr3 3 个照明段,亮度比例按 3∶1 划分,如图 3.34 所示。

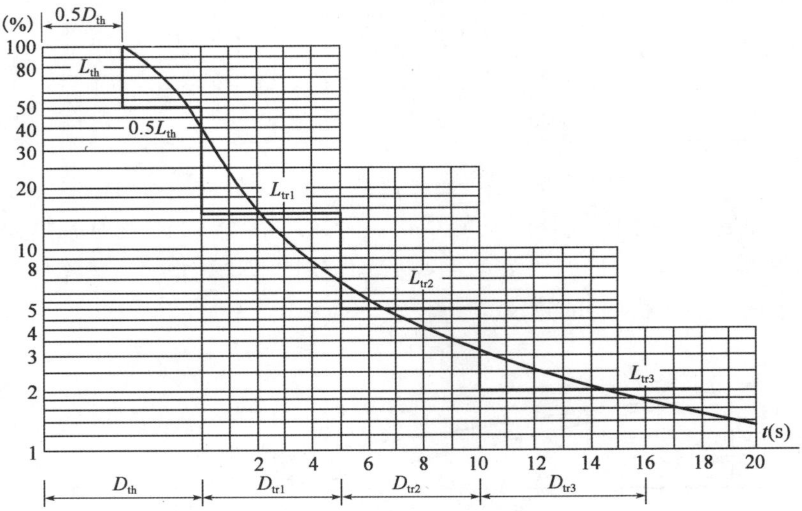

图 3.34 过渡照明段长度与相应亮度

(1)过渡段亮度设置

过渡段由 tr1、tr2、tr3 3 个照明段组成,与之对应的亮度可按表 3.36 取值。

过 渡 段 亮 度(一)　　表 3.36

照明段	tr1	tr2	tr3
亮　度	$L_{tr1}=0.15L_{th1}$	$L_{tr2}=0.05L_{th1}$	$L_{tr3}=0.02L_{th1}$

注:L_{th}为入口段亮度。

当入口段不分段设置,过渡段各照明段亮度应按表 3.37 取值,以满足 CIE 适应曲线的要求。

过 渡 段 亮 度(二)　　表 3.37

照明段	tr1	tr2	tr3
亮　度	$L_{tr1}=0.30L_{th}$	$L_{tr2}=0.10L_{th}$	$L_{tr3}=0.035L_{th}$

对于长度 $L\leqslant300$m 的隧道,可不设置过渡段加强照明。长度 300m$<L\leqslant$500m 的隧道,通常需设置过渡段 tr1,是否设置过渡段 tr2、tr3,可根据隧道的平面线形、交通量大小综合判定,当 tr3 的亮度不大于中间段亮度的 2 倍时,可不设置过渡段 tr3。

长度 300m$<L\leqslant$500m 的隧道,是否设置过渡段主要取决于隧道的通视程度。对于非光学长隧道,当交通量较小时,隧道出口占很大一部分背景,洞内低亮度和出口处的高亮度形成鲜明对比,可以轻易看见往来车辆和其他物体,通常设置过渡段 tr1;当交通量较大,使得隧道

出口处的背景亮度比例较小，则需要设置过渡段 tr2、tr3。

对于光学长隧道，当交通量较小且位于过渡段 tr1 能完全看到出口时，通常设置过渡段 tr1；当交通量较大，使得隧道出口处的背景亮度比例较小，且位于过渡段 tr1 仍不能完全看到出口时，则需要设置过渡段 tr2、tr3。

(2)长度设置

过渡段 1 长度应按下式计算：

$$D_{tr1}=\frac{(D_{tr1}+D_{tr2})}{3}+\frac{v_t}{1.8} \tag{3.12}$$

式中：v_t——设计速度(km/h)；

$\frac{v_t}{1.8}$——2s 内行驶距离。

过渡段 2 长度应按下式计算：

$$D_{tr2}=\frac{2v_t}{1.8} \tag{3.13}$$

过渡段 3 长度应按下式计算：

$$D_{tr3}=\frac{3v_t}{1.8} \tag{3.14}$$

各过渡段的长度，可沿着 CIE 适应曲线分割，过渡段 1 的长度相当于 4s 内的行驶距离，过渡段 2 的长度相当于 4s 内的行驶距离，过渡段 3 的长度相当于 6s 内的行驶距离。

根据 CIE 适应曲线 $L_{tr}=L_{th}(1.9+t)^{-1.4}$ 作为过渡段亮度与长度的划分依据，得出过渡段长度，如表 3.38 所示。

过渡段长度　　表 3.38

照明设计速度(km/h)	D_{tr1}(m)	D_{tr2}(m)	D_{tr3}(m)
120	137	133	200
100	106	111	167
80	72	89	133
60	44	67	100
40	26	44	67

3.4.3　灯具的安装与调试

1)灯具的安装

(1)安装角度

由于隧道入口段要求与自然光更好的融洽，需要较高的照度水平，而入口段的布灯设置密度较高，均匀度容易得到保障；同时还需要保证光源的横向投射满足隧道两侧墙面 2m 高范围内的平均亮度不低于路面平均亮度的 60%。LED 的安装角度如图 3.35 所示，LED 灯具安装的纵向偏差应不大于 30mm，横向偏差应不大于 20mm，高度偏差应不大于 10mm。

LED 灯具及附属设施安装应牢固可靠、位置正确、整齐美观，灯具轮廓线形与隧道在横向、纵向、高度方面协调一致。LED灯具应发光均匀，从行车方向看去无刺眼的眩光，LED照明灯具安装支架结构尺寸、预埋件、安装方位、安装间距等均应符合设计要求。

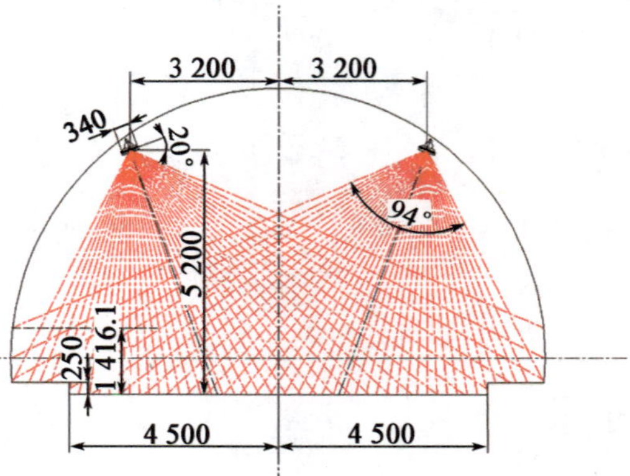

图 3.35　灯具安装示意图(尺寸单位:mm)

(2)连线要求

调光照明系统中LED隧道照明灯具的安装要求与传统的隧道照明灯具基本相同，但由于入口段加强照明灯具具有调节色温与亮度的功能，需要增加两路控制线，其具体接线见图 3.36。图 3.36 中灯具控制线与控制总线的连接应采用T字形连接，灯具控制线正端应接控制总线的正端，灯具控制线负端应接控制总线的负端，控制线连接处应做绝缘处理。接线完成后，检查灯具电源线、控制线的接线是否正确，要求绝缘措施可靠。错接会导致灯具失控，控制线短路会导致控制总线所控灯具失控，不能实现调光功能。

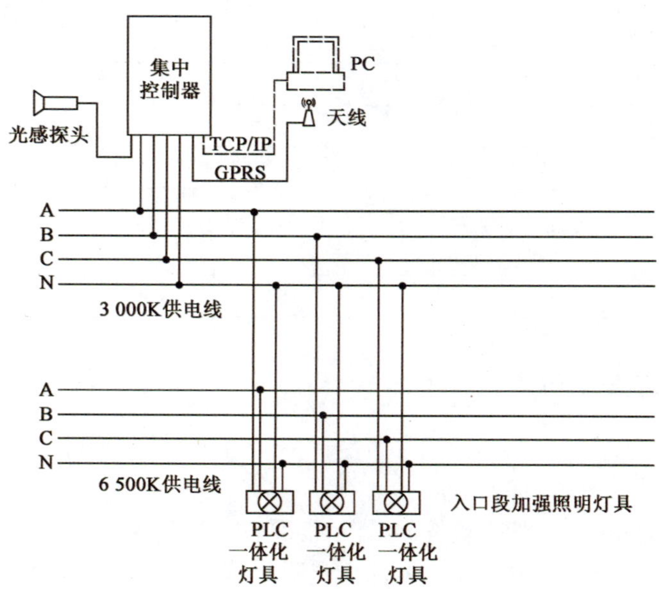

图 3.36　入口段加强照明接线

2)灯具调试

灯具安装并检查连接确认无误后，配合调光系统，将加强照明 3 000K 和 6 500K 色温功率百分比均调至100%，测量色温与路面亮度，此时加强照明入口段的平均亮度应为最大亮度。保持3 000K色温功率100%不变，再将6 500K色温功率百分比分别调至50%和10%，测量色温与路面亮度，不同功率下的亮度百分比曲线应在图3.37中两条实线之间，色温与图3.38中色温配比曲线吻合，证明灯具安装良好，6 500K色温芯片工作状况良好；保持6 500K色温功率100%不变，再将3 000K色温功率百分比分别调至50%和10%，测量其色温与路面亮度，不同功率下的亮度百分比曲线应在图3.37中两条实线之间，色温与图3.38中色温配比曲线吻合时，证明灯具安装良好，3 000K色温芯片工作状况良好。

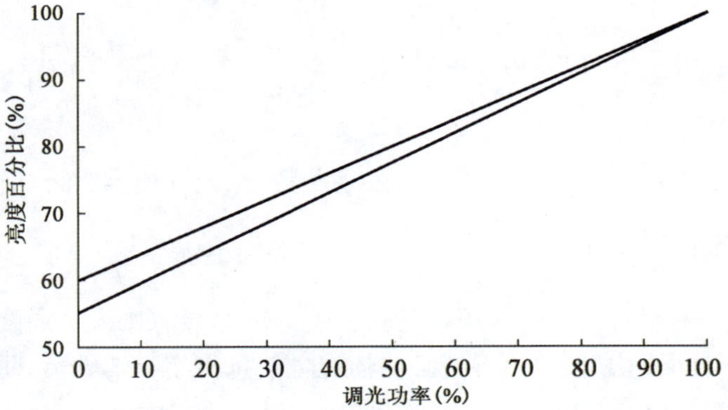

图3.37 不同功率下的亮度百分比

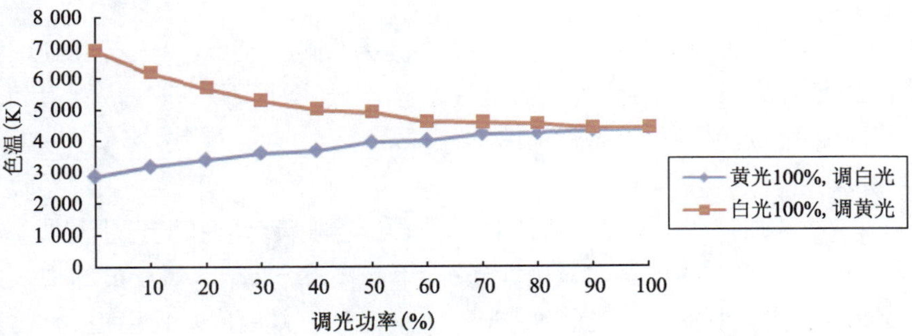

图3.38 不同功率配比下色温

第4章

隧道中间段照明技术

隧道中间段照明技术需要了解隧道中间段照明光环境、照明标准及照明设计。

4.1 隧道基本段照明光环境

隧道中间段照明光环境包括光环境影响因素及特征、光环境驾驶视认需求特征。

4.1.1 光环境影响因素及特征

隧道中间段是一个相对封闭的环境，不受自然光影响，应采用人工照明系统使中间段照明达到驾驶员白天和夜间视认需求水平，把必要的视觉信息传递给驾驶员，防止因视觉信息不足而出现交通安全隐患，从而提高行车的安全性和舒适性。

1)光环境影响因素

(1)光色因素

隧道中间段不同色温的光源对驾驶员的视觉感受不同。但是，白天行驶到中间段和夜间行驶到中间段的驾驶员视认能力和视认需求有差异，为了满足不同的视认能力和环境视认一致性需求，采用不同的光色有利于驾驶员的驾驶视认。

(2)亮度因素

隧道中间段亮度水平一般较隧道其他照明段低。驾驶员行驶在隧道中间段属于中间视觉范畴，视认效率较低。同样的色温和显色性光源，不同亮度水平下，驾驶员的视认有效性存在差异。亮度越高，物体表面的反射光强度越高，物体相对于路面的对比度就越大，驾驶员对于特定目标物的视认效果越好；但当亮度增加到一定值时，视认效果不再增加。亮度较低时，物体表面反射光强度低，周围光照环境暗，物体与路面对比度小，严重时物体将与背景融于一体，导致驾驶员在安全视距范围内无法辨别物体，引发交通事故。

(3)亮度均匀度因素

①总均匀度。照明光源灯具在为路面提供良好的平均亮度的同时，却无法避免在路面上的某些区域产生较低的亮度，路面上一些局部区域可能出现最小亮度 L_{min}，在这些区域中，障碍物与路面之间的对比度低。同时，如果视认环境中出现大的亮度差别，会导致驾驶员眼睛的灵敏度下降，引起瞬时适应问题，严重时会使驾驶员不易察觉出在那些较暗区域中的障碍物，带来行车安全风险。

②纵向均匀度。当驾驶员行驶前方的路面纵向亮度不均匀性超过一定的阈值，就会出现亮带和暗带，如果亮带和暗带反复出现就会使驾驶员视认产生所谓的“斑马效应”，这种效应会使驾驶员视认效率降低，感到烦躁，影响其心理，严重时会危及行车安全。

(4)频闪频率因素

眼睛看运动物体时,物体在视网膜上成像一闪即逝,接着进行下一次成像,这样反复的影像在眼睛上形成时亮时灭不连续的光。这样的闪烁频率会对驾驶员的视觉系统产生刺激作用,使驾驶员产生不舒适的感觉。当中间段的灯具排布间距过大,光源照射不连续分布时,行驶在隧道中间段的驾驶员视觉会不断经受明暗变化的刺激而产生烦乱,这种现象叫作“频闪效应”。

(5)眩光因素

当隧道中间段的照明光源设置不合理,以一定强度的光射入驾驶员眼睛时,会使驾驶员感觉不舒适甚至烦躁而影响安全稳定行车。

2)隧道中间段驾驶认知和行为特性

(1)认知特性

驾驶员在中间段的驾驶过程可以简化为驾驶员的感知、判断及操作过程(详细见 2.1.2 节)。与隧道出入口段光环境相比较稳定,驾驶员在中间段行驶过程中,不会产生暗适应与明适应问题。但相对于隧道外光环境,隧道中间段光环境照明水平较低,驾驶员的感知难度增大,影响驾驶员下一步的判断及操作。驾驶员在隧道中间段较隧道外行驶时需要保持更高警觉性,驾驶员若长时间在这样的环境下行驶,容易产生疲劳、烦躁、压抑等不良的生理、心理反应,对行车安全造成不利影响。

(2)行为特性

驾驶员在隧道中间段不同亮度条件下行驶时相对于隧道外一般路段、隧道其他段的行为和生理、心理特性如下:

①运行速度特性。我们通过大量现场实车试验及研究发现,驾驶员在白天驶入隧道时通常会采取减速措施来适应隧道入口的“黑洞效应”。进入隧道后,中间段光环境如果满足驾驶员期望视距内对前方道路交通条件的视认,驾驶员会采取加速措施达到期望速度。如图 4.1 所示,驾驶员在中间段速度由 75km/h 加速到 85km/h,速度增幅达 10km/h,速度增加到期望速度 85km/h 后保持平稳行驶,直至隧道出口段驾驶员采取相应减速措施来适应隧道出口的“白洞效应”。当中间段光环境不能满足驾驶员对前方道路交通条件的视认时,驾驶员会继续采取减速措施,直至达到驾驶员的驾驶期望速度,此时驾驶员的运行速度可能小于隧道设计速度,对隧道通行效率产生影响。图 4.2 所示为某设计速度为 80km/h 的隧道,驾驶员在隧道外路段以 87km/h 速度行驶,在隧道入口段、过渡段采取减速措施进入中间段,中间段的光环境仍不能满足驾驶员的驾驶期望,驾驶员继续采取减速措施将速度降低至 70km/h 左右,保持此速度行驶。

②视认特性。驾驶员在行车过程中,主要通过眼睛获取道路环境信息。我们通过实时跟踪记录驾驶员的眼动轨迹,分析其注视位置、瞳孔面积变化等眼动指标特性,得到了驾驶员在隧道中间段区域驾驶过程中每一时刻的视认特性及在视认时的生理、心理变化特征。

a.注视特性。驾驶员在中间段行驶过程中的视野被限制在一个管状空间内,隧道内环境单调,驾驶员在中间段行驶过程中注视点多集中在前方路面,获取前方路况及交通信息,以做出判断并采取相应的驾驶措施。在隧道外一般路段上行驶时,驾驶员注视点集中于期望视距处，如图 4.3a)所示；当隧道中间段亮度较低，不能满足驾驶视认期望时，驾驶员注视点集中于前方较近处的路面上，如图 4.3b)所示，此时驾驶员不能全面掌握隧道中间段安全视距内的路况信息，易使驾驶员产生紧张情绪，不利于行车安全。

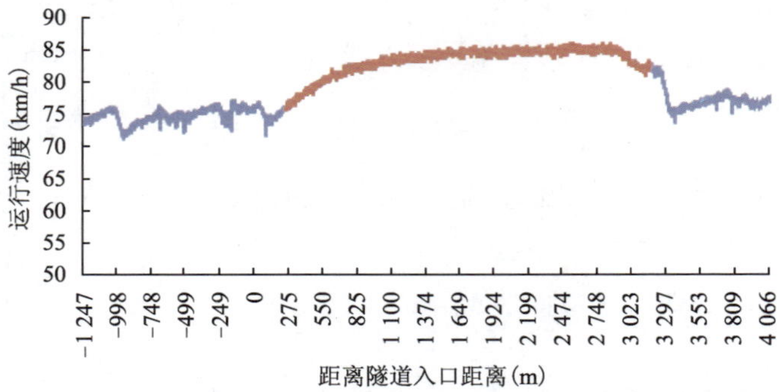

图 4.1　满足驾驶员驾驶期望的隧道中间段运行速度特性

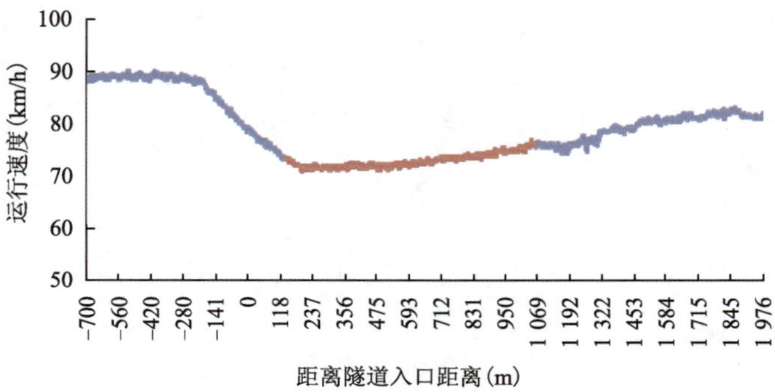

图 4.2　不满足驾驶员驾驶期望的隧道中间段运行速度特性

a)　　b)

图 4.3　驾驶员注视点位置

b. 瞳孔变化特性。受隧道内部空间和光环境与外界差异的影响，驾驶员在速度发生变化的同时，其眼睛的生理条件也会发生变化，特别表现在瞳孔面积指标特征方面。根据司辰视觉理论，瞳孔的大小变化影响着视觉功效：瞳孔收缩能提高视觉功效，视认目标清晰和朦胧感少，可见度好；反之，瞳孔放大会降低视觉功效，驾驶员会感到目标模糊，容易产生眩光，可见度就差。

图 4.4、图 4.5 中红色部分为同一驾驶员在不同亮度水平隧道中间段内行驶时的瞳孔面

积变化规律,可见驾驶员行驶在中间段时瞳孔面积可达 3 500～4 000px。进入隧道后,隧道的各个照明段亮度逐渐降低,至隧道中间段亮度达到一个较稳定的低水平。相应地在车辆驶入隧道的过程中,驾驶员瞳孔面积逐渐增大,在中间段时驾驶员瞳孔面积维持在一个相对稳定的较高水平。驾驶员在中间段的瞳孔面积大小,不但受中间段亮度影响,还会受交通量、驾驶员个体差异等因素的影响。

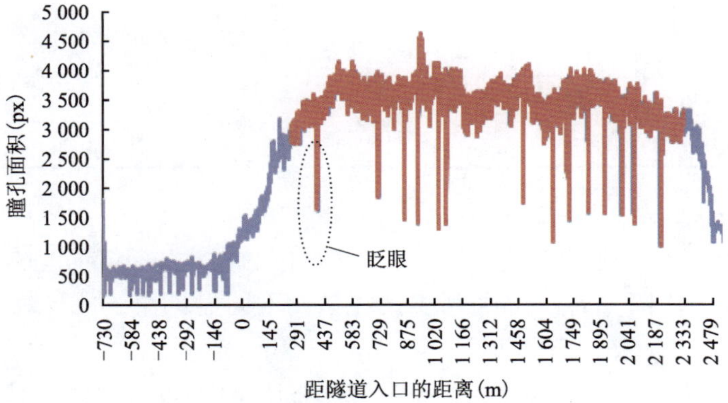

图 4.4 中间段亮度为 1.8cd/m^2 时驾驶员瞳孔面积

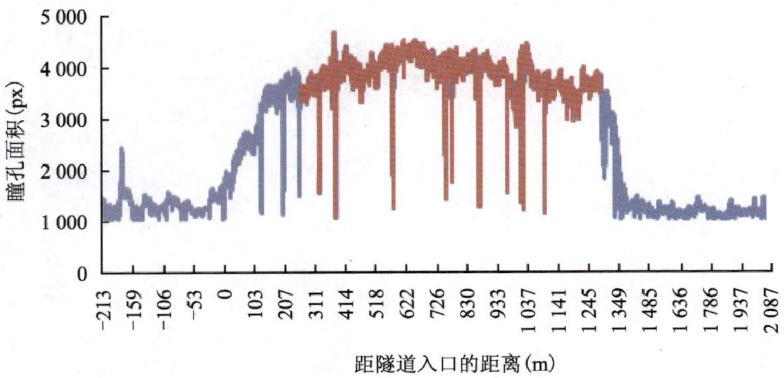

图 4.5 中间段亮度为 2.4cd/m^2 时驾驶员瞳孔面积

4.1.2 光环境驾驶视认需求特性

通过对驾驶员在隧道中间段的视认特性和行为特性的分析可知,除道路、交通条件外,隧道中间段光环境特性也是影响驾驶员视认和行为特性的主要因素。光环境的色温、显色性、路面亮度及均匀性等是保证驾驶员在一定运行速度和交通量条件下安全视认前方道路交通条件的重要特性。

1)路面亮度

亮度是指在给定方向的每单位投影面积的表面发光强度,也称光源在某一方向立体角内所发出来的光通量。从对驾驶员在隧道中间段的注视特性分析可知,驾驶员在中间段行驶过程中注视点多集中在路面,隧道中间段路面主要接受照明灯具投射和隧道壁反射到路面的光强,通过反射的方式投入驾驶员的眼睛,从而使驾驶员可以感知路面信息,即路面亮度是驾驶员对路面反射至驾驶员眼睛里的光强的实际感受。如表 4.1 所示,通过对同一种光源不同亮度水平下驾驶员静态视认试验结果分析发现:隧道中间段路面亮度不同,驾驶员对隧道中间段视觉感受不同,对目标物视认能力也存在差异。因此路面亮度是表征隧道中间段光环境视认有效性的重要指标。

不同亮度水平下驾驶员视认结果　　表 4.1

色温:5 700K;显色指数:70								
亮度(cd/m^2)	5	4.5	4	3.5	3	2.5	2	1.5
平均发现帧数	9.60	9.60	11.10	13.00	13.38	12.63	13.50	17.57
发现次数	10	10	10	8	8	8	8	7
发现比例(%)	100	100	100	100	100	100	100	87.50

2)色温与显色性

不同色温的光源所散发出的不同光色会使驾驶员的视觉感受不同,同时不同色温的光线在空气中的穿透能力不同,都会影响驾驶员的视认。不同显色性条件下对颜色的还原程度不同,也影响着驾驶员的视认。

通过不同色温、显色指数条件下的静态目标物视认试验,发现驾驶员对目标物的认识达到同样视认水平时所需求的最低亮度不同,如表 4.2 所示,视认能力存在差异。因此,色温和显色指数是表征隧道光源特性的重要特性。

不同色温和显色指数条件下满足驾驶员静态视认所需亮度阈值　　表 4.2

光源类型	静态亮度阈值(cd/m^2)			
	75m	110m	160m	210m
6 500K,70	0.58	0.72	1.22	1.77
4 000K,80	0.59	0.75	1.23	1.95
5 000K,90	0.79	0.98	1.50	2.29
5 700K,70	0.82	1.27	1.63	2.56
3 000K,80	0.88	1.33	1.66	3.09
6 500K,80	0.89	1.40	1.87	3.10
3 000K,90	0.91	1.40	1.98	3.48
5 000K,80	0.92	1.67	2.32	3.52
3 000K,70	1.30	1.99	2.54	3.54
5 700K,90	1.30	2.18	2.75	3.56
5 000K,70	1.50	2.18	2.76	3.72
6 500K,90	1.53	2.18	3.13	4.18
5 700K,80	1.67	2.18	3.58	4.64
4 000K,70	1.72	2.43	3.91	4.84

3)路面亮度均匀性

隧道中间段布灯间距较大,路面亮度低,不能像入口段一样能保证具有较良好的均匀性。中间段灯具设置、安装不当将会在中间段路面上的某些区域产生较低亮度的暗带,造成前方路面上的亮带和暗带反复出现，即所谓的“斑马效应”，导致驾驶员行驶过程中对部分区域视认不清。这种不均匀的路面亮度还会对驾驶员的生理、心理造成不良影响，使其感到烦躁，危及行车安全。因此，隧道中间段区域内路面的均匀性也是表征隧道中间段光环境特性的重要特性。

4.2 隧道中间段照明质量评价指标

隧道中间段光源特性评价指标分别如下所述。

1)路面亮度

驾驶员驾驶车辆行驶的过程中，眼睛直接感受到的是路面的亮度而不是照度，路面照度不能说明视觉感知的强烈度，只有当路面亮度达到一定值以后，才能保证驾驶员可以看清路面上的障碍物，且随着路面亮度的增加，路面上的障碍物越容易被识别。目前 CIE 和世界上多数国家都是以亮度为依据制定隧道照明标准，因此采用路面亮度作为隧道中间段光源特性评价指标之一。

2)光色

由不同色温、显色指数光源条件的静态视认试验结果可见，不同色温、显色指数的光源照明环境下，驾驶员的视觉认知效果不同。在中间视觉条件下的照明光环境中，视觉反应时间与光源光谱组成有关，含有较多蓝、绿色光的辐射光谱视觉反应时间最短。不同色温光源的光线呈现不同的颜色，给驾驶员带来不同的视觉感受，影响驾驶员对前方车辆或障碍物的视认。在不同显色性的光源下，物体颜色的真实反映程度不同，驾驶员对障碍物的判断也不同，因此，采用色温和显色指数来表征隧道中间段光源光色特性指标。

3)亮度均匀系数

在《公路隧道照明设计细则》(JTG/T D70/2-01—2014)中对隧道中间段路面均匀度采用总均匀度 U_0 和纵向均匀度 U_1 两个指标。采用《公路隧道照明设计细则》(JTG/T D70/2-01—2014)推荐的照度测试方法——数值计算方法(CIE 法)进行照度测量，发现路面总均匀度 U_0 和纵向均匀度 U_1 有着明显相关性，如图 4.6 所示，路面总均匀度 U_0 和纵向均匀度 U_1 相关性系数达到 0.952，相关性很好。研究提出用路面亮度均匀系数 U 来表征隧道路面亮度的均匀性，计算式如式(4.1)所示。采用均匀系数 U 作为表征中间段路面亮度整体离散程度的评价指标，可以保证中间段路面具有良好的察觉率和视觉上的舒适性，从而保证中间段的行车安全。

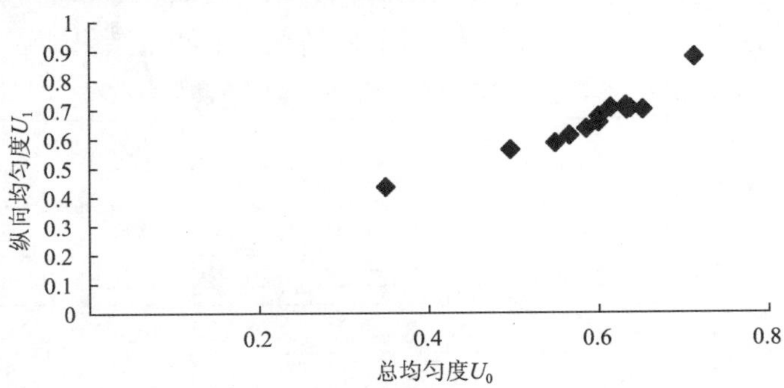

图 4.6 总均匀度 U_0 与纵向均匀度 U_1 散点图

$$U=\frac{\sigma}{E_{av}-E_{min}} \tag{4.1}$$

式中：U——均匀系数；

σ——路面所有测点的照度均方差；

E_{av}——路面平均照度；

E_{min}——路面最低照度。

4）视认距离

视认距离是指透过空气能清楚辨认指定物体的距离，反映人眼辨认物体存在或形状的能力。驾驶员在隧道中间段行驶的照明条件与隧道外自然光有较大的区别。在中间段车辆排出的烟气无法及时消散时，经过汽车前车灯的照射，光线会被烟气吸收形成光散射现象，这些散射的光在烟气中形成光幕，会使前方障碍物及其背景（路面、墙面）亮度对比减小，驾驶员识别障碍物的能力下降，缩短驾驶员的视认距离。

CIE 在《隧道和地下通道照明指南》中也建议通过判定受测驾驶员是否能在大于或等于一个安全停车视距处发现目标障碍物，作为判定隧道安全照明的依据。

4.3 隧道中间段照明标准

4.3.1 亮度均匀度标准

为通过视认试验找到隧道中间段路面亮度均匀度阈值，保证驾驶员能有效视认中间段路面上各个区域里路面上的障碍物，避免“斑马效应”的干扰，笔者选取显色指数 70，光效 90lm/W，功率 160W，色温 3 000～6 500K 的光源灯具；随机抽取 12 名驾驶员在隧道中间段不同光环境特性条件下，对一个安全停车视距处的灰色目标物进行视认，得到不同光源特性条件下不出现暗斑和斑马效应时的中间段均匀度阈值。

1）试验数据分析

试验中每位驾驶员在 13 种不同色温条件下进行视认。通过调节灯具间距的方式营造不同亮度均匀度环境，每种色温条件下，调节均匀度水平至少 4 次。试验结果选取“驾驶员感受有一点明暗相间，但感觉不明显”作为临界阈值指标。

采用《公路隧道照明设计细则》（JTG/T D70/2-01—2014）推荐的照度测试方法——数值计算方法（CIE 法）进行现场照度测量。得到不同色温条件下，被试驾驶员恰好能够发现目标物且没有暗斑感受的路面照度，其中在色温 5 787K 情况下的测量结果如表 4.3 所示。

LED 灯具色温 5 787K 时临界视认照度测值（lx） 表 4.3

横向位置 \ 纵向位置	0m	0.9m	1.8m	2.7m	3.6m	4.5m	5.4m	6.3m	7.2m
0m（车道边缘线）	30.8	29.5	26.5	22.8	19.3	16.9	14.5	13.4	13.1
0.9m	29.1	28.2	26.9	24.9	22.4	20.2	18.6	17.0	16.5
1.8m（车道中心线）	22.2	21.7	20.8	20.1	19.7	18.5	19.0	17.8	17.3
2.7m	15.9	15.9	16.0	15.8	15.9	15.7	16.1	16.1	15.7
3.6m（车道分界线）	11.6	12.1	12.1	12.0	12.0	11.9	12.3	12.2	12.1

续上表

横向位置 \ 纵向位置	8.1m	9.0m	9.9m	10.8m	11.7m	12.6m	13.5m	14.4m	
0m(车道边缘线)	13.6	14.8	17.4	20.0	23.3	26.4	28.4	30.0	
0.9m	16.8	18.6	20.6	23.1	25.2	27.4	29.3	29.2	
1.8m(车道中心线)	17.2	18.0	19.5	19.6	20.1	21.2	22.7	22.7	
2.7m	15.4	14.9	14.9	15.0	15.4	15.9	16.9	16.6	
3.6m(车道分界线)	11.9	11.6	11.7	11.6	11.7	11.7	11.9	11.5	

通过测量,得到不同色温条件下,被试驾驶员恰好能够发现目标物且没有暗斑感受时路面亮度均匀度指标阈值,如表 4.4 所示。

视认且没有暗斑的临界均匀系数值 表 4.4

色 温 (K)	均匀系数 $U=\frac{\sigma}{E_{av}-E_{min}}$
3 131	0.598
3 252	0.601
3 542	0.617
3 858	0.688
3 951	0.697
4 070	0.745
4 285	0.759
4 498	0.712
4 778	0.747
5 190	0.754
5 212	0.745
5 471	0.759
5 787	0.782

2)驾驶员视认需求特性分析

对色温与亮度均匀度 U 的关系进行定性和定量的分析。从图 4.7 中亮度均匀度变化趋势可见,色温与临界亮度均匀度 U 呈明显正相关关系,随着色温的提高,临界亮度均匀度 U 逐渐增大。说明减小路面亮度的离散程度,才能使路面不出现暗斑,满足驾驶员视认。

对色温与亮度均匀度 U 进行相关分析,结果见表 4.5,色温与亮度均匀度 U 的相关性系数达到 0.863。即随着色温的增加,光的颜色由黄光向白光过渡,白光与路面对比强烈,容易产生斑马效应问题。因此,在隧道中间段,色温越高,路面亮度整体离散性越高,满足视认且没有暗斑的路面亮度均匀度要求越高。

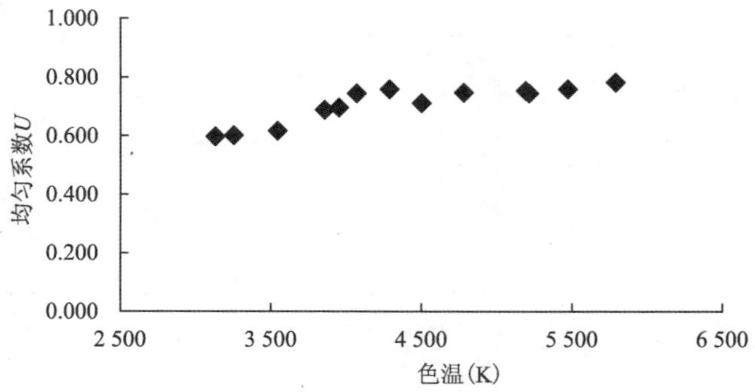

图 4.7　色温与均匀系数 U 关系散点

色温与亮度均匀度 U 相关性　　表 4.5

模型		色温	亮度均匀度
色温	Pearson 相关性	1	0.863
	显著性(双侧)		0.000
	N	13	13
亮度均匀度	Pearson 相关性	0.863	1
	显著性(双侧)	0.000	—
	N	13	13

3)模型建立

根据表 4.5 可见,满足视认且没有暗斑的亮度均匀度与色温呈负相关关系,选取多种模型分别对色温与亮度均匀度 U 进行相关性分析,如表 4.6 所示。

模型汇总与比较　　表 4.6

方程	模型汇总				
	R^2	F	自由度 1	自由度 2	Sig
线性	0.767	36.148	1	11	0.000
对数	0.816	48.716	1	11	0.000
倒数	0.855	64.721	1	11	0.000
二次	0.886	38.934	2	10	0.000
三次	0.886	38.934	2	10	0.000
复合	0.755	33.964	1	11	0.000
幂	0.808	46.285	1	11	0.000
S	0.851	62.743	1	11	0.000
增长	0.755	33.964	1	11	0.000
指数	0.755	33.964	1	11	0.000
Logistic	0.755	33.964	1	11	0.000

注:自变量为色温,因变量为均匀系数。

比较模型的R^2值，二次型模型和三次型模型，$R^2=0.886$最大，倒数模型次之。方差分析的F值概率均小于0.001，倒数模型的$F=64.721$，$F_{0.05}(1,11)=4.84$，$F>F_{0.05}$，为最大，对数模型次之。

综合考虑模型的R^2值和F值，选取倒数分布对色温与亮度均匀度U之间关系进行模型拟合，结果如下：

$$U = 1.005 - \frac{1\,258}{T_{cp}} \tag{4.2}$$

式中：U——亮度均匀度；

T_{cp}——色温(K)。

模型适用范围：$T\in[3\,000\text{K},6\,500\text{K}]$。

4)模型的检验

对模型进行相关性、F检验，检验结果如表4.7所示，模型$R^2=0.855$，说明两个模型拟合效果很好。对模型进行F检验，$F=64.721$，$F_{0.05}(1,11)=4.84$，$F>F_{0.05}$，说明模型具有显著的统计学意义。其Sig值均小于临界值，因此否定原假设H_0，样本平均数差异显著，所选的回归模型成立。

色温与均匀系数U模型检验 表4.7

方程	模型汇总				
	R^2	F	自由度1	自由度2	Sig
倒数	0.855	64.721	1	11	0.000

5)中间段亮度均匀度阈值

将现有隧道LED灯具常用的色温代入式(4.2)，得到满足驾驶员安全视认且消除暗斑、斑马效应的均匀系数阈值，如表4.8所示。

中间段路面均匀系数阈值 表4.8

色温 (K)	均匀系数U
3 000	0.586
4 000	0.691
5 000	0.753
5 700	0.784
6 500	0.811

4.3.2 亮度标准

1)静态试验

试验采用不同光源特性灯具营造隧道中间段照明光环境，调整被试驾驶员和目标物处LED光源色温、显色指数、亮度参数等指标营造隧道基本段不同光环境。采用12名被试驾驶员，分别在不同照明光环境下分析研究驾驶员视认目标物的亮度视认需求特性，寻找建立亮度与光源色温、显色指数间的相关关系，研究隧道不同光环境下满足驾驶员在一个安全停车视距静态视认需求的亮度合理阈值，并根据视认结果对视认光源进行综合优化排序。

通过试验我们发现，在车辆行驶过程中，当驾驶员发现前方路面上有障碍物，就会进行判断是否需要采取紧急制动，减速或避让等驾驶避让措施。在静态情况下，中间段试验环境更为理想，我们采用"一般清楚"作为驾驶视认标准，即在调查表中采用"一眼发现，轮廓较清楚"。通过对比分析驾驶员在试验所营造的中间段不同光环境特性下对灰色小目标视认能力差异，得到不同光环境下满足驾驶员静态视认需求的亮度阈值，并对多种光源进行综合优化排序，如表 4.9 所示。

不同照明光环境下静态视认亮度阈值　　表 4.9

光源类型	静态亮度阈值(cd/m^2)			
	75m	110m	160m	210m
6 500K，70	0.58	0.72	1.22	1.77
4 000K，80	0.59	0.75	1.23	1.95
5 000K，90	0.79	0.98	1.50	2.29
5 700K，70	0.82	1.27	1.63	2.56
3 000K，80	0.88	1.33	1.66	3.09
6 500K，80	0.89	1.40	1.87	3.10
3 000K，90	0.91	1.40	1.98	3.48
5 000K，80	0.92	1.67	2.32	3.52
3 000K，70	1.30	1.99	2.54	3.54
5 700K，90	1.30	2.18	2.75	3.56
5 000K，70	1.50	2.18	2.76	3.72
6 500K，90	1.53	2.18	3.13	4.18
5 700K，80	1.67	2.18	3.58	4.64
4 000K，70	1.72	2.43	3.91	4.84

2)动态试验

笔者在高速公路隧道现场自由流、天气状况良好条件下，进行驾驶员的动态驾驶视认试验，在隧道中间段不同光源营造的隧道照明光环境均匀条件下分别测试 6 名驾驶员以不同运行速度(60km/h、80km/h、100km/h)行驶时能够看清前方目标物的视认距离，研究不同光环境特性下满足驾驶员安全视认需求的隧道中间段亮度阈值。

(1)试验数据

通过现场动态实车试验，采集驾驶员在不同亮度条件下以不同运行速度驶入隧道时发现目标物的视认距离，结合调查量表及问卷结果对采集数据进行统计、整理、分析，剔除非隧道照明光环境影响驾驶员正常视认及驾驶行为特性的样本量，最终得到 24 组小客车驾驶员在中间段动态视认的有效试验样本结果，如表 4.10 所示。运行速度选取驾驶员从进入中间段至发现目标物的车辆运行速度的平均值，亮度选取隧道中间段的平均亮度，视认距离为驾驶员发现目标物的地点到目标物之间的距离。

贵马隧道中间段动态视认　　表 4.10

序号	照度(lx)	亮度(cd/m²)	运行速度(km/h)	视认距离(m)
1	11.80	0.59	60.84	73.76
2	14.00	0.70	65.84	83.38
3	18.00	0.90	80.13	155.92
4	19.20	0.96	79.64	149.20
5	21.50	1.08	74.61	169.03
6	21.80	1.09	80.82	133.27
7	49.80	2.49	55.80	207.77
8	49.80	2.49	85.47	218.36
9	49.80	2.49	72.39	210.72
10	49.80	2.49	97.91	178.38
11	49.80	2.49	102.77	167.44
12	49.80	2.49	110.49	163.93
13	52.20	2.61	116.48	195.11
14	54.90	2.75	118.30	264.62
15	62.90	3.15	92.26	200.47
16	86.50	4.33	64.07	222.68
17	86.50	4.33	60.37	218.91
18	86.50	4.33	55.56	239.08
19	86.50	4.33	63.48	238.04
20	86.50	4.33	73.16	227.80
21	86.50	4.33	81.56	225.13
22	86.50	4.33	79.25	229.39
23	95.30	4.77	74.39	218.02
24	95.30	4.77	90.69	208.36

注：路面平均照度换算系数取 20lx/cd・m^{-2}。

①亮度与视认距离关系。亮度与视认距离关系散点图如图 4.8 所示，从图中可见，驾驶员对灰色目标物的视认距离与亮度呈明显正相关关系，即随着亮度的提高，驾驶员对目标物的视认距离逐渐增大。

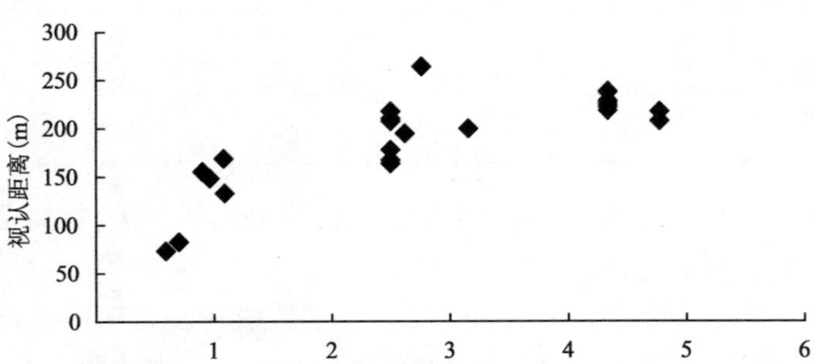

图 4.8　亮度与视认距离散点图

②运行速度与视认距离关系。车辆运行速度与视认距离关系散点图如图 4.9 所示，由于隧道环境单调，驾驶员对周围景物的感知能力下降，导致每位被试驾驶员对目标物的视认距离与车辆运行速度的相关性较差。随着车辆运行速度的增加，驾驶员对灰色目标物的视认距离没有呈现出相应规律。

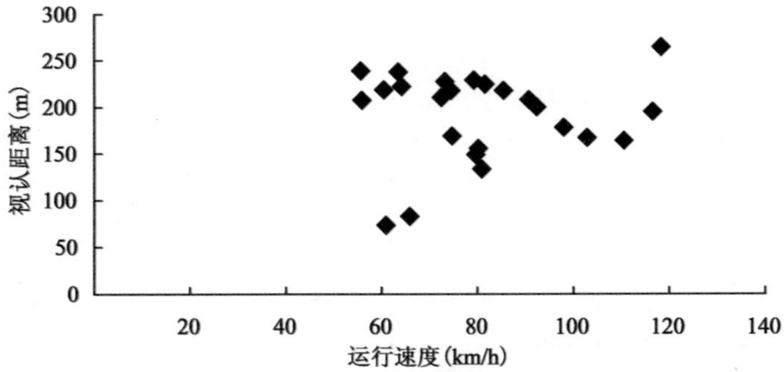

图 4.9　运行速度与视认距离散点图

(2)模型建立

①偏相关分析。由于运行速度与亮度两个变量可能共同对视认距离产生作用，简单的相关系数不能真实反映两个变量间的相关程度，进一步通过偏相关分析研究运行速度与亮度可能对视认距离造成的影响，分析结果如表 4.11、表 4.12 所示。

亮度与视认距离相关性　　表 4.11

控制变量	亮度	相关性	1.000	0.818
		显著性(双侧)	—	0.000
		自由度	0	21
	视认距离	相关性	0.818	1.000
		显著性(双侧)	0.000	—
		自由度	21	0

运行速度与视认距离相关性　　表 4.12

控制变量	视认距离	相关性	1.000	0.272
		显著性(双侧)	—	0.210
		自由度	0	21
	运行速度	相关性	0.272	1.000
		显著性(双侧)	0.210	—
		自由度	21	0

从表 4.11、表 4.12 中可以看出，驾驶视认距离与亮度密切相关，相关系数为 0.818。视认距离与运行速度无明显相关性。

②模型的建立。从图 4.8、图 4.9 中可以看出，隧道中间段光环境下，驾驶员对灰色目标物的视认距离与亮度成正相关关系，与运行速度相关性差。对视认距离与亮度进行多种双因素模型的相关性分析，得到的结果比较如表 4.13 所示。

模型汇总与比较　　表 4.13

方程	模型汇总				
	R^2	F	自由度1	自由度2	Sig
线性	0.646	40.156	1	22	0.000
对数	0.767	72.622	1	22	0.000
倒数	0.808	92.395	1	22	0.000
二次	0.772	35.628	2	21	0.000
三次	0.776	23.039	3	20	0.000
复合	0.593	32.097	1	22	0.000
幂	0.749	65.701	1	22	0.000
S	0.848	122.463	1	22	0.000
增长	0.593	32.097	1	22	0.000
指数	0.593	32.097	1	22	0.000
Logistic	0.593	32.097	1	22	0.000

注:自变量为亮度,因变量为视认距离。

从模型的 R^2 值分析,S 形模型 $R^2=0.848$ 最大,倒数模型次之。

方差分析的 F 值概率均小于 0.001,S 形模型的 $F=122.463$,$F_{0.05}(1,22)=4.3$,$F>F_{0.05}$ 为最大,倒数模型次之。

综合考虑模型的 R^2 值和 F 值,最终确定亮度与视认距离之间关系更符合 S 形分布(图 4.10),拟合模型如下:

$$D = e^{\left(5.575-\frac{0.683}{L}\right)} \tag{4.3}$$

式中:D——驾驶员在中间段的视认距离(m);

L——亮度(cd/m²)。

模型适用范围:

$L\in[0.6\text{cd/m}^2, 4.8\text{cd/m}^2]$。

$v\in[60\text{km/h}, 120\text{km/h}]$。

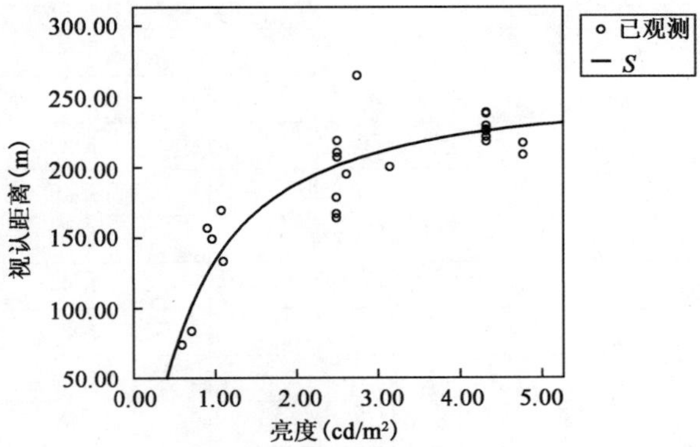

图 4.10　视认距离与亮度关系曲线

(3)中间段亮度需求阈值

由于驾驶员在不同运行速度条件下对安全停车视距的需求不同,因此在隧道中间段满足驾驶员驾驶视认需求的亮度不同,将不同设计速度条件下的安全停车视距 D 代入式(4.3),中间段光源为(5 700K,70)时在不同设计速度条件下能够满足安全驾驶视认的亮度阈值,如表 4.14 所示。

中间段亮度阈值　　表 4.14

车速(km/h)	60	80	100	120
停车视距(m)	75	110	160	210
亮度(cd/m^2)	0.54	0.8	1.4	3.0
规范规定亮度(cd/m^2)	1.0	1.5	3.0	4.5

(4)不同光环境亮度安全阈值

根据静态试验分析结果可知,不同光色环境条件下,驾驶员视认灰色目标物的视认能力不同,存在一定的差异。根据不同光色环境下驾驶员静态视认能力的差异及光源在(5 700K,70)时驾驶员动态视认条件下亮度需求阈值,对其相关性进行分析,如表 4.15 所示,得到静态亮度阈值和动态亮度阈值的相关系数达到 0.985,具有显著相关性。

静态亮度阈值与动态亮度阈值相关性　　表 4.15

静态亮度阈值	Pearson 相关性	1	0.985
	显著性(双侧)		0.015
	N	4	4
动态亮度阈值	Pearson 相关性	0.985	1
	显著性(双侧)	0.015	
	N	4	4

根据静态亮度阈值和动态亮度阈值具有显著相关性特征,将通过静态各光源亮度视认需求阈值与动态光源(5 700K,70)视认的亮度需求阈值进行相关系数换算,修正得到不同光色环境条件下满足驾驶员动态视认的亮度阈值,如表 4.16 所示。

各光源类型不同速度下动态视认亮度阈值　　表 4.16

光源类型	动态亮度阈值(cd/m^2)			
	60km/h	80km/h	100km/h	120km/h
6 500K,70	0.38	0.45	0.97	1.72
4 000K,80	0.39	0.47	0.97	1.90
5 000K,90	0.52	0.62	1.29	2.23
5 700K,70	0.54	0.80	1.40	3.00
3 000K,80	0.58	0.84	1.43	3.01
6 500K,80	0.59	0.88	1.60	3.01
3 000K,90	0.60	0.88	1.70	3.39
5 000K,80	0.61	1.05	1.99	3.42
3 000K,70	0.85	1.26	2.18	3.44
5 700K,90	0.86	1.37	2.36	3.46
5 000K,70	0.99	1.37	2.37	3.61

续上表

光源类型	动态亮度阈值(cd/m²)			
	60km/h	80km/h	100km/h	120km/h
6 500K,90	1.01	1.38	2.69	4.07
5 700K,80	1.10	1.38	3.08	4.51
4 000K,70	1.13	1.53	3.36	4.70

(5)不同交通量下亮度安全视认阈值

根据表 3.32 不同交通量换算系数,得出中间段亮度安全视认标准,如表 4.17 所示。

不同交通量情况下中间段亮度标准 表 4.17

交通量	光源类型	中间段亮度(cd/m²)			
		60km/h	80km/h	100km/h	120km/h
单向交通 $N \leqslant 350$veh/(h·ln) 双向交通 $N \leqslant 180$veh/(h·ln)	6 500K,70	0.38	0.45	0.97	1.72
	4 000K,80	0.39	0.47	0.97	1.9
	5 000K,90	0.52	0.62	1.29	2.23
	5 700K,70	0.54	0.8	1.4	3
	3 000K,80	0.58	0.84	1.43	3.01
	6 500K,80	0.59	0.88	1.6	3.01
	3 000K,90	0.6	0.88	1.7	3.39
	5 000K,80	0.61	1.05	1.99	3.42
	3 000K,70	0.85	1.26	2.18	3.44
	5 700K,90	0.86	1.37	2.36	3.46
	5 000K,70	0.99	1.37	2.37	3.61
	6 500K,90	1.01	1.38	2.69	4.07
	5 700K,80	1.1	1.38	3.08	4.51
	4 000K,70	1.13	1.53	3.36	4.7
单向交通 $N \geqslant 1\,200$veh/(h·ln) 双向交通 $N \geqslant 650$veh/(h·ln)	6 500K,70	0.76	1.05	2.10	3.82
	4 000K,80	0.78	1.10	2.10	4.22
	5 000K,90	1.04	1.45	2.80	4.96
	5 700K,70	1.08	1.87	3.03	6.67
	3 000K,80	1.16	1.96	3.10	6.69
	6 500K,80	1.18	2.05	3.47	6.69
	3 000K,90	1.2	2.05	3.68	7.53
	5 000K,80	1.22	2.45	4.31	7.60
	3 000K,70	1.7	2.94	4.72	7.64
	5 700K,90	1.72	3.20	5.11	7.69
	5 000K,70	1.98	3.20	5.14	8.02
	6 500K,90	2.02	3.22	5.83	9.04
	5 700K,80	2.2	3.22	6.67	10.02
	4 000K,70	2.26	3.57	7.28	10.44

注:当交通量在其中间值时,按内插考虑。

4.4 隧道中间段照明设计

4.4.1 光源与灯具选择

驾驶员在自然光色条件下行驶时眼睛较为舒适，所以，在选择隧道光源时，应采取尽可能接近自然光光色的光源，以更好地满足驾驶员的视觉需求。

在选择中间段光源灯具时，应注意与入口加强照明光源大致相同，由于中间段灯具间距较大，为满足中间段的均匀度要求，照明灯具的水平投射角(即路面的纵向照明)应≥131°，垂直投射角(即路面横向照明)应≥91°，这样不管灯距是9m还是12m，均能满足路面亮度均匀度需求，不产生明显斑马效应，墙面照度应不低于路面60%。隧道照明采用中线或中线侧偏布置形式时，基本照明宜选择逆光型灯具；隧道照明采用两侧交错或两侧对称布置形式时，宜采用宽光带对称型照明灯具。

4.4.2 光源配置设计方法

1)布灯间距设计原则

中间段的灯具布置间距较出入口段宽，如果灯具布置配光不连续，当车辆以一定的速度在隧道中行驶时，驾驶员就会产生频闪效应，易造成驾驶员视觉疲劳。如果用每秒亮灭的次数来表示驾驶员眼睛能够分清频闪的界限，这个界限就是频闪临界值。通常随着亮度的增加，频闪临界值相应提高。可以被人眼感知的光源频闪，可以通过统计学的方法来测得人眼对光源频闪的感觉特性。图4.11是人眼对不同频率的电压波动引起的视觉敏感系数曲线。闪烁频率低于2.5Hz或高于15Hz的频闪频率范围内，人的视觉敏感系数较小，都是可以忽略的；当闪烁频率为4～11Hz，并且持续时间超过20s以上时，会造成驾驶员不适。

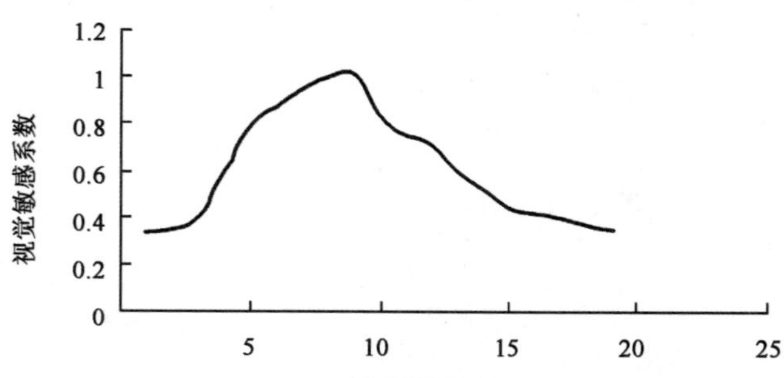

图4.11 视觉敏感系数曲线

当隧道内设计速度行车时间超过20s时，照明灯具布置间距应满足闪烁频率低于2.5Hz或高于15Hz。宜使闪烁频率分布在4～11Hz以外。为防止频闪效应的产生，避免驾驶员不适。根据式(4.4)和频闪频率范围，可计算得出合理的布灯间距，基本照明灯具的布置间距不宜在表 4.18 所列的取值范围内。

$$F = \frac{S}{v} \tag{4.4}$$

其中：F——频闪频率；

v——照明设计车速(km/h)；

S——灯具安装间距(m)。

易产生频闪效应的灯具间距范围　　表 4.18

照明设计车速 v_t(km/h)	120	100	80	60	40
灯具安装间距(m)	3.03～8.33	2.53～6.94	2.02～5.56	1.52～4.17	1.01～2.78

2)曲线段设计原则

当中间段位于曲线时，照明灯具的布置宜符合下列要求。

①平曲线半径不小于 850m 的曲线段，照明灯具可参照直线段布置。

②平曲线半径小于 850m 的曲线段，当采用两侧布灯方式时，宜采用对称布置；当采用中线侧偏布灯方式时，照明灯具应沿曲线外侧布置，间距宜为直线段照明灯具间距的 0.5～0.7 倍，半径越小间距应越小，如图 4.12 所示。

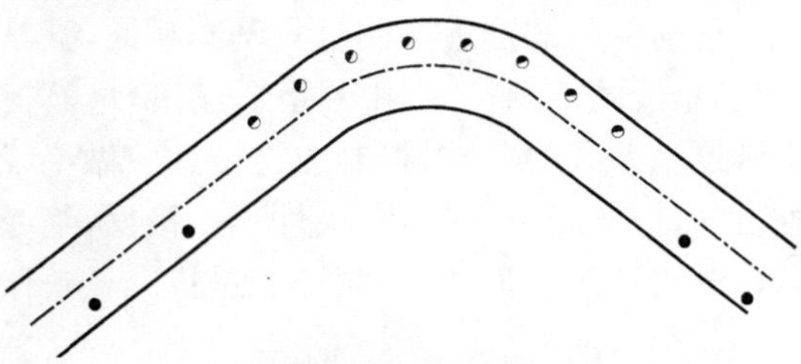

a)右侧偏单光带灯具布置

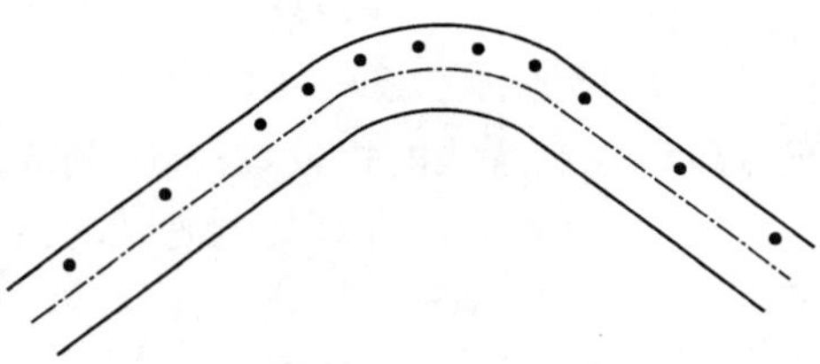

b)左侧偏单光带灯具布置

图 4.12　曲线段侧偏单光带灯具布置

③在反向曲线段上，宜在固定的一侧设置灯具；若有视线障碍，宜在曲线外侧增设灯具，如图 4.13 所示。

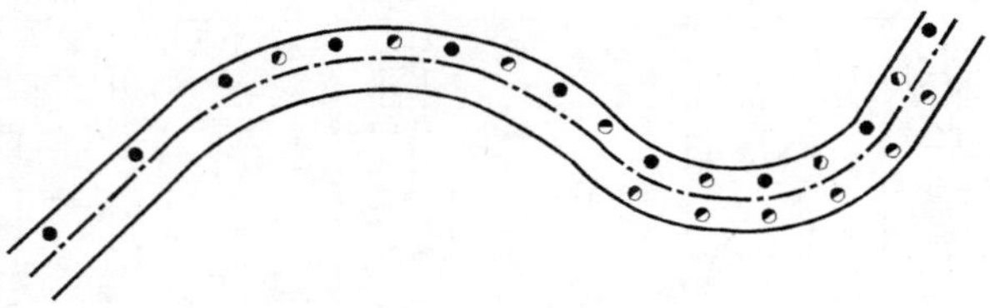

图 4.13　反向曲线段上的灯具布置

4.4.3　灯具的安装与调试

1)灯具的安装

中间段由于灯具布置间距较宽，容易形成暗斑及斑马效应，为满足均匀度要求，LED 灯具的水平投射角(即路面的纵向照明)要求不小于131°,如图4.14所示。两光源之间光线的相互叠加,均匀度可以得到充分保障,同时还要保证光源的横向投射需满足隧道两侧墙面2m高范围内的平均亮度不低于路面平均亮度的60%,LED灯具的安装角度如图3.35所示,安装的纵向偏差不大于30mm,横向偏差不大于20mm,高度偏差不大于10mm。

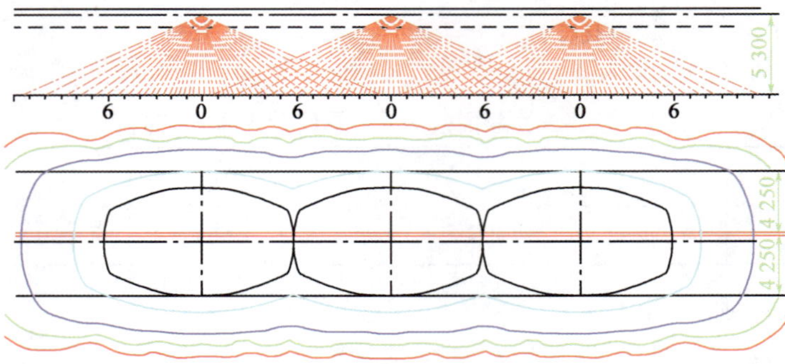

图4.14 灯具安装纵向示意图

LED灯具及附属设施安装应牢固可靠、位置正确、整齐美观,灯具轮廓线形与隧道在横向、纵向、高度方面应协调一致。LED灯具应发光均匀,从行车方向看去无刺眼的眩光。LED照明灯具安装支架结构尺寸、预埋件、安装方位、安装间距等均应符合设计要求。

调光照明系统中LED隧道照明灯具的安装要求与传统的隧道照明灯具基本相同,其具体接线如图4.15所示。图4.15中灯具控制线与控制总线的连接应采用T字形连接,灯具控制线正端应接控制总线的正端,灯具控制线负端应接控制总线的负端,控制线连接处应做绝缘处理。接线完成后,应检查灯具电源线的接线是否正确,控制线不得接错,极性不得接反,绝缘措施可靠,不能与其他导体短路。任何的错接均会导致错接灯具失控,控制线短路将会导致该控制总线所控灯具失控,无法调光。

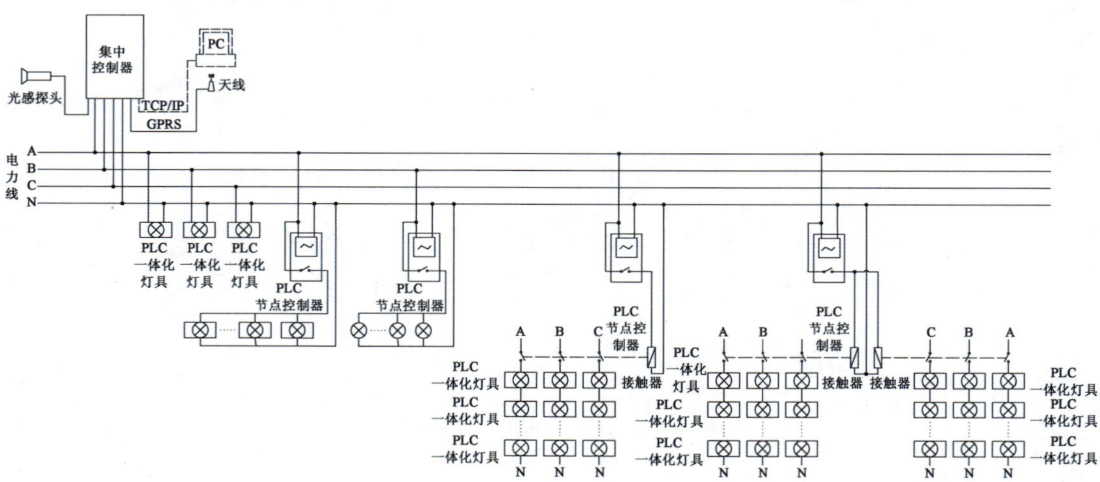

图4.15 中间段基本照明连接图

2)灯具的调试

灯具安装并检查连接确认无误后,配合调光系统,将基本照明灯具功率调至100%,

测量路面亮度，此时中间段路面的平均亮度应为最大亮度。将功率分别调至 50%和 10%，测量路面亮度，不同功率下的亮度百分比曲线在图 4.16 中两条实线之间时证明灯具安装调试良好。

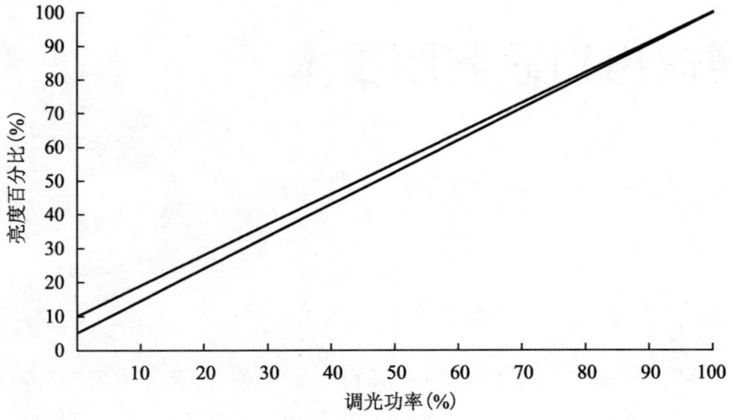

图 4.16 不同功率下的亮度百分比

第5章 隧道出口段照明技术

5.1 隧道出口段光环境

5.1.1 光环境影响因素及特征

隧道光环境应满足驾驶员视觉信息采集和行车安全舒适的需要，要确保行车安全，必须确保驾驶员发现并看清障碍物时距离障碍物的距离大于一个安全停车距离。驾驶员视认是人体生理、心理体征及投射到路面的光照特性等各种指标的综合效果，影响视认效果的因素有很多，但最终必须依靠照明光源来提高驾驶员在行车过程中视认的可靠性和视觉舒适性，从而保证行车安全。驾驶员视认的可靠性和视觉舒适性与隧道可见度条件有关，而隧道的可见度又与光源的显色性密切相关。光环境光源的色温、显色性、光环境的路面平均亮度、均匀度、眩光等隧道照明质量各个影响因素之间存在着一定的内在关系，且对驾驶员的视认可靠性和视觉舒适性起综合影响作用。

1)白天出口段光环境影响因素及特征

(1)白天出口段光环境影响因素

①空间因素。白天驾驶员从隧道内驶向隧道外的过程中存在空间差异，隧道内部与外部最大的不同是驾驶员在行驶到隧道出口前一定距离时空间视野中的隧道洞口所占比例越来越大，如图 5.1 所示。在隧道内驾驶员会感觉行车环境比较狭窄、视野较差，但当隧道出口出现在驾驶员视野内时，驾驶员会感到行驶空间陡然明亮，视野开阔。

图 5.1　驾驶员空间视野示意图

②亮度因素。出口段的布灯亮度是提供给驾驶员视认隧道内路况信息的基础。白天隧道洞外亮度普遍会高于出口段亮度，当隧道外亮度与出口段亮度差异超过一定值时，驾驶员对隧

道外的视认就会受到影响,产生视认上的“暗明”适应,严重时甚至产生“白洞效应”。

③光色因素。驾驶员从隧道内驶出隧道的过程中,注视点会很自然地前移到隧道外,隧道内外的光色因素同样会影响驾驶员的视认。

(2)白天出口段驾驶认知和行为特性分析

①认知特性分析。白天隧道出口光环境比隧道内光环境差异变化大,驾驶员要掌握隧道出口段路况信息就需要获取足够信息进行处理、判断和决策。单位时间内驾驶员视觉接受的刺激信息量越多,驾驶员越容易出现判断失误,增大交通运行风险。当驾驶员驾驶车辆接近隧道洞口时,驾驶员会存在空间适应和时间适应两部分适应过程。

a.空间适应。白天驾驶员从隧道内部驶向隧道外的过程中存在空间变化适应。隧道是相对封闭结构,驾驶员长时间在隧道内行驶,会感到压抑,当行驶看到出口段时,驾驶员会感觉到行驶空间陡然明亮,驾驶员压抑的情绪瞬间得到释放,驾驶行为也会发生相应的改变,一旦隧道内外光环境存在不适当的差异时,驾驶员就会采取减速等措施,确保行车安全。

b.时间适应。当驾驶员驾车接近隧道出口时,驾驶员的视野内全部为隧道外的景物,路面亮度急剧增大,驾驶员通过洞口的时间很短,亮度变化却很快,驾驶员的视觉就会经历一个明适应的过程。但明适应的时间较短,驾驶员一般不会产生明显不舒适情况。

②行为特性分析。

a.运行速度特性分析。驾驶员在隧道内行驶发现隧道出口时,由于隧道内外的光环境条件差异,驾驶员将采取不同的行为来应对这一变化,而这一变化会因驾驶员行驶的隧道长度不同而不同。

a)长隧道。在长隧道内行驶了一段时间的驾驶员在驶向出口段时一般会采取加速—减速—加速的驾驶行为,当隧道外亮度与隧道内亮度差异过大时,驾驶员在驶出隧道的一瞬间会感觉到强烈的刺眼,使其采取继续降低车速的行为。图5.2为在某3km长隧道采集到的4名驾驶员在驶出隧道前后驾驶行为变化趋势。

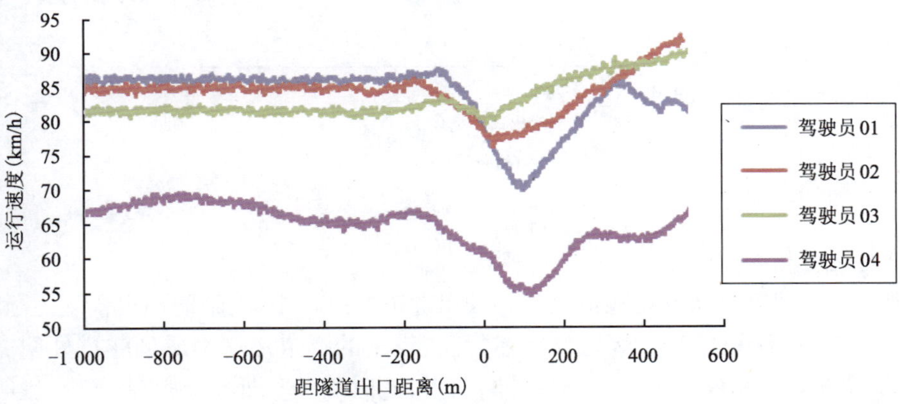

图5.2 长隧道运行速度

b)一般隧道。当隧道较短并且出入口又不能通视时,驾驶员在白天驶出隧道前会采取减速措施,待车速降低到一定值后驶出隧道。一般隧道对驾驶员的心理影响较小,虽然环境较为单调,但持续时间较短,驾驶员不会产生视觉疲劳而放松警惕。但在一般隧道内,隧道内外环境差异仍然存在，驾驶员发现隧道出口时会采取一定的减速措施适当降低车速，驶出隧道后，驾驶员视野开阔，驾驶工作负荷降低，就会逐渐提高车速至期望速度，图 5.3 为在长 0.7km 和 0.6km 隧道采集到的 4 名驾驶员出隧道前后驾驶行为变化趋势。以驾驶员 02 和 04 的行驶过程为例，隧道内出口段亮度保持 0.82～0.86cd/m^{2}波动，洞外亮度为 1 530cd/m^2，至隧道口车辆运行速度减小 3.2km/h，而当洞外亮度为 2 088cd/m^{2}时，运行速度减小 8.1km/h；可见洞内外亮度差异越大，驾驶速度受到的影响越明显，运行速度变化越大。

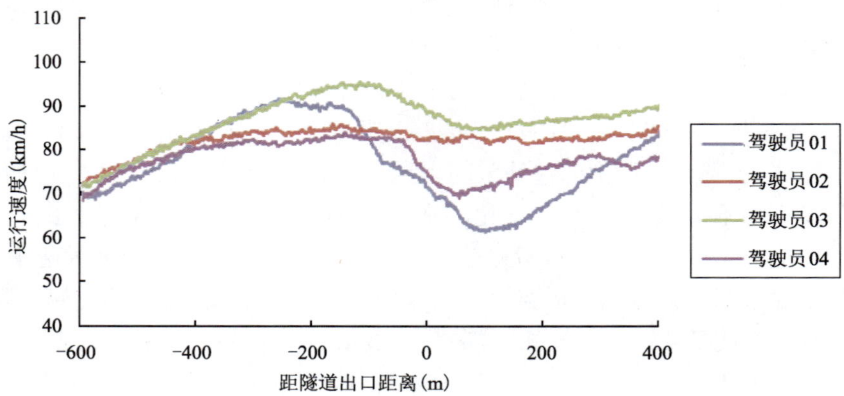

a) 0.7km隧道

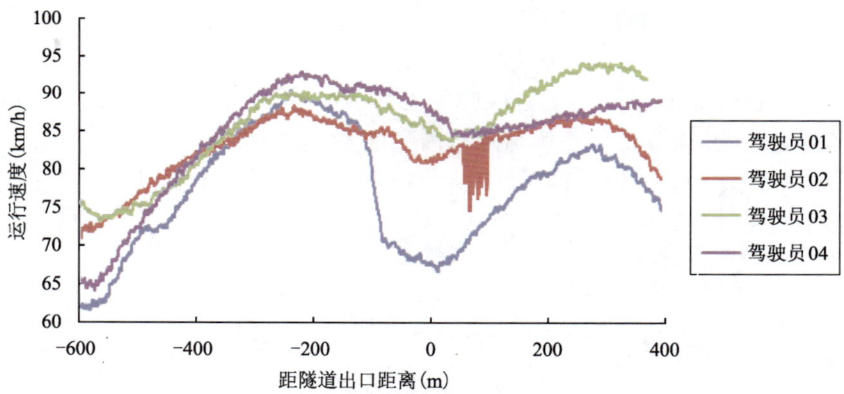

b) 0.6km隧道

图 5.3　一般隧道运行速度

b. 视认特性分析。

a)注视特性。驾驶员从发现隧道出口到驶出隧道的过程中，眼睛的扫视幅度逐渐增加，注视持续时间减少，但注视次数大幅增加。在封闭、较暗的隧道环境中看到隧道外明亮的出口时，驾驶员的注视点起初停滞在隧道洞口处断面上，此时驾驶员处于空间适应阶段，明亮的洞口将成为驾驶员驶出隧道的标志信息，激发驾驶员的驾驶情绪，兴趣点多集中在洞口区域，如图 5.4a)所示；之后注视点逐渐移动到隧道外，驾驶员处于时间适应阶段，隧道外的自然环境快速出现在驾驶员的视野中，所以其注视点向前移动至隧道外，且逐渐移至远处，如图 5.4b)所示。

b)瞳孔变化特性。驾驶员驾驶车辆驶过隧道洞口并行驶到隧道外的过程中，当隧道外亮度过升高，驾驶员产生明显的明适应过程。尤其当车辆驶出隧道的瞬间，过高的洞内外亮度差异会给驾驶员造成短暂的视觉障碍，使之无法快速准确地获取前方的道路、交通和环境信息，在驾驶员驶出隧道后仍然需要一段时间来适应隧道外过亮的自然环境。

a)　　b)

图 5.4　白天隧道出口驾驶员注视点

对驾驶员从隧道内驶出隧道过程的视觉特性进行跟踪分析发现，亮度差异不同，驾驶员瞳孔面积变化规律不同，如图 5.5 所示。驾驶员在驾驶车辆驶出隧道的过程中，起初瞳孔的缩小速度很快，然后速度逐渐降低，随着时间的推移，慢慢趋于稳定，并处于一个较小的状态；瞳孔面积变化时间远小于隧道入口段，驾驶员的瞳孔变小速度高于变大速度，但当变小到一定值时变化速度又变得很低，驾驶员的明适应时间远小于暗适应时间。当隧道内外亮度水平差异过大且驾驶员长时间处于隧道内较暗的环境下，即使明适应的时间较短，驾驶员也无法迅速地适应洞外的明亮环境，导致短时间内的视觉障碍，甚至无法发现隧道外路面上可能存在的障碍物，出现“白洞效应”或称“暗明”适应的极端情况。

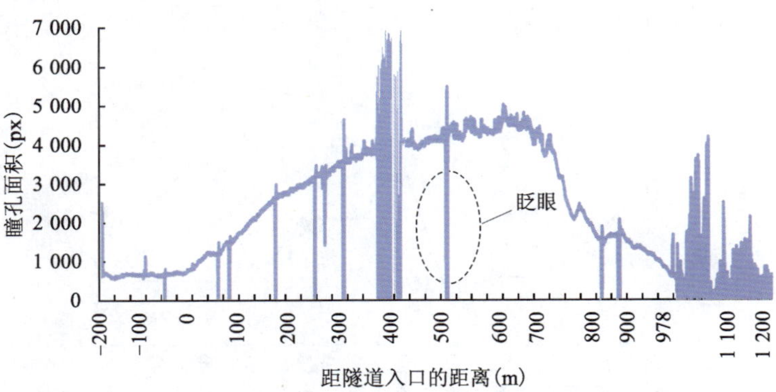

图 5.5　白天隧道瞳孔面积变化曲线

2)夜间出口段光环境影响因素及特征

(1)夜间出口段光环境影响因素

①空间因素。驾驶员在夜间从隧道内部驶向隧道外的过程中存在空间差异，隧道内虽然视野受限，但视野内路况信息较齐全，可安全判断隧道内道路线形、车辆及障碍物等。洞外暗环境的边界较明处环境窄，驾驶员对隧道外的线形、轮廓信息感知较少，会增加行驶的危险性。

②亮度因素。夜间由于高速公路非隧道路段未设置路灯，外界行车环境主要靠车辆自身前灯提供照明，而隧道内有照明光源提供照明光环境，较隧道外明亮。夜间驾驶员驾驶车辆从隧道内封闭环境驶出隧道时，若隧道内外光环境差异较大，便会导致驾驶员视觉机能减弱、视野变窄、视觉观察能力下降，无法及时准确地发现前方道路线形、车辆及障碍物等信息，影响驾驶员的行车安全。

③光色因素。夜间隧道内由照明光源提供照明光环境，隧道外光环境水平低，隧道内光源的光色在很大程度上对驾驶员的视认能力产生影响。

图 5.6 为夜间隧道出口段显色指数为 70、不同色温光源营造的光环境下驾驶员对目标物的静态视认亮度差需求。从图 5.6 中可见，在相同视认距离下，隧道出口段光源色温不同，驾驶员对满足视认的夜间出口洞内外亮度差需求不同，视认能力存在差异，而且随着色温的降低，满足视认的光环境亮度差越大。

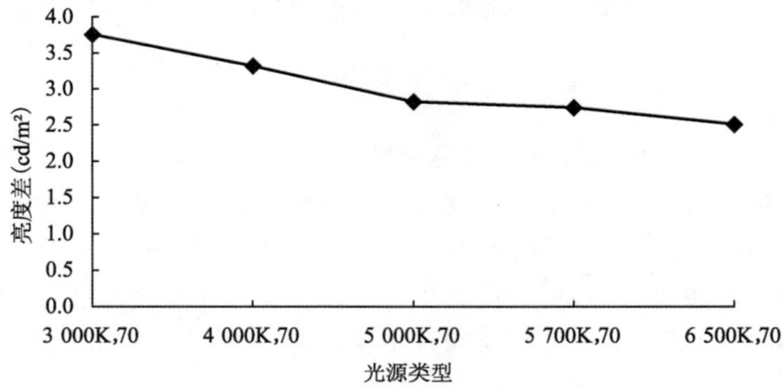

图 5.6　不同色温光源条件下驾驶视认结果

图 5.7 所示为夜间隧道出口段相同色温、不同显色指数光源下驾驶员对物体的视认结果。从图 5.7 中可见，同一色温不同显指光源下，显色指数越高，驾驶员对亮度差异的视认需求越低，越利于驾驶员视认。

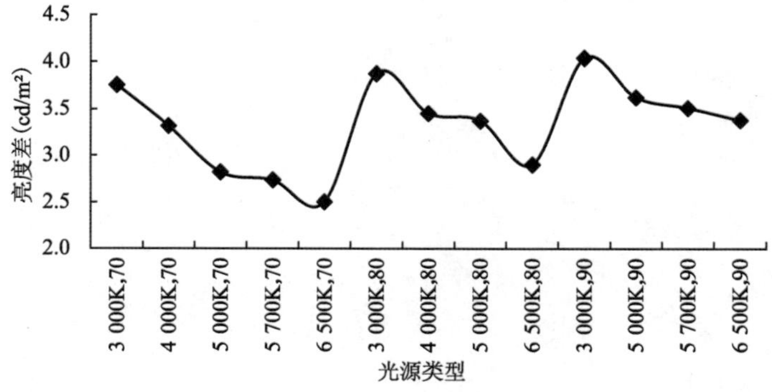

图 5.7　不同显色指数光源条件下驾驶视认结果

(2)夜间出口段驾驶认知和行为特性分析

①认知特性分析。在夜间，驾驶员的行车视认主要依靠人工照明光源，认知特性与白天有很大不同。以下主要从空间适应和时间适应两方面对驾驶员在夜间隧道出口段认知特性进行

分析。

a.空间适应。夜间驾驶员从隧道内驶出到隧道外路段首先存在空间上适应，如图5.8所示。隧道外部与内部的亮度差异会使驾驶员感觉暗处环境的边界较明处环境窄，驾驶员行驶到隧道出口前一定距离时视野和视距会受到限制，不能在安全视距范围判断隧道外道路、车辆及障碍物等条件的变化，这时驾驶员会感到紧张，从而采取减速、紧急制动等措施，以确保行车安全。

图5.8 夜间出口段驾驶员空间视野

b.时间适应。驾驶员从明亮的隧道内部驶入较暗的隧道外部时，视觉会经历一个暗适应的过程。开始是眼睛不适应，看不清周围物体，经过眼睛瞳孔放大以增加射入眼内的光能，同时由眼睛的锥体细胞起作用转变成杆体细胞起作用，以逐渐适应洞外较暗的亮度水平，能够视认周围环境。当驾驶员驾车驶出隧道出口段时，如果隧道内外亮度差异过大，由于车灯照射范围和隧道外环境亮度有限，路面上障碍物反射的亮度也急剧变弱，驾驶员没有在安全的时间内实现暗适应，障碍物不能与其背景形成明显对比，就会导致驾驶员视认能力降低，甚至造成驾驶员视认障碍，危及行车安全。

②行为特性分析。在夜间，当驾驶员从隧道内部出口段驶出隧道时，驾驶员通常会感受到隧道出口处的“黑洞效应”。驾驶员在一定运行速度下不能辨认或很困难地辨认隧道出口外的道路交通条件时，驾驶员会采取减速或紧急制动等措施，当减速度超过一定的阈限时，会影响行车的稳定性及驾驶员视认的安全舒适性；相反，驾驶员能够看清隧道出口外道路交通条件时，则会保持期望速度稳定驶出隧道。通过试验研究，我们发现在隧道内外不同照明条件下，驾驶员在夜间出口段行驶时，其驾驶行为和生理、心理特性如下。

a.运行速度特性。夜间隧道出口处与白天隧道入口处相似，都是从亮度高的路段进入亮度低的路段，存在暗适应的过程。根据试验实测驾驶员在夜间隧道路段出口处附近行驶的速度变化，分析夜间隧道出口亮度差异对车辆运行速度的影响。目前我国隧道出口段夜间亮度调光标准采用与中间段亮度相同水平，隧道出口外有设置路灯和未设置路灯两种情况。以下针对出口外设置路灯和未设置路灯两种情况进行驾驶行为特性试验数据分析。

a)隧道外设置路灯。图5.9所示为隧道出口外设置路灯的隧道路段车辆运行速度变化曲线，由于隧道出口外设置有路灯，路面亮度1.0cd/m^2，隧道出口段亮度1.5cd/m^{2}与洞外路面亮度差值相对较小，为0.5cd/m^2，这时驾驶员驾驶车辆驶出隧道时能够视认隧道出口外路面情况，暗适应行为不明显，无明显减速情况，车辆以平均 85km/h 的运行速度较平稳驶出。待驾驶员驶出隧道一定距离后，由于车灯及路灯提供的照明条件可以使其视认前方路面条件，驾驶员开始加速行驶。

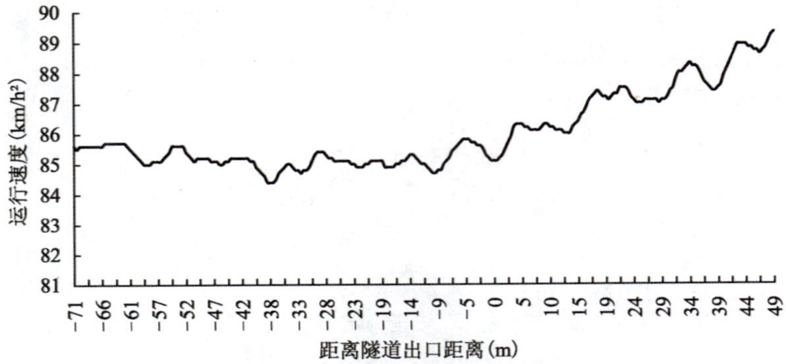

图 5.9　夜间设置路灯隧道速度曲线

b)隧道外未设置路灯。图 5.10 所示为隧道出口外未设置路灯的隧道路段车辆运行速度变化曲线，隧道外路面亮度很低，接近于 0cd/m²，隧道出口段亮度为 2.5cd/m²，驾驶员驾驶车辆在隧道出口段亮度条件下无法视认隧道出口外路面条件，“黑洞”效应明显，驾驶员产生紧张、恐惧等不良的生理、心理反应。为确保行车安全，驾驶员在隧道出口段采取了减速措施。

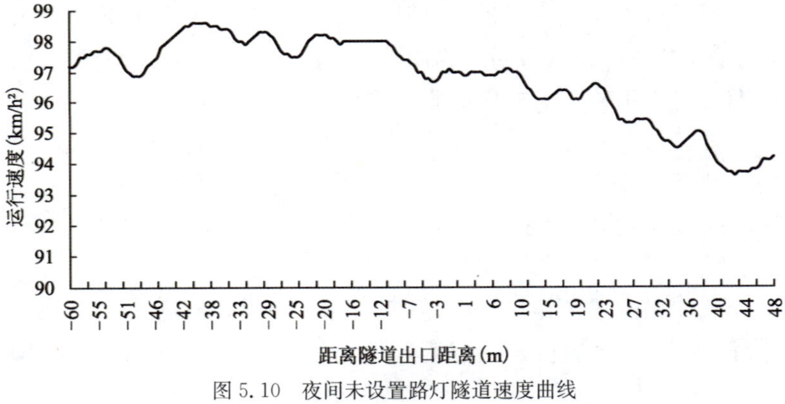

图 5.10　夜间未设置路灯隧道速度曲线

b. 视觉特性分析。

图 5.11　夜间出口段驾驶员视觉特性

a)注视特性。在夜间，驾驶员行驶接近隧道出口的过程中，驾驶员注视点是自然地前移到隧道出口外，这样的注视点特性有利于驾驶员及时了解并判断隧道出口前方情况和驾驶车辆的关系，便于以最安全的状态操纵车辆驶出隧道。但是这种注视特性却导致了驾驶员视野变窄，可能不能全面掌握隧道外道路交通状况，使驾驶员产生紧张情绪，不利于行车安全(图 5.11)。

b)瞳孔变化特性。图 5.12 所示为某驾驶员夜间驶出隧道出口段过程中瞳孔面积变化曲线，从图 5.12 中可以看出，在隧道出口段，驾驶员瞳孔面积维持在相对平稳的水平，在 2 500px 水平上下波动，伴有眨眼发生。当驾驶员行驶接近隧道出口位置时，由于隧道洞外环境亮度水平较低，洞内外存在亮度差异，为适应隧道外暗环境条件，驾驶员瞳孔面积开始明显升高，接近 4 000px；当驾驶员视觉适应了隧道外暗环境后，其瞳孔面积就维持在一个相对较高水平，以便警觉驾驶。在视觉适应过程中，洞内外亮度差异超过一定的阈值时就会使驾驶员产生视觉盲期，不利于驾驶员驾驶视认，存在行车安全隐患。

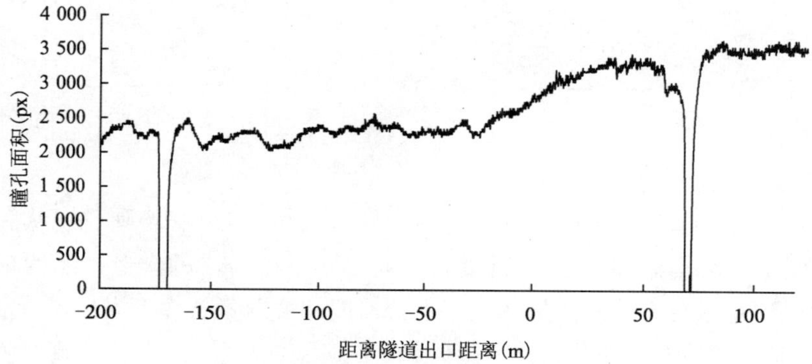

图 5.12　夜间驾驶员瞳孔面积变化曲线

3)出口段不良视认特性分析

与白天隧道外宽广、愉悦的行驶环境相比，隧道内环境单调，驾驶员长时间在这种环境下行驶会产生烦躁情绪，会使驾驶员难以清晰辨认隧道前方道路、交通环境条件，造成认知失误而出现不当的驾驶行为，带来交通安全隐患；在隧道内单调的环境中行驶较长时间后，驾驶员一旦发现明亮的隧道出口，就容易产生立刻快速驶出隧道的“逃逸”冲动心理，不利于行车安全。

白天隧道外亮度与隧道出口段照明差异较大时，驾驶员驾驶车辆通过隧道出口会产生认知上的“暗—明”适应，严重时甚至出现“白洞效应”，此时驾驶员难以辨认隧道前方道路交通环境条件，导致驾驶员出现生心理紧张，对驾驶所需道路、交通信息反馈迟缓，遗漏关键安全行车信息，增大行车风险。

当自然光源光线直射隧道出口直射入驾驶员的眼睛时，产生“眩光”现象。眩光会使驾驶员生理、心理产生不适，严重时还可能会引起厌恶、身体不适甚至丧失明视度，极大危害行车安全。

在交通量增大时，车辆间的行车间距必然缩短，一旦前方行驶的大型车辆挡住了出口处绝大部分射入洞口内的光线，大型车辆尾部和隐藏在其车尾后的小型车辆或障碍物亮度对比度降低，影响驾驶员判断大型车尾后的小型车辆或障碍物，严重时甚至难以发现和视认，带来行车隐患，如图 5.13 所示。

夜间驾驶员驾驶车辆从隧道内封闭环境驶出隧道时，若隧道内外光环境差异较大，便会产生“黑洞”效应，视觉机能减弱、视野变窄、视觉观察能力下降，无法及时准确地发现前方道路条件、车辆及障碍物等信息，影响驾驶员的行车安全。

5.1.2　光环境驾驶视认需求特性

1)白天出口段光环境驾驶视认需求特性

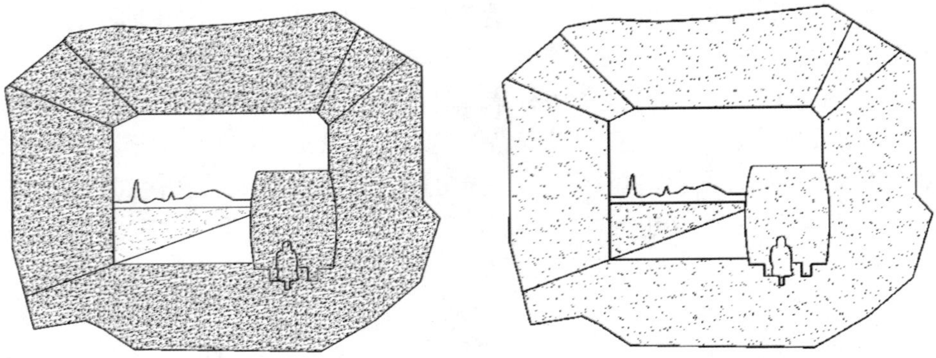

a）未设加强照明　　b）设加强照明

图 5.13　出口加强照明效果

对驾驶员白天在隧道出口前的认知和行为特性分析可见，影响驾驶员视认和行为特性的因素，除道路、交通和环境条件外，隧道外的自然光和隧道出口段的人造光源的耦合特性也是重要因素。为保证正常视力的驾驶员在一定运行速度和交通量条件下安全视认前方道路交通和环境条件，及时有效地发现前方道路上障碍物，保证交通安全，需要从光源的色温、显色性、亮度、均匀性、洞外与洞内亮度差异水平等特性进行研究，提高隧道照明光环境质量，以保障驾驶的稳定性、舒适性和安全性，同时实现隧道节能的目的。

对隧道出口前的光环境条件分析可知，在白天，隧道内光环境与隧道外光环境会有较大差异，该差异在一定范围内可以由隧道出口前的人造光源来解决。隧道出口段光环境对驾驶员视认的影响主要是视认距离和运行速度两方面。

(1)色温和显色性

光源的显色性是由光源的相对光谱功率分布即光源中不同波长色光的辐射能大小的分布决定的，具有连续光谱分布、光谱覆盖范围较宽且光谱能量特性接近自然光的光源与隧道外自然光有较为理想的耦合性。

在隧道出口段行车过程中，不同色温和显色性的光环境会影响到驾驶员对路面上可能存在的障碍物视认反应及视认时间的不同。

(2)亮度对比度

在隧道出口段路面亮度会与隧道洞外亮度形成差异，这种差异会影响驾驶员视觉的对比灵敏度和路面上物体相对于路面的亮度对比度。白天隧道内照明相对于人眼在隧道外一般视觉状态而言较低，这时人眼处于中间视觉状态，对物体颜色的差异不敏感，而主要依靠物体和其背景之间的亮度差异来辨别。

同样的色温和显色性光源，不同亮度水平下，驾驶员的视认效率也有差异。且较色温与显色性的影响更加明显，亮度越高，物体表面的反射光强度越高，物体相对于路面的对比度就越大，驾驶员对于特定目标物的视认效果越好，但当亮度增加到一定值时，视认效果不再增加。但是，亮度较低时，物体表面反射光强度低，周围光照环境暗，物体与路面对比度小，严重时物体将与背景融于一体，导致驾驶员在安全视距范围内无法辨别物体，引发交通事故。因此，亮度成为评价光环境的重要指标之一。

(3)亮度均匀性

由于路面亮度是隧道顶面人造点光源投射到地面，与隧道洞外自然光(白天)或人造光(夜间)叠加后通过路面反射进入驾驶员眼帘，如果叠加反射不均匀就会产生不均匀暗斑或阴影，会使驾驶时视认产生“波浪”感，带来行车安全风险，因此，路面亮度的均匀性也是表征隧道出口段光环境视认有效性的重要指标。

2)夜间出口段光环境驾驶视认需求特性

夜间，驾驶员进行驾驶视认时，环境照明水平较低，人眼视网膜上的锥体细胞不能工作，视力主要依赖分布于视网膜周边上的杆体细胞的活动，驾驶员对光环境特性的需求主要体现在两方面：一是颜色的辨认；二是对不同对比度的物体形状的感知。通过驾驶员在夜间隧道出口段及洞外的认知和行为特性的分析发现，影响驾驶员视认和行为特性的因素，除道路和交通条件外，隧道外的自然光和隧道出口段的人造光源特性也是主要的影响因素。为保证正常视力的驾驶员在一定运行速度和交通量条件下安全视认前方道路、交通和环境条件，驾驶员对光源的色温、显色性、亮度、洞外与洞内亮度差异水平等特性具有一定要求。

(1)亮度及亮度对比度需求

驾驶员夜间视认主要受环境亮度、背景亮度因素影响。根据照明收效递减率，低照度照明下，视认易受照明水平变化的影响，只要较小的亮度增大，就可较大提高视敏度，这是由于亮度增大时，视觉对象的亮度提高了，从而视认的清晰度也得到了提高。但随着亮度的继续增大，视敏度随照明水平提高的速度越来越小。

驾驶员的夜间视认与视认物体的对比度也有很大的关系。亮度大及对比度大的物体比亮度低及对比度低的物体更容易视认。视觉对象与其背景亮度必须有较大的亮度差异，驾驶员才能辨别视觉对象。这种视认主要取决于视网膜上刺激物的投影与其周围亮度差别。

(2)亮度差异及均匀度需求

由驾驶员在夜间隧道出口的认知和行为特性的试验分析发现，当驾驶员行驶在夜间隧道出口洞内外亮度不同的环境中时，从高亮度驶入低亮度的环境中，亮度差异水平超过一定阈限值时就会影响驾驶员的视认，甚至产生“黑洞”效应，这时驾驶员会采取减速措施，影响驾驶操作的稳定性及安全性。因此，隧道内外亮度差异水平是表征隧道出口段光环境视认有效性的重要指标。

一般，隧道由于路面亮度是从隧道顶面人造点光源投射地面和隧道壁面折射到地面，经叠加后再从叠加后地面反射进入驾驶员眼帘的亮度值，如果叠加反射不均匀，地面就会产生暗斑或阴影，在驾驶视认时产生“波浪”感，带来行车安全隐患，因此，隧道出口段区域内路面的平均亮度也是表征隧道出口段光环境视认有效性的重要指标。

(3)光色需求

隧道光源的色温和显色性是表征隧道出口段光环境视认有效性的重要指标。

5.1.3　照明评价指标

1)白天出口段照明评价指标

(1)光源特性评价指标

①色温和显色性。驾驶员在驾驶过程中需要看清前方道路和交通条件以满足驾驶员安全

视距范围内的视认需求，不同色温和显色性条件下，驾驶员对于特定目标物的视认情况不同。

在相同的照度条件下，显色性好的光源，视亮度（主观亮度）高，人眼的感觉是明亮的；显色性差的光源，视亮度（主观亮度）低，人眼的感觉是昏暗的。显色性差的光源会给驾驶员压抑的感觉，容易造成驾驶员操作失误。若采用显色性较差的光源，应相应地提高照度水平，以提高视亮度。因此色温和显色性会对驾驶员的视认和隧道光环境的光效产生重要的影响，是表征隧道出口段光环境视认有效性的重要指标。

②亮度差异水平。自然界中，隧道内外必然存在着亮度的差异，当驾驶员由一个较暗的环境进入到一个较明亮的环境，并且差异水平超过一定阈限值时，驾驶员的视认会受到影响，产生认知上的“暗明”适应，严重时甚至产生“白洞”效应，致使驾驶员难以视认前方道路、交通和环境信息，造成信息认知失误，不能及时有效地校正驾驶行为或采取适当的调整措施，在严重情况下将引发交通事故。因此，隧道内外亮度差异是表征隧道出口段光环境视认有效性的重要指标。

③均匀性。白天驾驶员行驶到隧道出口段时主要受到隧道内外光源差异的影响，隧道内亮度、色温、显色性与均匀度较隧道外有很大不同，但隧道出口段的灯具布设较为密集，并且有大量隧道外自然光射入隧道内部，所以隧道出口段的均匀度很高，不会对驾驶员造成心理和生理的影响。

(2)视认距离

驾驶员在驶出隧道时，必须保证驾驶员前方一定距离处的空间范围内能看清楚道路的线形条件、路面条件、标志标线、车辆信息、障碍物和景观条件等信息。驾驶员的安全视认距离直接影响驾驶员在高速公路上安全的行驶，只有保证足够的视认距离，才能使驾驶员在一定的行驶速度下完成认知、判断、决策、操作等一系列驾驶过程，保障行车安全。

白天隧道出口段照明设计指标的合理与否，关系到能否有效消除“白洞”效应带来的安全隐患和提高照明水平。因此，可采用安全视认距离指标作为表征白天隧道出口段驾驶员安全视认需求的评价指标。

2)夜间出口段照明评价指标

(1)亮度差

在驾驶员从隧道内驶出隧道的整个过程中，影响驾驶员视认的不仅仅是隧道出口段内的亮度水平，洞外亮度水平的高低也会影响驾驶员对目标物的视认。因此，洞内外路面亮度水平差异是影响驾驶员在隧道出口段驾驶行为特性变化的主要指标，合理的出口段亮度过渡设计是影响驾驶视认的关键。亮度差可以有效描述夜间隧道出口段与洞外的亮度差异，结合前面光环境亮度差异需求特征分析，我们认为采用亮度差来表征隧道出口段洞内与洞外亮度差异，可以有效地满足驾驶员视认需求的夜间隧道出口段亮度需求。洞内出口段采用出口段路面平均亮度 L_{ex}，洞外采用隧道出口洞外路面平均亮度 L_{out} 来表征，洞内外亮度差用下式计算。

$$\Delta L = L_{ex} - L_{out} \tag{5.1}$$

(2)色温及显色指数

光源色温与显色指数指标是影响隧道出口段光色环境的重要指标，采用色温及显色指数来表征隧道出口段光色环境差异，可有效满足夜间驾驶员在隧道出口段的视认需求。

(3)视认距离

夜间隧道出口段照明设计指标的合理与否,关系到能否有效消除“黑洞”效应带来的安全隐患和提高照明水平。采用安全视认距离指标作为表征夜间隧道出口段驾驶员视认需求的评价指标,可以有效判定被试驾驶员能否在大于或等于一个安全停车视距处发现隧道出口段光环境路面上的目标障碍物作为判定隧道出口段光环境质量安全性的依据。

5.1.4 照明标准

1)白天出口段照明标准

为研究白天出口段照明情况,分别在贵马隧道、兔子岭隧道与丁家坞隧道3处进行了高速公路隧道白天出口段的驾驶视认试验。

(1)贵马隧道试验数据

要求被试驾驶员分别以60km/h、80km/h、100km/h、120km/h速度行驶,并在不同的隧道内外路面亮度条件下对目标物进行视认,视认结果如表5.1所示。

贵马隧道试验结果　　表5.1

试验编号	速度(km/h)	出口段亮度(cd/m^2)	洞外亮度(cd/m^2)	目标物摆放位置	视认情况
1	60	0.341	441.892	明暗交接处的暗处、出口段照度稳定起点、洞口处	目标物出现在视野内时即发现目标物
2	60	3.404	441.892	明暗交接处的暗处、出口段照度稳定起点、洞口处	目标物出现在视野内时即发现目标物
3	80	0.341	603.892	明暗交接处的暗处、出口段照度稳定起点、洞口处	目标物出现在视野内时即发现目标物
4	80	3.404	603.892	明暗交接处的暗处、出口段照度稳定起点、洞口处	目标物出现在视野内时即发现目标物
5	100	0.341	753.642	明暗交接处的暗处、出口段照度稳定起点、洞口处	目标物出现在视野内时即发现目标物
6	100	3.404	753.642	明暗交接处的暗处、出口段照度稳定起点、洞口处	目标物出现在视野内时即发现目标物
7	120	0.341	1 037.321	明暗交接处的暗处、出口段照度稳定起点、洞口处	目标物出现在视野内时即发现目标物
8	120	3.404	1 037.321	明暗交接处的暗处、出口段照度稳定起点、洞口处	目标物出现在视野内时即发现目标物
9	60	无照明	860.321	明暗交接处的暗处、洞口处	目标物出现在视野内时即发现目标物
10	60	无照明	873.821	明暗交接处的暗处、洞口处	目标物出现在视野内时即发现目标物
11	60	无照明	518.178	明暗交接处的暗处、洞口处	目标物出现在视野内时即发现目标物
12	80	无照明	491.750	明暗交接处的暗处、洞口处	目标物出现在视野内时即发现目标物
13	100	无照明	469.535	明暗交接处的暗处、洞口处	目标物出现在视野内时即发现目标物

注:出口段照度稳定起点为由洞外向洞内路面亮度不再发生变化的点。

(2)兔子岭隧道试验数据

要求被试驾驶员分别以 60km/h、80km/h、100km/h 速度行驶，并在不同的隧道内外路面亮度条件下对目标物进行视认，视认结果如表 5.2 所示。

兔子岭隧道试验结果　　表 5.2

试验编号	速度(km/h)	出口段亮度(cd/m^2)	洞外亮度(cd/m^2)	目标物摆放位置	视认情况
1	100	44.405	579.159	明暗交接处的暗处	目标物出现在视野内时即发现目标物
2	100	26.655	282.666	明暗交接处的暗处	目标物出现在视野内时即发现目标物
3	80	26.875	168.202	明暗交接处的暗处	目标物出现在视野内时即发现目标物
4	80	18.773	81.130	明暗交接处的暗处	目标物出现在视野内时即发现目标物
5	60	2.536	271.768	明暗交接处的暗处	目标物出现在视野内时即发现目标物
6	60	9.472	373.971	明暗交接处的暗处	目标物出现在视野内时即发现目标物
7	80	18.292	486.956	明暗交接处的暗处	目标物出现在视野内时即发现目标物
8	80	22.055	587.449	明暗交接处的暗处	目标物出现在视野内时即发现目标物

(3)丁家坞隧道试验数据

要求被试驾驶员分别以 80km/h、100km/h 速度行驶，并在不同的隧道内外路面亮度条件下对目标物进行视认，视认结果如表 5.3 所示。

丁家坞隧道试验结果　　表 5.3

试验编号	速度(km/h)	出口段亮度(cd/m^2)	洞外亮度(cd/m^2)	目标物摆放位置	视认情况
1	100	31.426	612.318	明暗交接处的暗处	目标物出现在视野内时即发现目标物
2	80	36.460	349.246	明暗交接处的暗处	目标物出现在视野内时即发现目标物
3	100	36.478	265.246	明暗交接处的暗处	目标物出现在视野内时即发现目标物
4	80	36.147	173.855	明暗交接处的暗处	目标物出现在视野内时即发现目标物
5	80	29.463	71.362	明暗交接处的暗处	目标物出现在视野内时即发现目标物
6	80	6.171	18.579	明暗交接处的暗处	目标物出现在视野内时即发现目标物

对试验数据进行分析可以看出，将目标物放在白天隧道出口段各个特征点时，驾驶员驾驶车辆在隧道内行驶过程中均可以很轻松地视认目标物，即使关闭出口段的照明，驾驶员依然可以在第一时间轻松快速的发现前方安全视距路面上的目标物，现场视认如图 5.14 所示，当目标物出现在驾驶员视野内时，驾驶员便会立即发现目标物，说明白天隧道出口段的照明条件对

驾驶员的视认影响小。

隧道出口段对行车安全影响大的因素是出口处的眩光现象。当眩光现象存在时，调节隧道内的光源是无效的，但可以通过采取减光防眩措施进行改善，消除眩光带来的行车安全隐患，降低驾驶员在白天隧道出口段的行车风险。

图 5.14　白天隧道出口段视认情况

综上可得，白天位于出口段的物体在明亮的出口背景衬托下，会显示出清晰的轮廓。可见度和舒适度问题已不是隧道出口段首先需要解决的问题。自由流条件下不同色温与显色性的隧道内光环境对驾驶员在隧道出口段的视认产生的影响很小，白天出口段照明可参照中间段的照明特性，采用相同的光环境参数。

当隧道出口段交通量大时，为避免因前方行驶的车辆挡住射入洞口内的光线，会使得前车背后的小型车辆常被遮挡而难以发现，因此，设置出口加强照明可消除这类视觉困难，降低发生在出口段的危险性。

2)夜间出口段照明标准

(1)各种光源特性下驾驶员静态视认需求阈值

营造不同光源特性的隧道明—暗段光环境，通过控制调整被试驾驶员和视认目标物处LED光源色温、显色指数、亮度指标参数值以营造隧道从明到暗的不同视认光环境条件。对12名被试驾驶员进行视认试验。将试验数据进行统计、整理、分析，得到隧道明暗段不同光源类型下驾驶员视觉需求光环境特征规律，得到不同光源类型与满足驾驶员安全视认的亮度差关系曲线，如图5.15所示。

从图5.15中a)、b)、c)不同色温、显色指数水平光源下亮度差视认效果关系趋势可知，当光源显色指数分别是70、80、90时，随着被试处光源色温的增大，满足驾驶员视认的亮度差随之减小，驾驶员对明—暗视觉需求升高。即在一定显色指数条件下，在一定范围内减小色温水平有利于驾驶员视认。从图5.15d)中可知，在相同色温、不同显色指数光源条件下，随着被试处光源显色指数的增大，满足驾驶员视认的亮度差随之增大，驾驶员对明—暗视认的需求降低，即提高洞内光源显色指数有利于驾驶员视认。

通过分析驾驶员在营造的明暗段不同光环境特性下试验的视认需求和不同光环境条件下驾驶员对目标物视认能力差异，得到不同光环境下满足驾驶员静态视认需求的容许最大亮度差阈值，并对各种可视光源进行综合优化排序，结果如表5.4所示。

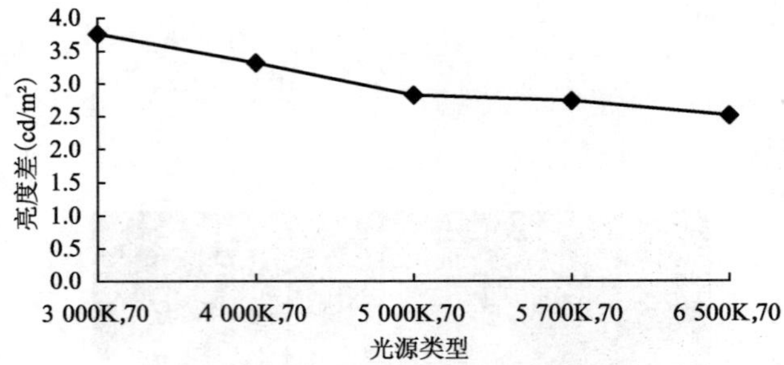

a) 70显指不同色温和亮度差视认关系

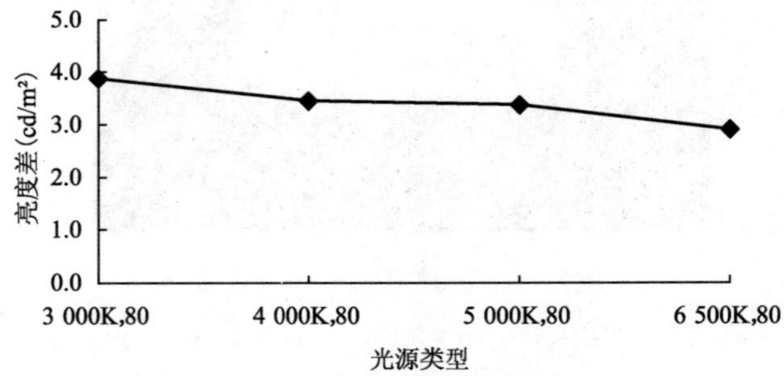

b) 80显指不同色温和亮度差视认关系

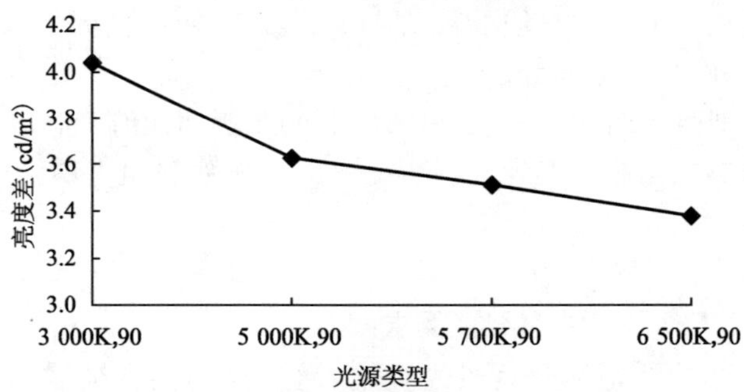

c) 90显指不同色温和亮度差视认关系

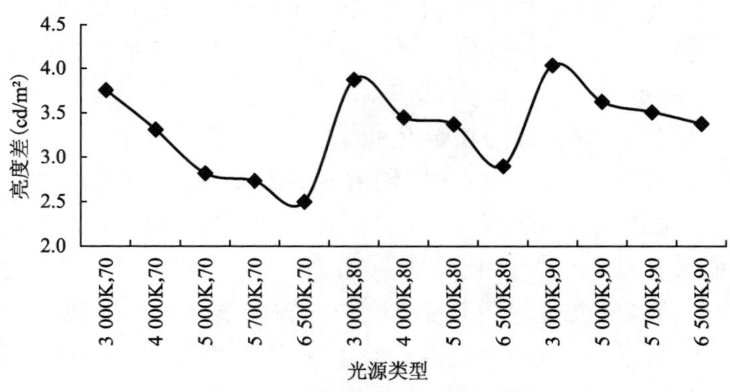

d) 不同显指色温和亮度差视认关系

图 5.15　光源类型与亮度差关系

不同光环境下容许最大亮度差安全阈值 表5.4

编号	色 温 (K)	显色指数	容许最大亮度差(cd/m²)
1	3 000	70	3.8
2	4 000	70	3.3
3	5 000	70	2.8
4	5 700	70	2.7
5	6 500	70	2.5
6	3 000	80	3.9
7	4 000	80	3.5
8	5 000	80	3.4
9	6 500	80	2.9
10	3 000	90	4.0
11	5 000	90	3.6
12	5 700	90	3.5
13	6 500	90	3.4

(2)动态驾驶视认需求阈值

在对夜间营造隧道出口段光色(5 700K,70)和不同亮度差环境条件,进行不同运行速度现场动态实车试验,采集驾驶员在出隧道时发现目标物的视认距离,结合调查量表及问卷结果,对采集数据进行统计、整理、分析,剔除非隧道照明光环境影响驾驶员正常视认及驾驶行为特性的样本量,最终得到车辆运行速度、驾驶员对灰色目标物视认距离及洞内外亮度差等有效数据。

①背景亮度差异对视认的影响。对驾驶员夜间不同的背景亮度、亮度差、运行速度和视认距离等试验数据的统计、整理、分析,得到驾驶员夜间视认结果如表5.5所示。分析得到,当背景亮度为0.35cd/m²时,驾驶员对目标物的最小视认距离为89m,而背景亮度为0cd/m²时,驾驶员对目标物的视认距离最大为85m,可以得出随着障碍物背景亮度的提高,驾驶员的视认能力能得到提高。

背景亮度与视认关系 表5.5

编 号	背景亮度(cd/m²)	实际速度(km/h)	视认距离(m)	亮度差(cd/m²)
1	0.35	64	125	0.4
2	0.35	90	91	0.4
3	0.35	63	118	1.9
4	0.35	84	98	1.9
5	0.35	80	116	0.0
6	0.35	98	89	0.0
7	0.0	63	62	3.5
8	0.0	82	62	3.5
9	0.0	62	42	0.3

续上表

编　　号	背景亮度(cd/m^2)	实际速度(km/h)	视认距离(m)	亮度差(cd/m^2)
10	0.0	60	74	0.3
11	0.0	52	85	0.0
12	0.0	89	63	0.0

②视认距离与亮度差关系分析。对驾驶员夜间不同的亮度差、运行速度和视认距离等试验数据的统计、整理和分析，得到夜间出口段洞内与洞外路面不同亮度差条件下，驾驶员对目标物的视认距离，结果如表5.6所示。

夜间出口段视认结果汇总　　表5.6

编　　号	速度(km/h)	亮度差(cd/m^2)	视认距离(m)
1	52.4	0.0	85.0
2	89.4	0.0	63.1
3	59.5	0.3	73.9
4	61.7	0.3	41.6
5	64.2	0.4	124.6
6	90.1	0.4	91.1
7	63.4	1.9	117.9
8	83.6	1.9	97.7
9	62.9	3.5	62.2
10	82.2	3.5	61.7

分析相同亮度差条件下驾驶员视认距离与车辆运行速度的关系，发现当夜间出口段洞内外亮度差分别为0cd/m^2、0.3cd/m^2、0.4cd/m^2、1.9cd/m^2时，驾驶员的视认距离与车速成负相关关系，即随着车速的提高，驾驶员的视认距离减小。当洞内外亮度差为3.5cd/m^2时，驾驶员对洞外目标物视认困难，视认距离分别为62.2m、61.7m时，已不能满足安全行驶时停车视距要求。

由于样本量采集难度大，样本量有限。采用非参数分析方法，得到不同设计速度下的视认距离，如表5.7所示。

不同速度下夜间出口段视认结果　　表5.7

编　　号	速度(km/h)	亮度差(cd/m^2)	视认距离(m)
1	60	0.0	80.5
2	60	0.5	130.0
3	60	1.9	121.2
4	60	3.2	67.3
5	80	0.0	68.7
6	80	0.5	104.2
7	80	1.9	101.3
8	80	3.2	66.8
9	100	0.0	56.8

续上表

编　号	速度(km/h)	亮度差(cd/m²)	视认距离(m)
10	100	0.5	78.4
11	100	1.9	81.3
12	100	3.2	66.2

图5.16为隧道出口洞内外亮度差为0cd/m²时驾驶员视认距离与运行速度的关系，当隧道内外灯具完全关闭的条件下即亮度差为0cd/m²时，驾驶员视认距离随着车辆速度升高而减小，仅当设计速度为60km/h时能满足驾驶员安全视认需求，当设计速度为80km/h、100km/h时视认距离均达不到驾驶员安全停车视距的要求。

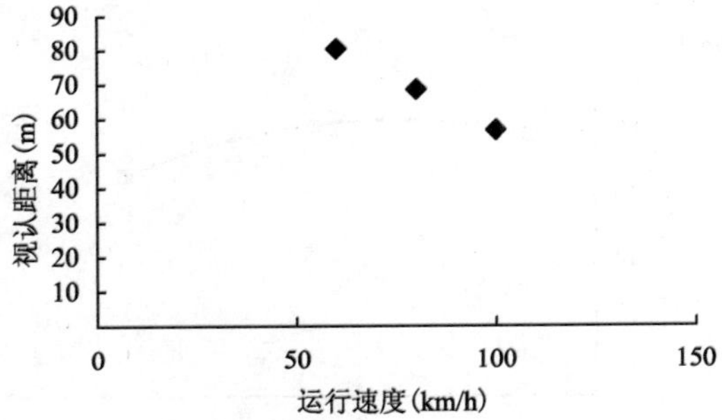

图5.16　亮度差为0cd/m²时视认距离与运行速度关系

图5.17为不同运行速度下驾驶员视认距离与亮度差的关系曲线，从图5.17中可以发现亮度差与视认距离成负相关关系，驾驶员视认距离随着亮度差的增大而逐渐减小。

当车速为60km/h时，洞内外亮度差与视认距离呈抛物线曲线关系，函数方程为 $D=-13.04\Delta L^2+25.094\Delta L+121.35$，计算得到亮度差在0～3.1cd/m²范围内能够满足驾驶员动态视认需求，可以保证行车安全。

当车速为80km/h、100km/h时，亮度差在0～3.2cd/m²范围内均不能满足驾驶员动态安全停车视距视认需求，因此要求隧道出口外能够提供与隧道出口段相同的亮度水平，确保驾驶员夜间驶出隧道出口时行车安全。

通过对光色环境(5 700K,70)条件下夜间隧道出口段驾驶员视认需求特性与夜间出口段洞内外容许最大亮度差的关系分析，得到在该光色环境条件下驾驶员夜间出口段的亮度需求，如表5.8所示。

(5 700K,70)**夜间出口段容许最大亮度差安全阈值**　　表5.8

速度(km/h)	容许最大亮度差(cd/m²)	洞外最小亮度(cd/m²)
60	3.1	0
80	0	L_in
100	0	L_in

(3)不同光环境亮度差安全阈值

根据静态试验结果分析可知，不同光色环境条件下，驾驶员从明处向暗处视认灰色目标物的能力不同，存在一定的差异，因此根据不同光色环境下视认能力的差异和已知的(5 700K，70)条件下夜间出口段洞内外亮度差阈值，修正得到不同光色环境条件下夜间出口段容许最大亮度差阈值，结果如表 5.9 所示。

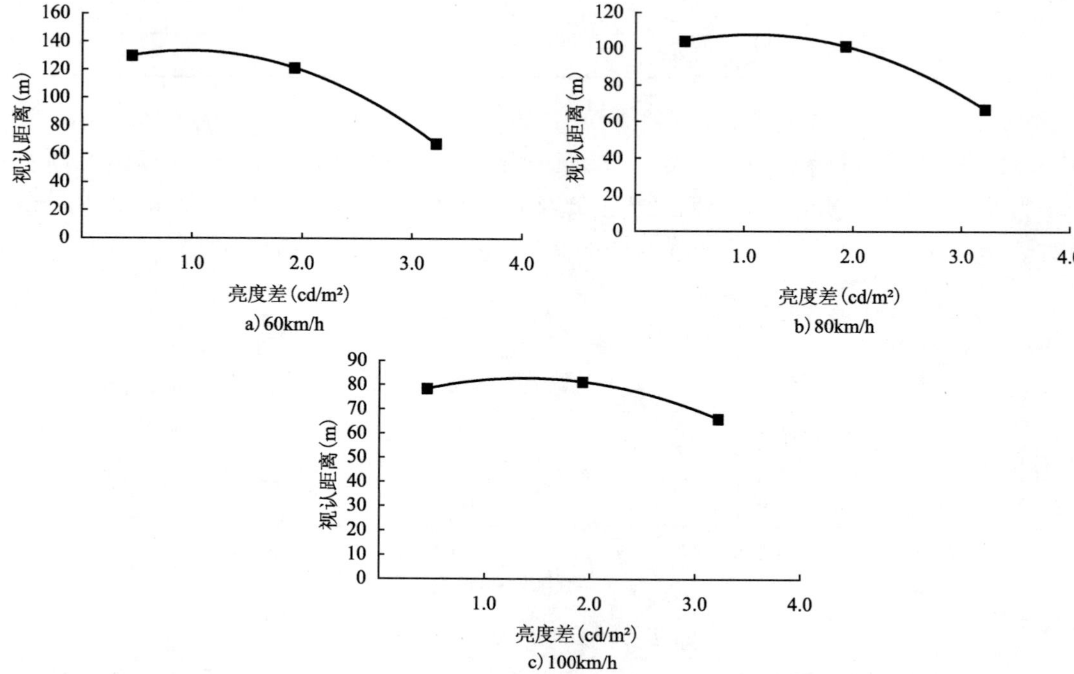

图 5.17　不同运行速度下视认距离与亮度差的关系

静态条件下亮度差视认能力差异　　表 5.9

编号	色温(K)	显色指数	容许最大亮度差(cd/m^2)	视觉修正系数
1	3 000	70	3.8	1.39
2	4 000	70	3.3	1.23
3	5 000	70	2.8	1.04
4	5 700	70	2.7	1.01
5	6 500	70	2.5	0.93
6	3 000	80	3.9	1.44
7	4 000	80	3.5	1.28
8	5 000	80	3.4	1.25
9	6 500	80	2.9	1.08
10	3 000	90	4.0	1.50
11	5 000	90	3.6	1.34
12	5 700	90	3.5	1.30
13	6 500	90	3.4	1.25

根据光色环境(5 700K，70)条件下夜间出口段容许最大亮度差安全阈值，并结合表 5.9 中的视觉修正系数得到其他光色环境条件下夜间出口段容许最大亮度差安全阈值，如表 5.10 所

示。为保证行车安全，隧道的夜间照明仍需满足路面亮度总均匀度和路面中线亮度纵向均匀度的相关要求。

夜间出口段容许最大亮度差安全阈值　　表 5.10

色温(K)	显色指数	60km/h		80km/h		100km/h	
		容许最大亮度差（cd/m^2）	洞外亮度（cd/m^2）	容许最大亮度差（cd/m^2）	洞外亮度（cd/m^2）	容许最大亮度差（cd/m^2）	洞外亮度（cd/m^2）
3 000	70	4.32	0	—	L_{in}	—	L_{in}
4 000	70	3.81	0	—	L_{in}	—	L_{in}
5 000	70	3.24	0	—	L_{in}	—	L_{in}
5 700	70	3.10	0	—	L_{in}	—	L_{in}
6 500	70	2.87	0	—	L_{in}	—	L_{in}
3 000	80	4.45	0	—	L_{in}	—	L_{in}
4 000	80	3.97	0	—	L_{in}	—	L_{in}
5 000	80	3.88	0	—	L_{in}	—	L_{in}
6 500	80	3.33	0	—	L_{in}	—	L_{in}
3 000	90	4.64	0	—	L_{in}	—	L_{in}
5 000	90	4.16	0	—	L_{in}	—	L_{in}
5 700	90	4.03	0	—	L_{in}	—	L_{in}
6 500	90	3.88	0	—	L_{in}	—	L_{in}

注：L_{in}—该光色环境下的中间段亮度标准。

(4)不同交通量下亮度差标准

根据表 3.32 不同交通量换算系数，换算得出不同交通量条件下容许最大亮度差标准，如表 5.11所示。

不同交通量情况下容许最大亮度差标准　　表 5.11

交 通 量	光 源 类 型	容许最大亮度（cd/m^2）
		60km/h
单向交通 $N \leqslant 350$veh/(h·ln) 双向交通 $N \leqslant 180$veh/(h·ln)	3 000K，70	4.32
	4 000K，70	3.81
	5 000K，70	3.24
	5 700K，70	3.10
	6 500K，70	2.87
	3 000K，80	4.45
	4 000K，80	3.97
	5 000K，80	3.88
	6 500K，80	3.33
	3 000K，90	4.64
	5 000K，90	4.16
	5 700K，90	4.03
	6 500K，90	3.88

续上表

交 通 量	光 源 类 型	容许最大亮度(cd/m^2)
		60km/h
单向交通 $N \geqslant 1\,200veh/(h \cdot ln)$ 双向交通 $N \geqslant 650veh/(h \cdot ln)$	3 000K,70	6.31
	4 000K,70	5.56
	5 000K,70	4.73
	5 700K,70	4.53
	6 500K,70	4.19
	3 000K,80	6.50
	4 000K,80	5.80
	5 000K,80	5.66
	6 500K,80	4.86
	3 000K,90	6.77
	5 000K,90	6.07
	5 700K,90	5.88
	6 500K,90	5.66

注:当交通量在其中间值时,按内插考虑。

5.2 隧道出口段照明设计

5.2.1 光源与灯具选择

驾驶员眼睛最适应的是自然光光色,LED灯色温具有可选择性,所以,当光源的光色选择越接近自然光时,越满足驾驶员眼睛视觉需求。

隧道出口段光源与灯具的选择注意事项与4.2.1节中间段基本照明光源与灯具的选择相同。

5.2.2 光源配置设计方法

由于隧道洞外日光的投射进入,洞口以内一定范围内有较高亮度。国内相关研究结果表明,这种自然光可利用作为出口段加强照明的组成部分,故出口段照明灯具可从隧道洞口顶部以内轴向10m处开始布设。参考《公路隧道和地道照明指南》(CIE 88—2004)中推荐的白天隧道出口段亮度应线性增加,在隧道出口前的20m范围内,隧道内的亮度应由中间段亮度变化到5倍中间段亮度。根据这一研究成果,出口段宜划分为ex1、ex2两个照明段,每段长度取30m,与之对应的亮度应按下式计算。

$$L_{ex1} = 3L_{in} \tag{5.2}$$

$$L_{ex2} = 5L_{in} \tag{5.3}$$

长度$L \leqslant 300m$的非光学长隧道可不设置出口段加强照明。

长度$300m < L \leqslant 500m$的非光学长隧道可仅设置ex2出口加强照明。

5.2.3　灯具的安装与调试

出口段灯具的安装与调试同4.2.3节中间段基本照明灯具的安装与调试。

灯具安装并检查连接确认无误后，配合调光系统，将出口段加强照明灯具功率调至100%，测量路面亮度，此时出口段路面的平均亮度应为最大亮度。将功率分别调至50%和10%，测量路面亮度，不同功率下的亮度百分比曲线在图4.17中两条实线之间时证明灯具安装调试良好。

第6章

隧道照明控制技术

6.1 隧道运行光环境调控需求

随着现代化隧道人工照明调控技术的发展和社会对隧道运行安全、节能要求的提高，为保障驾驶员在白天和夜间进出隧道和在隧道内安全、稳定和舒适的驾驶，根据隧道外自然光的特性条件和驾驶员的身体节律，在隧道影响区域提供人工照明光环境条件是现代隧道运行管理完善和发展的需要。

现有的隧道调光模式大多不能实现实时精细化调光，因而存在诸多安全隐患和隧道照明能耗的不经济。现行的规范中虽然对隧道内不同区域的路面亮度做了具体的规定，但其对隧道洞外自然光特性的表达仅使用晴天、云天、阴天和重阴天等天气的亮度变化进行简单描述，采用分回路的4级调光方式来调节隧道入口加强段亮度来节约电能，这种分级调光方式通常每日仅能进行几次特定亮度的调节。而且分级(分回路)调光不仅增加了系统投资，还造成电能的浪费；与此同时，在隧道照明设计中因隧道洞外自然光特性、照明灯具的养护系数和交通量等取值的不完善，也带来了电能的巨大浪费。

1)养护系数

养护系数是指照明装置使用一定时期后，受光通量衰减、灯具表面受污染等因素影响，灯具提供给路面的平均亮度与在相同条件下初装时在同一路面上所得到的平均亮度之比。

受传统的隧道灯具技术的限制，控制设备无法实现精细化的调光控制，通常是采用增加电源回路，通过开闭不同的照明回路，以调节照明强度，达到降低过度照明的目的。但这种方式却在无形之中增加了系统的电缆和开关设备投资。而在实际运营期间，受系统可靠性和人力等方面的限制，几乎不做频繁调节。对于色温和亮度可控的新型照明光源可通过公路隧道LED智能化照明控制装置，对照明灯具进行精细、实时的色温和亮度调节，这样的调节还可在一定程度上延长灯具使用寿命。

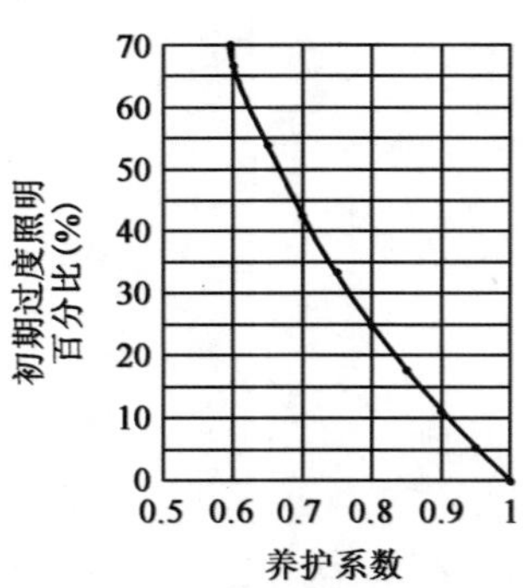

图6.1　养护系数取值与初期过度照明百分比关系曲线

由于照明灯具所提供的色温和亮度会随着使用时间的延长逐渐衰减，在设计时就需预留一定余量，导致使用初期会出现一定量的过度照明。图6.1为养护系数取值与初期过度照明百分比关系曲线，从图6.1中可以看出，养护系数越低，初期的过度照明就越高。当养护系数取 0.7 时，其初期的过度照明高达 43%。

为在保障行车安全前提下节约照明能耗，养护系数的取值应以灯具的有效使用寿命期限作为合理的灯具使用期。

2)交通量

公路隧道加强照明段在不同的交通量条件下的亮度折减系数 K 需要满足不同的亮度折减系数要求。在设计时照明设施可根据预测交通量变化分期实施。经调查，高速公路隧道照明设计分期按 10 年为界划分，隧道照明灯具 LED 光源使用寿命一般为 5 年，这就使得隧道使用近期甚至中期因交通量较小而产生严重的过度照明和电能浪费。图 6.2 所示为车流量与入口段亮度折减系数对应关系曲线，从图 6.2 中不难看出，车流量不同时，其照明能耗相差可高达 30%左右。

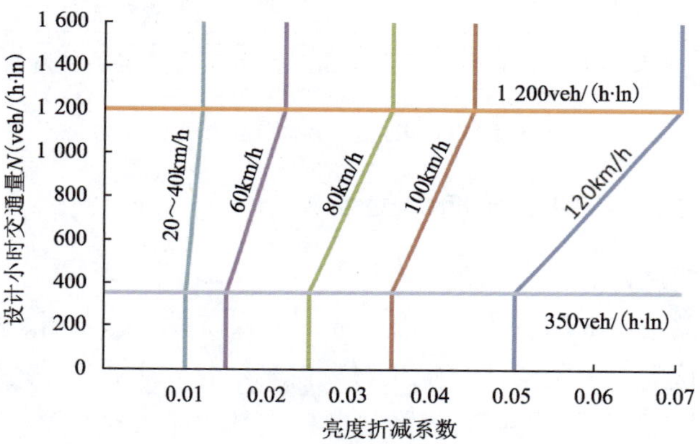

图 6.2　车流量与入口段折减系数对应关系曲线

中间段的初期亮度取值往往比标准值高 50%。当设计时速为 80km/h，车流量在 350veh/(h·ln)至 1 200veh/(h·ln)时，其亮度变化为 1.5～3.5cd/m^2，其变化幅度高达 57%，传统的调光照明系统无法消除这种过度照明。因此，建议新通车隧道交通量的取值应以新灯具的有效使用寿命期限为设计年交通量进行隧道色温亮度折减系数或亮度差的取值；运营阶段更新的照明灯具可根据隧道更新灯具的时间加上灯具有效使用寿命期作为更新灯具的设计年交通量，进行隧道亮度折减系数或亮度差的取值。

3)洞外光源特性

隧道洞外色温、亮度等光环境特性在不同季节、天气及时间段会发生变化，图 6.3 所示为某山区高速公路 2011 年上午 8:00～下午 18:00 洞外光环境特性(如亮度、色温)变化曲线，为了确保驾驶员对隧道内前方道路、交通和环境条件的安全视认，隧道洞内光源特性参数也需要相应地改变。但是，我国现阶段隧道的照明系统采用的 4 级调光控制却不能跟踪这一变化需要，晴天采取的是满功率开启，电能浪费大。同时设计隧道照明设计时洞外亮度是以晴朗的夏天中午的最大值确定，而每年实际达到这一亮度值的时间却不足 5%，仅这方面的浪费通常高达 30%～70%。同时隧道洞外都是按照固定亮度进行取值，然后根据该亮度对隧道人工照明进行设计。

为在保障行车安全前提下节约隧道照明能耗，在进行隧道洞内光源设计时会受到隧道的坐向、所在位置、洞口形式和洞口的植被等因素的影响，因此需进行隧道洞外光源特性的检测和分析，然后再进行隧道洞外光源特性的取定。

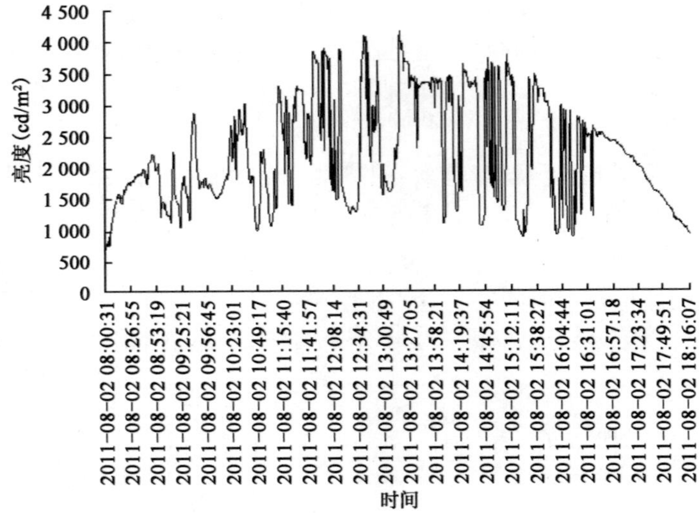

图 6.3　某山区高速公路洞外亮度变化

6.1.1　隧道入口各段光环境调控需求

1)白天入口段照明调控需求

根据 3.1.4 节中关于白天隧道接近段自然光源与入口段人工照明光源色温和亮度折减系数指标的安全驾驶视认需求阈限的研究成果，应在隧道外实时采集隧道洞口 L_{20} 指标值和光色指标值，根据照明光源的养护系数、交通量情况确定驾驶员安全、稳定、舒适驾驶需求阈值，实时调整隧道入口段人工照明光源特性参数指标值。

不同设计速度、不同交通量、不同光源特性下满足驾驶员安全、稳定和舒适驾驶的白天隧道入口段亮度折减系数安全阈值如表 6.1、表 6.2 所示。在实际调光过程中，可以按照表中阈值调节入口段照明光源和光环境质量指标水平，达到“安全”与“节能”的协调统一。

洞外色温小于 6 000K 时白天入口段亮度折减系数阈值　　表 6.1

交通量	光源		满足不同设计速度的亮度差阈值(cd/m²)		
	色温(K)	显色指数	60km/h	80km/h	100km/h
单向交通 N≤350veh/(h·ln) 双向交通 N≤180veh/(h·ln)	3 500	70	0.039	0.053	0.071
	4 000	70	0.038	0.052	0.070
	4 500	70	0.037	0.051	0.068
	5 000	70	0.035	0.047	0.063
	5 700	70	0.033	0.045	0.06
单向交通 N≥1 200veh/(h·ln) 双向交通 N≥650veh/(h·ln)	3 500	70	0.057	0.074	0.090
	4 000	70	0.055	0.072	0.089
	4 500	70	0.054	0.071	0.087
	5 000	70	0.051	0.065	0.080
	6 000	70	0.048	0.063	0.076

注：当交通量在其中间值时，按内插考虑。

洞外色温大于 6 000K 时白天入口段亮度折减系数阈值 表 6.2

交通量	光源		满足不同设计速度的亮度差阈值(cd/m²)		
	色温(K)	显色指数	60km/h	80km/h	100km/h
单向交通 N≤350veh/(h·ln) 双向交通 N≤180veh/(h·ln)	3 500	70	0.017 1	0.025 3	0.037 2
	4 000	70	0.017 3	0.025 6	0.037 7
	4 500	70	0.020 0	0.029 6	0.043 5
	5 000	70	0.023 0	0.034 0	0.050 0
	6 000	70	0.029 9	0.044 3	0.065 1
单向交通 N≥1 200veh/(h·ln) 双向交通 N≥650veh/(h·ln)	3 000	70	0.025 0	0.035 4	0.047 6
	4 000	70	0.025 3	0.035 8	0.048 3
	4 500	70	0.029 2	0.041 4	0.055 7
	5 000	70	0.033 6	0.047 6	0.064 0
	6 000	70	0.043 7	0.062 0	0.083 3

注:当交通量在其中间值时,按内插考虑。

2)夜间入口段照明调控需求

隧道入口段、过渡段设置加强照明是为消除白天机动车驾驶员接近及通过隧道时,由于洞内外亮度差异大于驾驶员安全驾驶视认引起的"黑洞效应""视觉适应滞后"等视觉现象。但在夜间却不存在这些问题,若仍开启这些照明,不但耗能大,而且机动车驾驶员在进入隧道时会引起强烈眩光,导致行车安全隐患,因此在夜间应关闭加强照明灯具。

根据 3.1.4 节中关于夜间隧道接近段自然光源与入口段人工照明光源色温和亮度差指标的安全驾驶视认需求阈限的研究成果,在夜间不同设计速度、不同交通量、不同光源特性条件下满足驾驶员安全、稳定和舒适驾驶的隧道入口段亮度差指标安全阈值,如表 6.3 所示。在实际调光过程中,可以根据表 6.3 中阈值调节入口段照明光源及光环境质量指标水平,达到"安全"与"节能"的协调统一。

夜间入口段亮度差阈值 表 6.3

交通量	光源		满足不同设计速度的亮度差阈值(cd/m²)			
	色温(K)	显色性	60km/h	80km/h	100km/h	120km/h
单向交通 N≤350veh/(h·ln) 双向交通 N≤180veh/(h·ln)	3 000	70	0.1	0.3	0.6	1.0
	4 000	70	0.1	0.7	1.4	2.2
	5 000	70	0.1	0.7	1.5	2.4
	5 700	70	0.2	1.0	2.2	3.4
单向交通 N≥1 200veh/(h·ln) 双向交通 N≥650veh/(h·ln)	3 000	70	0.1	0.7	1.4	2.2
	4 000	70	0.2	1.5	3.1	4.9
	5 000	70	0.3	1.7	3.3	5.3
	5 700	70	0.4	2.4	4.8	7.6

注:当交通量在其中间值时,按内插考虑。

6.1.2 隧道基本照明调控需求

中间段是隧道内远离外部自然光照影响的区域，不受洞外白天黑夜的影响，驾驶员的视觉仅受隧道内部照明的约束。中间段照明的特点是全段具有均匀的照明水平，在该区段与一般道路和隧道其他路段不同，隧道内汽车排放的废气不能及时消散，严重时会形成前方白烟，在灯光漫射下形成光幕，降低隧道中间段能见度，所以一般隧道中间段照明水平要比一般道路路段照明水平需求高。隧道中间段照明亮度由车速、交通量和车道数和光源特性共同决定，根据前文研究结论，满足驾驶员驾驶视认需求的隧道中间段亮度阈值如表 6.4 所示。

中间段亮度阈值 表 6.4

交通量	光源类型	满足不同设计速度的动态亮度阈值(cd/m^2)			
		60km/h	80 km/h	100 km/h	120 km/h
单向交通 $N\leqslant$350veh/(h·ln) 双向交通 $N\leqslant$180veh/(h·ln)	6 500K,70	0.38	0.45	0.97	1.72
	4 000K,80	0.39	0.47	0.97	1.9
	5 000K,90	0.52	0.62	1.29	2.23
	5 700K,70	0.54	0.8	1.4	3
	3 000K,80	0.58	0.84	1.43	3.01
	6 500K,80	0.59	0.88	1.6	3.01
	3 000K,90	0.6	0.88	1.7	3.39
	5 000K,80	0.61	1.05	1.99	3.42
	3 000K,70	0.85	1.26	2.18	3.44
	5 700K,90	0.86	1.37	2.36	3.46
	5 000K,70	0.99	1.37	2.37	3.61
	6 500K,90	1.01	1.38	2.69	4.07
	5 700K,80	1.1	1.38	3.08	4.51
	4 000K,70	1.13	1.53	3.36	4.7
单向交通 $N\geqslant$1 200veh/(h·ln) 双向交通 $N\geqslant$650veh/(h·ln)	6 500K,70	0.76	1.05	2.10	3.82
	4 000K,80	0.78	1.10	2.10	4.22
	5 000K,90	1.04	1.45	2.80	4.96
	5 700K,70	1.08	1.87	3.03	6.67
	3 000K,80	1.16	1.96	3.10	6.69
	6 500K,80	1.18	2.05	3.47	6.69
	3 000K,90	1.2	2.05	3.68	7.53
	5 000K,80	1.22	2.45	4.31	7.60
	3 000K,70	1.7	2.94	4.72	7.64
	5 700K,90	1.72	3.20	5.11	7.69
	5 000K,70	1.98	3.20	5.14	8.02
	6 500K,90	2.02	3.22	5.83	9.04
	5 700K,80	2.2	3.22	6.67	10.02
	4 000K,70	2.26	3.57	7.28	10.44

注：当交通量在其中间值时，按内插考虑。

6.1.3 隧道出口段光环境调控需求

1)白天出口段照明调控需求

不同色温与显色性光源特性营造的隧道内光环境对驾驶员在隧道出口段的视认效率的影响很小,可参照我们对隧道中间段的研究成果,与中间段采用相同的光环境特性参数与调控方式。

白天,位于出口段的物体在明亮的出口背景衬托下,会显示出清晰的轮廓。因此,可见度和舒适度问题已不是隧道出口段需要解决的问题。但是,当交通量增大时,行车间距必然缩短,当前方行驶的车辆一旦挡住了出口处绝大部分射入洞口内的光线时,驾驶员很难准确判断前方行驶车辆的运行状况,特别是挡光车背后的小型车辆与洞外自然光不能形成对比,常难以发现和视认,形成交通安全隐患,这时设置出口加强照明可消除这类视觉困难,降低发生在临近出口处的危险性,如图 5.13 所示。

2)夜间出口段照明调控需求

夜间出口段洞内外亮度差会引起驾驶视认的“黑洞”效应,根据 5.1.4 节中关于夜间隧道出口段人工照明光源色温和亮度差指标的安全驾驶视认需求阈限的研究成果,在夜间不同设计速度、不同交通量、不同光源特性下满足驾驶员安全、稳定和舒适驾驶的隧道出口段亮度差指标安全阈值如表 6.5 所示。在实际调光过程中,可以按照表中阈值调节出口段光源及光环境质量指标水平,达到“安全”与“节能”的协调统一。

不同交通量情况下夜间出口段容许最大亮度差阈值　　表 6.5

交 通 量	光 源 类 型	容许最大亮度差阈值(cd/m^2)
		60km/h
单向交通 $N \leqslant 350$veh/(h·ln) 双向交通 $N \leqslant 180$veh/(h·ln)	3 000K,70	4.32
	4 000K,70	3.81
	5 000K,70	3.24
	5 700K,70	3.10
	6 500K,70	2.87
	3 000K,80	4.45
	4 000K,80	3.97
	5 000K,80	3.88
	6 500K,80	3.33
	3 000K,90	4.64
	5 000K,90	4.16
	5 700K,90	4.03
	6 500K,90	3.88

续上表

交通量	光源类型	容许最大亮度差阈值(cd/m²)
		60km/h
单向交通 $N \geqslant 1\,200$veh/(h·ln) 双向交通 $N \geqslant 650$veh/(h·ln)	3 000K,70	6.31
	4 000K,70	5.56
	5 000K,70	4.73
	5 700K,70	4.53
	6 500K,70	4.19
	3 000K,80	6.50
	4 000K,80	5.80
	5 000K,80	5.66
	6 500K,80	4.86
	3 000K,90	6.77
	5 000K,90	6.07
	5 700K,90	5.88
	6 500K,90	5.66

注：当交通量在其中间值时，按内插考虑。

6.2 隧道照明调控技术

6.2.1 照明供配电系统

照明供配电系统应根据隧道及隧道群的分布以及隧道供配电变电站(所)的具体情况进行合理规划和设计，选择科学合理、经济可靠的供配电方案。

公路隧道照明系统宜采用 TN-S 系统。加强段照明、基本段照明和应急照明供电电缆宜采用干线电缆与支线电缆共用的方式，从变电站引出后进入隧道，并敷设在电缆桥架上，但在隧道内不应同时在某一侧设置基本段照明和应急照明供电回路。隧道行车方向左侧的全部基本段照明灯具应兼作应急照明灯具，电源引自变电站的 EPS 电源。照明灯具的电源回路应设单相断路开关。

隧道入口段加强照明电缆宜采用两条回路供电，它们分别敷设于隧道左侧和右侧的电缆桥架上。每一回路均应设有单相独立的过电流保护。

隧道出口段加强照明供电宜采用的供电方式：

(1)隧道两端均设有变电站时，电缆应就近引出。

(2)当隧道仅在一端设有变电站时，宜根据电缆用量的经济性选择是否增加供电回路。

变电站(所)内应设应急电源,为隧道内以及变电站(所)内的应急照明灯具供电,同时为箱变和变电站(所)内的电力监控设备供电,应急电源的可靠连续供电时间应不小于30min。应急电源系统应具备手动和自动控制功能。当市电断电时,控制装置在3s内将控制应急照明灯具功率降至额定功率的20%。EPS电源的应急照明出线应设单相过流保护开关,任意一相因过电流而断路时不会影响其他相的正常工作。

在人行横洞两端应分别设置1个红外感应灯具电源开关,安装高度1.0m,可控制人行横洞照明灯具的开启与关闭。在车行横洞两端入口应分别设置1个灯具电源控制箱和按钮箱,安装高度1.0m,车行横洞照明灯具的开启应与车行横洞门的开启实现联动控制。

正常运行情况下,无级调光的基本照明灯具端子处的电压偏差允许值宜为+10%,-12%的额定电压;加强照明灯具端子处的电压偏差允许值为+8%,-10%。对于不需做调光的公路隧道照明灯具,除应急停车带、人行横洞和车行横洞外,其照明灯具端子处的电压偏差宜不大于±5%。

6.2.2　照明控制系统

为了确保隧道照明光环境满足相关标准要求的前提下消除电能浪费,隧道照明系统控制器需具有以下功能。

(1)具有接收洞外监测装置传送的洞外亮度数据、洞外色温数据、道路交通流量数据等,并确保信号能够实时地传送至控制器中。

(2)具有调光控制信号输出功能。必须要有控制信号对灯具进行控制,才能实时调节灯具亮度和色温。

(3)具有与上位机实现通信的功能。采用LED智能化调光照明系统后,现场的隧道智能照明控制器不仅需要将实时的调光数据上传,还要接受中控室上位机的参数设置、远程手动控制以及紧急情况下的故障处理,与上位机通信时有多种通信协议可供选择,主要有RS-485、CAN总线、TCP/IP等。根据目前交通系统普遍采用的传输设备情况,可选择RS-485和TCP/IP通信协议作为隧道智能照明控制器与中控室上位机之间的通信协议。其通信系统如图6.4所示。

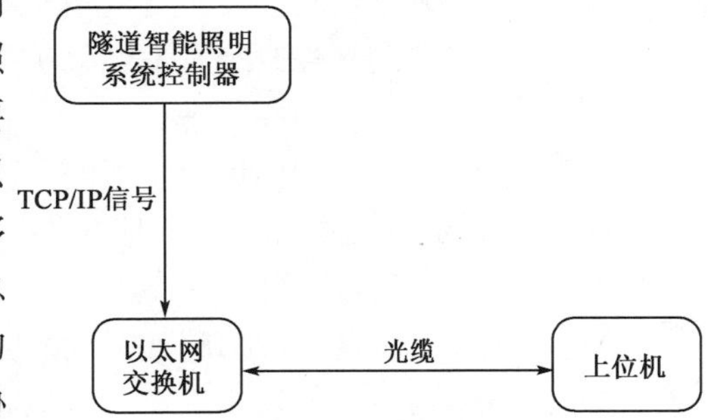

图6.4　通信系统连接

(4)具有掉电检测功能。在传统的分级调光照明系统中,基本照明灯具中有一部分是既做基本照明灯,又做应急照明灯,它们由EPS电源供电。应急照明的总功率不低于基本照明总功率的10%,布设间距通常在20~30m一盏。当市电断电后,由EPS供电的应急照明灯具维持点亮,维持时间在30min以上。这种应急照明方式存在的主要问题是在市电断电情况下路面的亮度均匀度极低,存在严重的"斑马"效应。

在无级调光照明系统中,应急照明灯具不是20~30m一盏,而是整个隧道的一侧基本照明灯具全部兼应急照明,由EPS供电。当市电断电后,由EPS供电的单侧基本照明灯具仍旧保持照明,但其亮度自动调至原有亮度的20%,相当于基本段照明总功率的10%。当调至应急状态的亮度变化时，我们需要检测市电何时掉电，以便将灯具亮度调至应急状态。

（5）具有时钟功能。在公路隧道LED无级调光照明系统中，控制器的基本照明如果需要根据时间进行控制，因而控制器就必须具有时钟功能。在照明系统中经常会遇到停电、检修和检测等断电情况，当断电情况发生时，如果系统没有备用电源，则时钟将会丢失，基本段照明的分时段控制将会出现混乱。因此控制器内设了时钟备用电源，以便在系统掉电或更换电源情况下时钟依旧能够长时间地工作，系统功能不丧失。

（6）调光控制装置故障检测响应电路。目前，公路隧道LED照明智能化调光控制装置已在公路隧道照明领域得到越来越多的应用。随着公路隧道智能化照明的普及，它对公路隧道照明领域的节能降耗，延长灯具使用寿命，节约照明电缆投资等都会产生重大影响。通常，调光控制装置发生软件故障时，可通过看门狗电路将系统复位，程序计数器重新开始工作。但这种方式仅能消除系统软件运行过程中的程序拴锁，并不能消除系统硬件故障所产生的失控现象。公路隧道照明控制系统安全要求高，调光控制装置仅由看门狗电路来消除部分故障是远远不够的。例如遇到电源断电、焊接不良、系统遭受雷击或其他不利因素导致部分元器件损坏、电路故障等，会使控制装置不能正常工作，这时看门狗电路将失去作用，这不仅会导致通信中断，更主要的是，会导致隧道内的照明灯具亮度失控或维持在一个较低的水平，危及行车安全。因此，设立调光控制装置的故障检测响应电路，在调光控制装置发生故障时对公路隧道照明灯具进行强制性调光，使隧道照明灯具满功率输出，这对确保整个调光控制系统的可靠性和安全性具有非常重要的意义。在公路隧道照明中，照明系统对隧道行车安全的影响极大，因此在调光控制装置设计时，必须确保其发生不可自动回复的软件或硬件故障时，系统不得将灯具亮度关闭，特别是对于白天用于消除“黑洞”效应的加强段照明灯具，在调光控制装置故障状态下，任何的关闭或调暗灯具亮度或维持在较低的亮度水平等都有可能给行车安全带来隐患。因此，系统必须确保调光控制装置发生无法自动回复的故障时仍然能够控制照明灯具的亮度处在最高亮度状态，即满功率状态。这一控制方案虽然在调光控制装置发生故障时，会使照明系统的能耗大幅增加，但却能保障行车安全。针对调光控制装置可能出现的故障模式，将其在任何不能自动回复的故障状态下均能够具有反向调光功能，以确保照明系统的安全性和隧道的行车安全。

（7）精细化和实时性。分回路四级调光方式是基于传统灯具亮度无法控制的基础上而做出的，这对当时公路隧道的行车安全与节能起到了良好的作用。但随着科学技术的发展，LED及其亮度可控型灯具的出现，使得公路隧道的精细化和实时性调光照明成为可能。

图6.5是依据图6.3在10:40～11:40之间的10级调光曲线。图6.5中将亮度等级分为10级，从0cd/m^{2}开始，每隔20cd/m^{2}为一个亮度等级。图6.5中黑色横线为亮度等级的分界线，蓝色曲线为理想的精细化实时调光曲线，即理论调光曲线，红色线为实际的调光曲线。当理论调光曲线经过亮度等级分界线时，实际调光曲线才开始向上一级或下一级跳变。从图6.5中不难看出，这种调光方式会使洞内频繁出现亮度跳变，特别是亮度由亮至暗的跳变，严重时会危及行车安全。在传统的钠灯分回路调光照明中，虽然也会出现亮度跳变，但由于调节的频度极低，每日通常仅两三次，因而其亮度跳变所产生的危险性并不突出。从调光的相关性来说，实际的红色调光曲线与理论的蓝色调光曲线相关性并不大。这主要是由于调光亮度等级太少的缘故。这种简单分级调光方式还始终存在着过度照明，存在节能效果下降的缺陷。

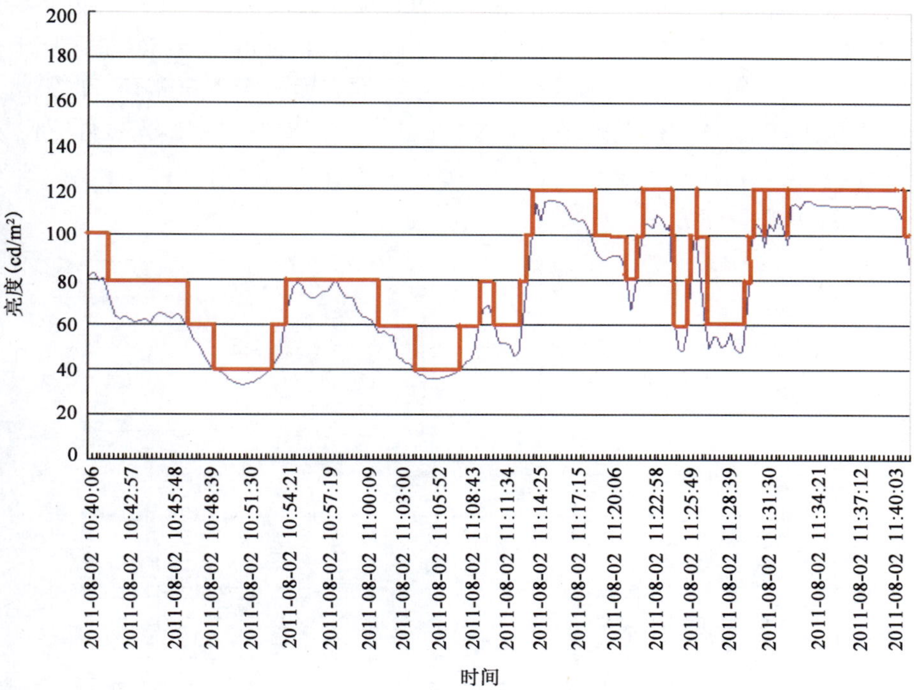

图 6.5　调光分级为 10 级时对隧道光环境的影响

图 6.6 是依据图 6.3 在 10:40～11:40 之间的每隔 10min 调节一次洞内入口段亮度的调光曲线。目前国内的简易化调光照明系统多是这种调光方式。图 6.6 中红色线为实际的调光曲线，蓝色线为理论调光曲线。照明系统每隔 10min 检测一次洞外亮度，然后根据检测结果计算出接下来的 10min 钟内的调光值，而这种调光值在 10min 内将保持不变。因而，从调光的相关性来说，实际调光曲线与理论调光曲线的相关性并不大。这主要是由于调光周期过长(为 10min)的缘故。当实际调光曲线在理论调光曲线之上时，系统处在过度照明状态，电能浪费巨大；当实际调光曲线在理论调光曲线之下时，既是“黑洞”效应产生之时，也是行车危险时段；而当亮度由高到低跳变时，驾驶视认可能会产生“盲视”效应。任何的简单分级调光，当亮度从低到高突变时，视觉问题不大；但当亮度由高到低突变时，驾驶员的视觉会产生短时的不适应，这种不适应与“黑洞”效应是相似的(如同在家晚上关灯瞬间一样)，这种不适应对高速行驶的车辆来说是非常危险的。图 6.6 中圆圈部位为亮度监测点，其调光依据是根据该时刻检测到的洞外亮度值换算后得到的调光数值，但它 10min 才变化一次，远跟不上洞外亮度的实际变化，因而给隧道行车带来了严重的事故隐患。

图 6.7 是依据图 6.3 在 10:50～11:00 之间的每隔 1min 调节一次的洞外亮度调光曲线。从图 6.7 中可以看出，只有在亮度较快上升时，才会出现短时间的“黑洞”效应，其他时间实际调光曲线基本上在理论调光曲线上下波动，但偏差并不大；只有在洞外亮度急剧上升时，才会出现较大地滞后偏差。

通过上面的分析可见，公路隧道照明调光的周期越短，调光的亮度等级越多、越精细，则加强段路面调光亮度越能接近需求亮度，隧道内行车的安全性也更高，照明系统的节能幅度也就越大。

了解了实时性和精细化调光对公路隧道行车安全的重要性后，就需要在控制器设计时尽可能做到这一点。但要完全做到没有延时和无级调光是不现实的。因此根据照明系统的实际需求、人眼对亮度极差的辨识能力以及半导体芯片 D/A 转换器的位数等因素考虑，将系统的延迟时间降至 1s，调光的亮度等级选取 256 级。在这种亮度等级下，相邻亮度等级间的亮度变化人眼几乎无法察觉，从硬件上确保了系统的先进性。同时为了使调光软件更便于操作实施和识别清晰，在调光软件界面上选择了 100 级作为调光的亮度分级。

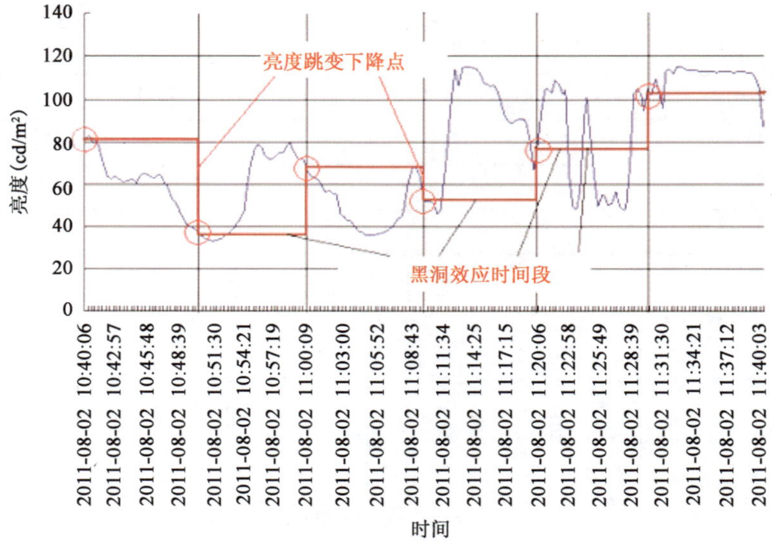

图 6.6　调光周期为 10min 时对隧道光环境的影响

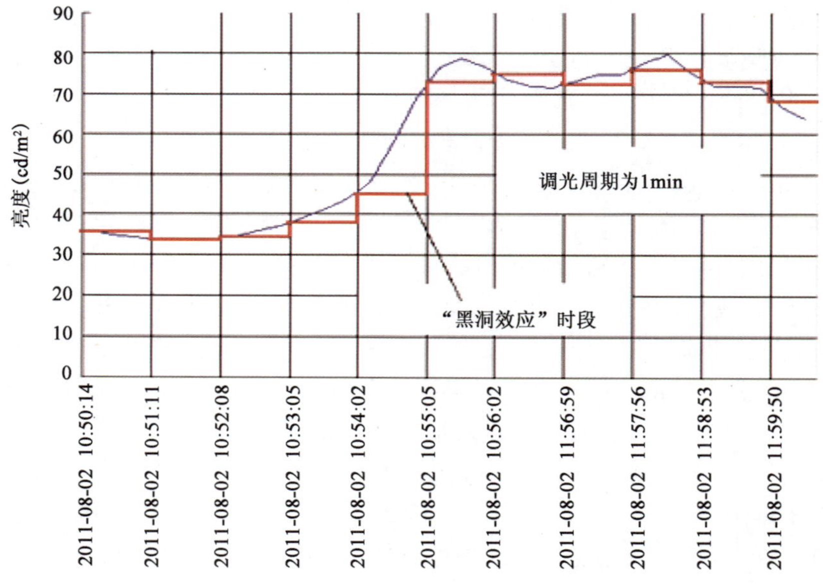

图 6.7　调光周期为 1min 时对隧道光环境的影响

基于对隧道智能照明控制器功能需求的分析，公路隧道智能照明控制器应由电源模块、微处理器、信号采集模块、A/D 转换模块、A/D 模块组、控制信号检测模块组、输出驱动模块、数据存储模块、键盘扫描模块和显示模块、通信模块等组成。图 6.8 是隧道智能照明控制器主要组成部分原理。

照明系统主要由驱动电源控制器、监测装置、集中控制器和控制管理软件四部分组成，如图 6.9 所示。系统的洞外监测装置将检测到的隧道洞外亮度、色温等信息转换为 4～20mA 标

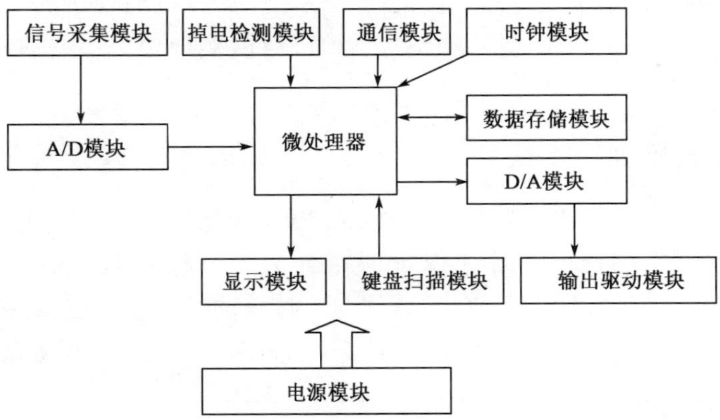

图 6.8　隧道智能照明控制器主要组成部分原理

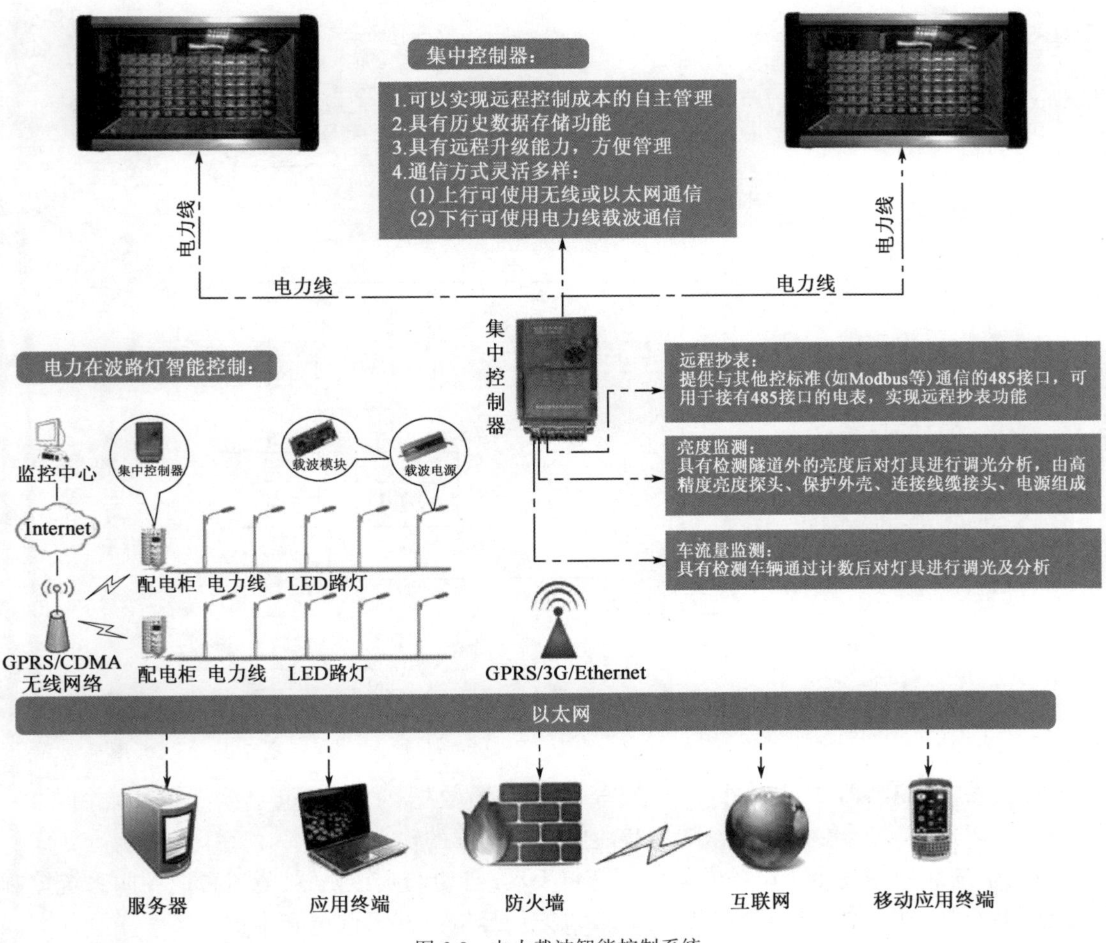

图 6-9　电力载波智能控制系统

准信号传送至LED亮度智能无级控制装置上，再由其后转为DC0～5V的直流模拟信号输出，以控制LED灯上的电压控制电流源。电压控制电流源的控制端电压的变化会使其输出电流随之变化，而输出电流的变化，又会引起LED输出功率和输出光通量发生变化，从而达到控制被照场所亮度的目的。设于中控室的上位机通过以太网光端机与现场的LED亮度智能无级控制装置实现通讯。上位机利用无级调光监控管理软件，实现相关参数的设定、指令下达、实时信号读取和储存。

6.2.3 照明系统辅助设备

公路隧道LED照明灯具和隧道智能照明系统控制器是公路隧道实现精细化和实时性调光的主要设备。为了使它们能够正常工作，并为系统安装、调试、管理、维修等提供方便，照明系统还需要辅助设备。辅助设备主要有手动/自动调光转换器、监测装置、控制柜、上位机、以太网交换机、两路供电系统以及接线排等。图6.10是公路隧道LED无级调光照明系统。

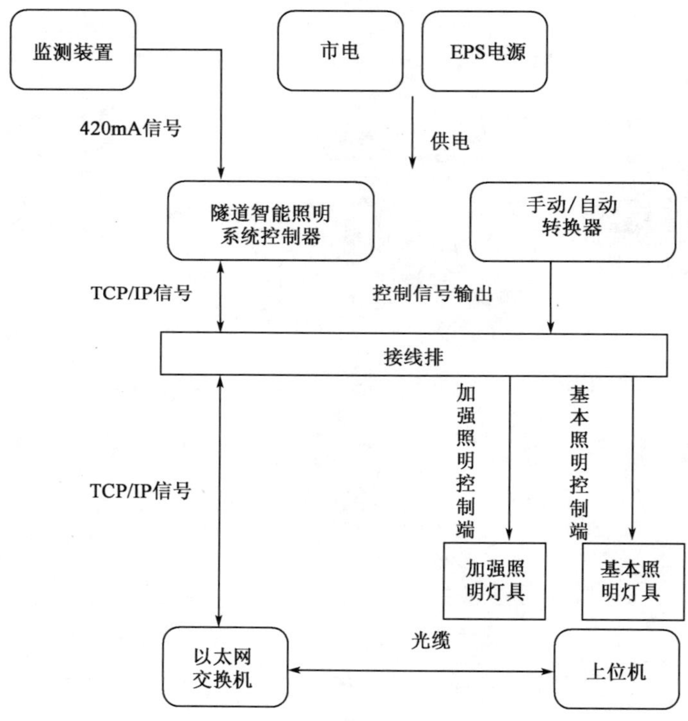

图6.10 公路隧道LED无级调光照明系统

设置手动/自动转换器的目的是便于现场调试和主控制器故障下灯具继续以手动方式调光。

监测装置为控制器提供洞外亮度数据、洞外色温数据、道路流量数据等信号，并以4～20mA的标准电流信号方式传送至隧道智能照明控制器的输入端。

控制柜是部分隧道照明设备的集成。它将手动/自动调光转换器、隧道智能照明系统控制器、柜内电源开关以及接线排等安装在内部，以方便运输、安装、调试和维护。

端子排的作用就是将控制装置和装置外的设备的线路相连接，使信号（电流电压）传输。

有了端子排，使得接线美观，维护方便，在远距离导线之间连接时起到连接牢靠、便于施工和维护方便等作用。

以太网交换机是基于以太网传输数据的交换机，以太网采用共享总线型传输媒体方式的局域网。以太网交换机的结构是每个端口都直接与主机相连，并且一般都以全双工方式工作。交换机能同时连通许多对端口，使每一对相互通信的主机都能像独占通信媒体那样，进行无冲突地传输数据。以太网交换机包含 3 种接口：RJ-45 接口、BNC 接口和 AUI 接口。RJ-45 接口适配线缆/传输介质制作简单，传输速率快，支持的双工工作方式齐全，所以在工程上多使用 RJ-45 接口。

上位机是指可以直接发出操控命令的计算机，安装无级调光监控管理软件，实现相关参数的设定、指令下达、实时信号读取和储存。

6.2.4 照明控制系统信号传输

公路隧道人工照明监控装置向灯具传送的控制信号可分为模拟信号和数字信号两种方式。模拟信号是指用连续变化的物理量表示的信号，其优点是直观且容易实现，但存在保密性差和抗干扰能力弱的缺点；数字信号是指自变量是离散的、因变量也是离散的信号，其优点是加强了通信的保密性和提高了抗干扰能力，但仍存在占用频带较宽，对线路的要求更高，技术要求复杂，尤其是同步技术要求精度更高，进行模拟/数字信号转换时会带来量化误差等缺点。根据公路隧道人工照明监控装置信号的传输特性、抗雷击特性、隧道照明的调光种类、色温和亮度可控性 LED 变色温灯具电源的成本等因素进行综合分析，采用两路模拟信号去分别控制隧道的入口侧加强照明灯具和全隧道的基本照明灯具。调光控制信号为 DC 0～5V的模拟电压信号。设计时将 0V 设计为最大亮度，5V 为最小亮度，中间成反向线性关系。图 6.11 是隧道照明系统控制器的输出电压对应于相对调光功率的关系曲线。根据这一曲线，我们可以得出控制信号电压与公路隧道加强照明和基本照明相对调光功率的一一对应关系。由于加强照明与基本照明的调光函数不同，采用模拟调光时无法直接将两者分离出来，因此隧道照明控制器采用两路输出信号，一路控制入口各段的加强照明灯具，另一路控制基本照明和出口加强照明灯具。在具有色温调节的隧道智能照明控制器中，需增设一路加强照明控制输出，以便用两路不同的控制信号去实现灯具的色温控制。

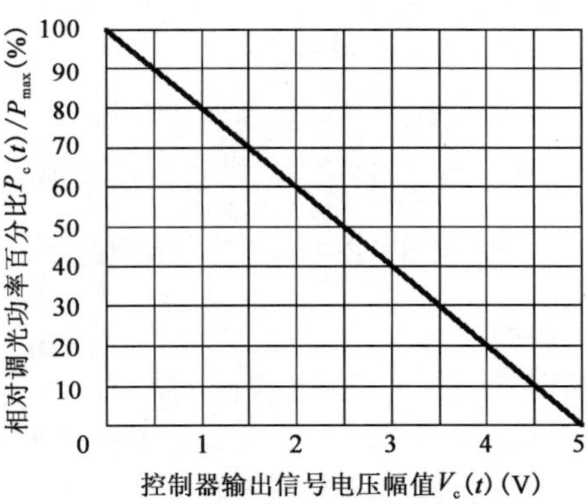

图 6.11 输出电压对应于相对调光功率的关系曲线

6.2.5 照明系统通信信号传输

公路隧道照明系统控制器与上位机之间的通信采用何种方式，关系到调光数据能否实时上传，重要的指令能否被控制器接收并作出相应的反应。隧道现场与中控室之间通常相距几百米至几十公里，当距离小于 1km 时，可通过信号电缆进行通信；当大于 1km 时，则需要采用光纤通信。上位机与下位机之间的通信不论采用何种方式，都必须建立在通信协议的基础之上。目前可供选择的通信协议大致可以分为以下几类。

(1)RS-232是为点对点(即只用一对收、发设备)通信而设计的,其驱动器负载为3～7kΩ,所以RS-232适合本地设备之间的通信。但是RS-232也存在缺点:接口的信号电平值较高,易损坏接口电路的芯片,又因为与TTL电平不兼容,故需使用电平转换电路方能与TTL电路连接;传输速率较低,在异步传输时,最高速率为20kbit/s;接口使用一根信号线和一根信号返回线而构成共地的传输形式,而发送电平与接收电平的差仅为两三伏,所以其共模抑制能力差。再加上双绞线上的分布电容,其传送距离最大为15m。

(2)CAN现场总线的数据通信。具有明显的可靠性,实时性和灵活性,主要表现在CAN为多主方式工作;CAN总线的节点分成不同的优先级;采用非破坏仲裁技术;报文采用短帧结构,数据出错率极低;CAN节点在错误严重的情况下可自动关闭输出。CAN现场总线作为一种面向工业底层控制的通信网络,其局限性也是显而易见的。首先,它不能与Internet互连,不能实现远程信息共享;其次,它不易与上位控制机直接接口,现有的CAN接口卡与以太网网卡相比大都价格昂贵;还有,CAN现场总线无论是其通信距离还是通信速率都无法和以太网相比,而且CAN总线仍存在着不一致性、不可预测性、信道出错堵塞等漏洞问题。

(3)RS-485通信协议。RS-485理论上的传输距离分别可达1 200m,但在实际使用过程中,为了确保系统通信的可靠性,通常不大于250m;当控制线路距离大于350m时,需添加中继器。考虑到通信的可靠性,在公路隧道内中继器的级联数量一般不应超过2个,为保证照明调光系统可靠,每个通道的传输距离应控制在750m以内,传输距离短。

(4)基于TCP/IP的以太网。是一种标准开放式的网络,由其组成的系统兼容性和互操作性好,资源共享能力强,可以很容易实现将控制现场的数据与信息系统上的资源共享;数据的传输距离长、传输速率高;易与Internet连接,低成本、易组网,与计算机、服务器的接口十分方便,能得到广泛的技术支持。

根据我国高速公路目前监控系统普遍采用以太网的连接方式,并基于以上各种通信信号的比较,建议选择TCP/IP进行通信传输。

6.2.6 照明系统安装及测试

1)照明系统安装

照明系统中LED隧道照明灯具的安装要求,具体见3.2.3节、4.2.3节、5.2.3节。电力载波调光系统利用独立的市电供电线路作为通信介质,分为隧道左侧电缆、隧道右侧电缆。电缆进入隧道后即沿两侧电缆桥架,一直敷设至入口各段的末端。两路电缆进入变电站后经电缆槽沟引入隧道智能照明调光控制柜。

调光控制设备除灯具和隧道智能照明控制器外,还需要有一些设备和电气元件。这些设备和元件需要集成在同一个柜体内,以便于维修、调试和管理。因此,需要安装隧道照明调光控制柜,控制柜应安装于变电站内的电缆槽沟上方,以便于各种导线的进出。

2)照明系统测试

照明系统在通电之前,用万用表分别测量线路上的输入电阻,其阻值不得低于1MΩ/N;其中1MΩ是每盏灯的控制端输入电阻值,N为该控制线上连接的灯具数量。用兆欧表检测控制线对接地保护线的绝缘电阻,其值应不低于100MΩ/N;其中100MΩ是每盏灯的控制输入端对灯壳的绝缘电阻值，N 为该控制线上连接的灯具数量。用兆欧表检测控制线对电源线的绝缘电阻，其值应不低于 100MΩ/N；其中 100MΩ 是每盏灯的控制输入端对电源的绝缘电阻值，N 为该控制线上连接的灯具数量。如检测不符合要求，应重新排查不良灯具或线路，并给予更换或修复；更换后重新测试，直至符合要求为止。用兆欧表检测亮度仪输出线对接地保护线的绝缘电阻，其值应不低于 5MΩ。

灯具通电后控制线接入控制柜之前，应分别检查加强照明控制回路和基本照明控制回路对大地的交流和直流电压，其负端对地的直流电压绝对值应不大于0.2V，交流电压应不大于0.5V，交流电流不大于 10mA。检查监测装置信号是否正常，其正、负端开路电压应不大于DC 25V，输入负端对大地电压应不大于 0.2V。

上述工作检查完成并确认无误后，可将信号线、通信线等接入控制柜相应端子上，在照明系统通电之前应将手动/自动转换器拨至手动状态，接通电源，检查电源电压是否正确、调节手动/自动转换器上的手动控制旋钮，检查控制输出电压是否与显示值一致。

通信联网验证。工作人员在上位机上运行控制管理软件，分别对各隧道各照明段进行调试验证步骤。隧道各照明段测试具体见 3.2.3 节、4.2.3 节、5.2.3 节。

掉电响应验证。切断市电电源，隧道智能照明控制器的基本照明控制输出端的输出电压应能自动降至 4V 左右，这相当于单侧照明灯具 20％以上的输出功率。

第7章

隧道出入口段减光防眩技术

隧道减光防眩构造物具有遮光、减光、防眩、挡风、防雨、防雪、隔离噪声及景观、节能降耗的功能，所以在公路隧道设计中具有十分重要的意义。当公路隧道洞内外照明光环境差异过大，且通过人工照明调光措施不能满足驾驶员视觉需求或不经济时，可通过设置减光防眩构造物，根据隧道洞口的地理位置、环境、地形地貌和气候条件的不同，选用不同结构和减光形式的隧道减光防眩构造物，营造满足驾驶员安全舒适视认的自然光过渡段，以改善隧道行车环境，提高隧道行车安全性。

7.1 隧道减光防眩设施种类及功能

目前在世界上已竣工通车运营的公路隧道中，特别在欧洲国家为了减小隧道出入口段光环境差异、防止眩光对驾驶员安全驾驶视认的影响和降低洞口照明能耗，采用构造物措施实现光环境过渡和消除眩光的措施已在实践中得到很好的应用。

7.1.1 隧道减光防眩措施

(1)英国在接近段采取的减光措施主要有：

①在路面铺设深色材料；

②采用反射率小于 0.2，且粗糙的洞门墙面，如图 7.1 所示；

图 7.1 国外某隧道洞门墙面处理

③洞口周围种植树木；

④采用易于减光的隧道洞门形式，如图 7.2 所示。

(2)挪威对公路隧道接近段采取减光措施的研究成果主要有：

①洞口外至少一个停车视距长的路面采用深色材料，可降低洞外亮度 12%～27%；

②洞门端墙采用深暗颜色，可降低洞外亮度 5%～7%；

③植被和灌木可降低洞外亮度 5%～7%。

植被比裸露的岩石、土坡、混凝土和端墙等材料的反射光柔和得多。植被大致可以分为草和树木，前者表面为毛状结构，由很多垂直面组成，后者可以视为更大的毛状结构，反射特性与前者大体类似。因此，在公路隧道入口附近种植具有垂直表面的植被有利于公路隧道接近段的减光效果，如图 7.3 所示。

图 7.2　国外隧道洞门形式

图 7.3　国外隧道洞口植被减光措施

有研究认为，同为绿色植物的阔叶树与针叶树的光谱反射曲线大体相似，如图 7.4 所示。洞口种植像松塔那样具有水平成层枝叶的乔木比较理想；高大乔木可以投下浓厚的阴影，有效避免或减弱阳光对路面的照射。

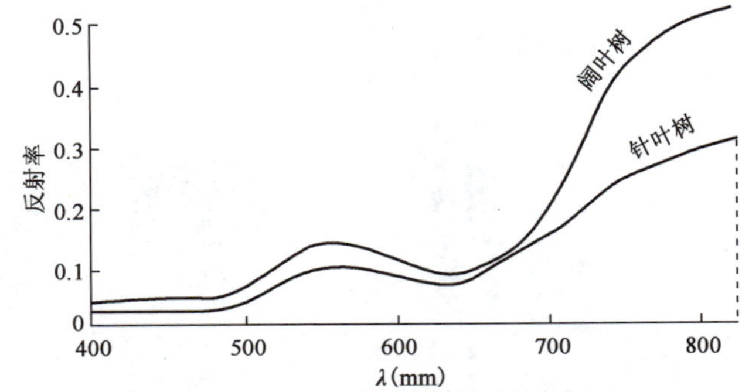

图 7.4　绿色植被的光谱反射曲线

此外，国外还多采用如图 7.5 所示的傍山棚洞式结构物作为隧道减光防眩的措施之一。

图 7.5　国外傍山棚洞式结构

国际照明委员会、欧洲标准委员会和美国联邦公路局等对在接近段是否采取减光措施未做特别的要求。

(3)我国现行《公路隧道照明设计细则》(JTG/T D70/2-01—2014),白天接近段要求在规定的长度范围内采取的减光措施主要有：

①接近段路面采用深色材料(图7.6)。

②洞门宜采用削竹式(图7.7)形式。

当洞门采用端墙形式时,应对洞门端墙应进行暗化处理,如图7.8所示。

图7.6　采用深色路面(湖北沪渝高速大水井隧道)

③植被减光。从隧道接近段起点起,在路基两侧种植常青树,并进行大幅坡面绿化。植被减光主要依据常绿植被反光柔和、驾驶员视觉舒适的特点等来实现降低洞口附近区域的光环境亮度,采用高大的乔木和具有水平成层枝叶的乔木较为理想,但种植何种植被将受地理位置和气候条件影响,如图7.9所示。

a)四川省大相岭泥巴山隧道效果图

b)广东省葵岗隧道

图7.7　削竹式洞门

图7.8　洞门端墙进行暗化处理(北京G109公路东方红隧道)

④修建减光防眩构造物。减光构造物的形式多种多样,主要有遮光棚、遮阳棚和遮光板等,其功能主要是降低隧道出入口处光环境亮度、消除眩光,为驾驶员提供视觉舒适性过渡,改善交通安全隐患,同时减少隧道长期运营的能耗。

图 7.9　植被减光措施

7.1.2　隧道减光防眩构造物形式及功能

1)遮光棚

遮光棚的构造主要是在隧道 U 形槽两侧挡墙上架设钢筋混凝土梁以降低洞口视野亮度。遮光棚容许太阳光直射到路面上,这也是遮光棚和遮阳棚的本质区别,如图 7.10 所示。

a)四川南充栖乐垭隧道　　b)厦门云顶隧道

图 7.10　遮光棚

(1)遮光棚形式

遮光棚按上部结构选材的不同可以分为:钢筋混凝土结构、钢结构、钢筋混凝土框架与钢拱架组合结构、钢筋混凝土环形框架与纵向连接钢管组合结构等形式。

①钢筋混凝土结构遮光棚。钢筋混凝土结构遮光棚是指上部结构采用钢筋混凝土结构,按结构划分为环形结构、矩形框架结构。另外,还可以细分为格栅式和天窗式两类,如图 7.11 所示。适用于隧道洞口地形较陡峻,需要防碎落的路段。

钢筋混凝土明洞镂空式遮光棚是隧道洞口采用较多的一种形式,其结构类似于隧道明洞形式,通过将隧道入口结构设置为镂空形式,从而达到透光和减光的效果,有效地控制隧道洞内亮度,优化行车环境。由于隧道明洞镂空部分能够进行洞内外空气交换,因此可使得隧道及遮光棚内空气质量较好。此外,钢筋混凝土拱形结构遮光棚还具有抗腐蚀能力强、耐久性强、维修容易和运营成本较低的优点。

钢筋混凝土结构遮光棚缺点：车辆行驶时驾驶员的压迫感较强，遮光棚内光线调节能力较差，不能够完全遮风、挡雨，受外界环境影响大，因其结构类似于镂空式明洞，需要有接长明洞的条件和足够宽阔的场地，紧急情况下逃生救援困难，需要将隧道群与遮光棚作为一个整体设置逃生和救援的通道。图 7.12 为钢筋混凝土结构遮光棚，图 7.13 为钢筋混凝土结构遮光棚构造。

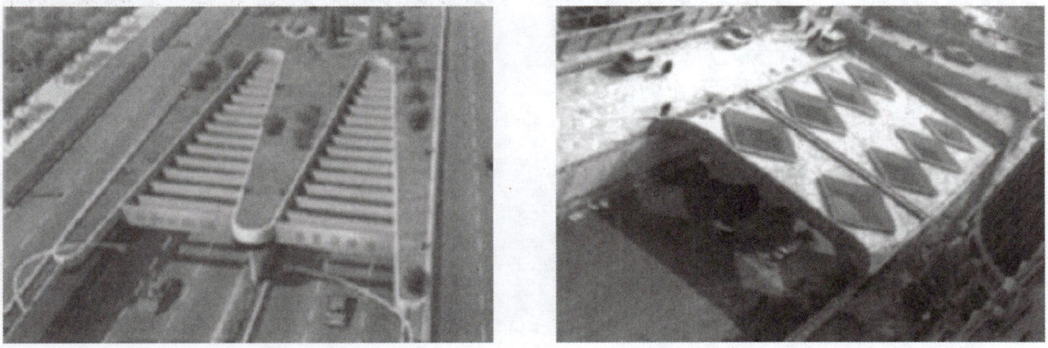

a）格栅式（江苏苏州独野湖隧道）　　b）天窗式（武汉长江隧道）

图 7.11　钢筋混凝土结构遮光棚

图 7.12　钢筋混凝土明洞镂空式遮光棚（广州广深高速虎背山隧道）

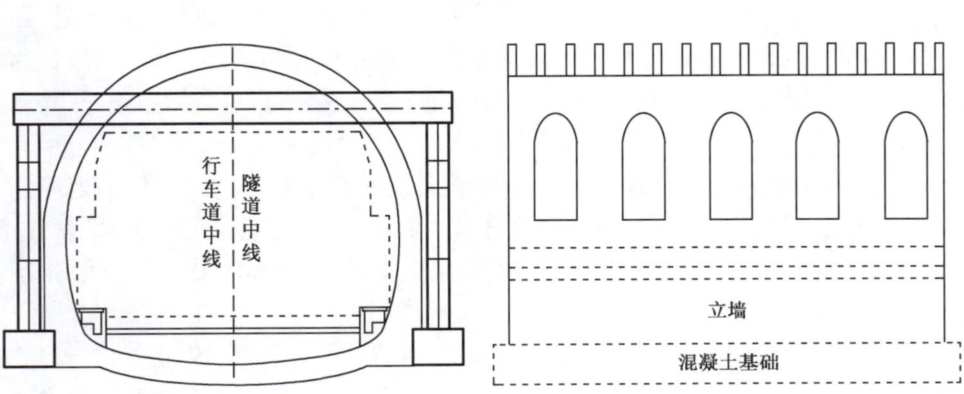

a）立面图　　b）侧面图

图 7.13　钢筋混凝土结构遮光棚构造

②钢结构形式遮光棚。钢结构遮光棚是指上部结构采用钢结构骨架，其上部分铺设半透明遮光板或遮光膜。适用于隧道洞口间地形较为开阔、不需要进行防碎落的路段。图 7.14 为钢结构遮光棚案例，图 7.15 为钢结构遮光棚构造。

图 7.14 钢结构遮光棚（贵州图云关隧道）

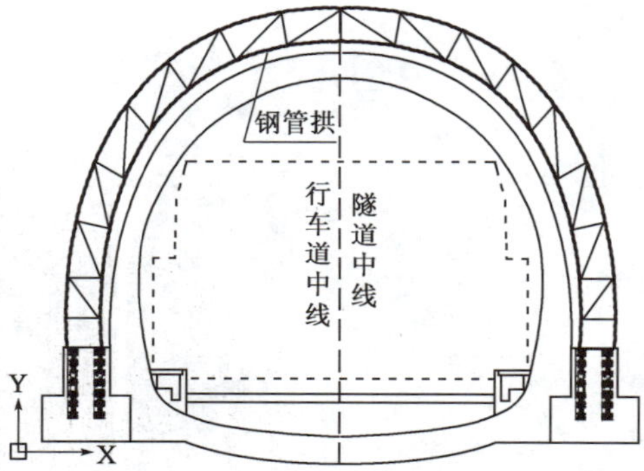

a）立面图

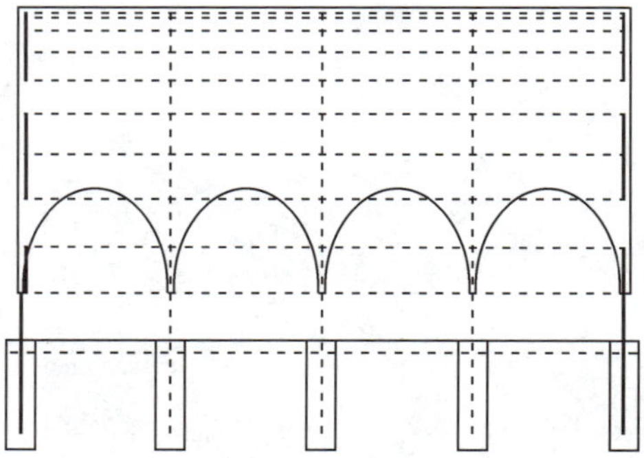

b）侧面图

图 7.15　钢结构遮光棚构造

钢结构遮光棚优点：施工方便、工期短、造价低、养护维修方便，结构轻巧、美观，具有一定程度的遮光性，并可对结构内透光性能提供选择性（选择不同性能的遮光板材）；通风透气性能好，遮光棚段及隧道内空气质量好；当采用钢结构遮光棚连接隧道群时，紧急情况下，逃生救援方便。

钢结构遮光棚的缺点：由于目前遮光板材的正常使用寿命仅为 5～10 年，较遮光棚主体结构的使用寿命短，需要定期更换遮光板材；钢结构拱架易生锈，隧道施工前应对钢材进行防锈处理，运营期间也应该定期对钢构件进行防锈、除锈维护，后期维修养护工作量大；钢结构虽然造型美观，但防撞能力较差。

③钢筋混凝土框架与钢拱架组合形式遮光棚。钢筋混凝土框架与钢拱架组合形式的遮光棚是指遮光棚下部采用钢筋混凝土框架梁柱结构，上部采用钢拱架结构的组合结构形式。适用于地形开阔，不需要进行防碎落，需要跨越沟谷地段，图 7.16 为组合形式的遮光棚。

组合形式的遮光棚优点：能够充分发挥钢筋混凝土框架结构跨越能力大、灵活方便、通透性好、视野开阔、适应性强的特点，能充分发挥钢拱架结构轻便、现场施工速度快的特点，通过与遮光板材搭配，达到遮光、减光的效果；通风透气性能好，遮光棚段及隧道内空气质量好，紧急情况下，逃生和救援方便。

图 7.16 钢筋混凝土框架与钢拱架组合形式的遮光棚(昆明草海隧道)

组合形式的遮光棚缺点：需要定期更换遮光板材，钢拱架需要定期进行维护，结构挡雨、阻雪效果差，遮光棚路段行车环境受洞外环境影响较大。

④钢筋混凝土环形框架与纵向连接钢管组合形式的遮光棚(或称通透拱肋式)。通透拱肋式遮光棚是指遮光棚骨架由横向钢筋混凝土拱形结构组成，纵向采用钢筋混凝土纵梁及钢管连接的结构形式，沿遮光棚两侧种植藤本植物进行生态遮光。适用于地形开阔，不需要进行防碎落，南方雨水充沛、四季常青的地段。如图 7.17 所示。

图 7.17 钢筋混凝土环形框架与纵向连接钢管组合形式的遮光棚(甘肃乌鞘岭隧道)

通透拱肋式遮光棚优点：施工工艺简单，能充分发挥钢筋混凝土的骨架功能，成为承载主体，利用钢管作为附属承载体系，结构外侧种植藤本植物，利用天然植被进行减光、遮光，充分体现高速公路隧道节能、减排的设计理念和人与自然和谐相处的绿色环保理念，减少对公路周围环境的影响与破坏；遮光棚段及隧道内空气质量好，隧道照明设计可以将遮光棚与隧道作为一个整体进行设计，有利于降低工程造价，节省隧道运营成本。

通透拱肋式遮光棚缺点：适用范围受地域条件限制较大；维修养护周期短，需要根据外界环境条件，不定期地对藤本植物进行人工修剪、维护；减光性及遮光性受外界因素影响较大，很难达到适时精准控制；遮光棚路段行车环境受洞外环境条件影响大；紧急情况下，逃生和救援困难。

⑤傍山棚洞式遮光棚(或称通透肋式拱梁结构遮光棚)。傍山棚洞式遮光棚为半明半暗异形结构，明洞侧采用通透的肋式拱梁代替传统的封闭式衬砌结构，暗洞侧采用横向管棚对拱顶山坡进行强支护后直接开挖形成洞室，最大限度地避免了山体的切削和植被破坏，整体结构简洁美观，节能环保。

图 7.18　通透肋式拱梁隧道(安徽龙瀑隧道)

该结构由拱顶管棚、初期衬砌、支护锚杆、内侧拱圈二次衬砌、拱顶地梁、防落石挡块、肋式拱梁、防撞墙、桩基承台、抗滑桩、仰拱等结构构成，如图 7.18 所示。

傍山棚洞式遮光棚为未封闭隧道结构的一种。可缩短隧道通风照明实际长度，减少隧道通风量及通风机械照明灯具数量，减轻隧道洞口烟尘等的排放量和稀释时间。

(2)遮光棚功能

遮光棚作为一种美化隧道景观、减光措施的防眩构造物，已引起重视和大量采用。国内外经验表明，隧道照明不良引起的行车困难主要在白天，在隧道洞口设置遮光棚，可以根据隧道景观要求以及洞口光环境的亮度，优化行车环境，形成一个光过渡段，缓和洞口内外暗明差异，降低或消除眩晕感，同时给驾驶员一个视觉适应过程，确保驾驶员行车的安全、稳定和舒适性，改善隧道运行条件，并且还能降低隧道照明运营费用。隧道遮光棚的具体功能包括以下几种。

①减光防眩功能。由于隧道内外光强的差异，设置遮光棚能够减少光线的直射，降低洞内外光环境亮度差别，具有减光防眩的功能，同时也能够让驾驶员适应隧道内外光环境的变化，确保行车安全需求。遮光棚的透光率应根据洞口光环境亮度特性和亮度确定。

②景观功能。隧道遮光棚在一定程度上能够减缓驾驶员高速进入隧道时的心理紧张感，并且可以通过遮光棚的结构形式设计实现隧道与周边的景观相协调。

③对隧道洞口的保护功能。隧道洞门是隧道结构在自然界唯一外露的部分，在隧道洞门周围地形平缓处可以采用遮光棚作为隧道洞门，起到隧道标志的作用，也可以发挥保护洞门、防止被撞的功能。在隧道洞口周围地形平缓、边坡稳定、不需要防碎石坠落的路段，可以采用钢结构遮光棚作为隧道洞门；在隧道洞口周围地形陡峻并需要设置防碎石坠落的路段，可以采用钢筋混凝土结构遮光棚作为隧道洞门。

④节能功效。隧道之间设置遮光棚，可以将隧道群与遮光棚作为一个整体隧道进行设计，可降低工程造价，节省隧道运营成本；在隧道出入口设置遮光棚，可以降低隧道出入口的光环境亮度，降低隧道出入口洞内外的亮度差异，减少隧道照明加强段较高的照明能耗带来的长期运营成本。

2)遮阳棚

遮阳棚是在钢筋混凝土梁上嵌装透明或半透明材料来降低洞口处视野亮度。遮阳棚的顶棚一般为透光构造，阳光不能直射到路面上，以减弱自然光亮度，如图 7.19所示。

遮阳棚是在框架结构物上覆盖透光材料，但是不能直射到路面上，这是遮阳棚与遮光棚的本质区别。

图 7.19　遮阳棚（宁波里蔡隧道）

（1）遮阳棚形式

根据遮阳棚上部结构选材的不同，可以将遮阳棚分为：钢结构、钢筋混凝土框架与钢拱架组合结构、钢筋混凝土环形框架与纵向连接钢管组合结构等形式。根据高速公路隧道所处地理位置、气候和环境条件、洞门朝向、洞口地形及人文环境等的不同，因地制宜，选用不同形式的遮阳棚，充分发挥各种不同形式遮阳棚的功能。

①钢结构遮阳棚。钢结构遮阳棚是指上部结构采用钢结构骨架，其上铺设遮光板材。适用于隧道洞口间地形较为开阔，不需要进行防碎落的路段，图 7.20 为钢结构遮阳棚。

图 7.20　钢结构形式遮光棚（贵州炉镇隧道）

②钢筋混凝土框架与钢拱架组合形式的遮阳棚。钢筋混凝土框架与钢拱架组合形式遮阳棚是指遮阳棚下部采用钢筋混凝土框架梁柱结构，上部采用钢拱架结构的组合结构形式。适用于地形开阔，不需要进行防碎落，需要跨越沟谷路段，图 7.21 为钢筋混凝土框架与钢拱架组合形式遮阳棚。

③钢筋混凝土环形框架与纵向连接钢管组合形式的遮阳棚。钢筋混凝土环形框架与纵向连接钢管组合形式的遮阳棚是指遮阳棚骨架由横向钢筋混凝土拱形结构组成，纵向采用钢筋混凝土纵梁及钢管连接的结构形式，在由混凝土环形框架与纵向连接钢管组合成的结构物上覆盖透光材料。该结构形式适用于地形开阔，不需要进行防碎落的路段。

（2）遮阳棚功能

①减光功能。遮阳棚是封闭式透光构造物，具有遮阳减光的作用，可降低洞内外亮度差异。遮阳棚的透光率以及遮光板材的选择应根据洞口外环境亮度和隧道内照明设计确定。

②保护路基路面功能。遮阳棚还可以减少雨雪引起的车辆滑移，也能减少雨雪对路基路面的侵蚀，延长使用寿命，减少日常养护维修工作量，提高驾驶员行驶的安全、稳定和舒适性。

a)杭州运河隧道

b)山西新原高速雁门隧道

图 7.21　钢筋混凝土框架与钢拱架组合形式的遮阳棚

③节能环保功能。遮阳棚遮阳减光还能够降低隧道运营期间的电能消耗，起到节能环保的作用。隧道群之间设置遮阳棚，隧道照明设计可以将隧道群与遮阳棚作为一个整体隧道进行设计，有利于降低工程造价，节省隧道运营成本。

④美化景观功能。遮阳棚由于覆盖遮阳板，可以对高速公路周围及沿线附近居民区起到一定的隔声减噪的作用。

遮阳棚能够缓和驾驶员高速进入隧道洞内黑暗环境时的心理紧张感并实现隧道与洞门周边的景观协调。

⑤保护隧道洞门功能。在隧道洞门周围地形平缓、周围边仰坡稳定、不需要防碎落段，可以采用遮阳棚作为隧道洞门，起到隧道标志和防止车辆与隧道原有洞门直接相撞的功效。

但是遮阳棚会造成工程投资加大、运营期间维护工作量增加、在雨雪与环境污染时减光效果不稳定、不利于隧道内通风（同等条件的隧道需要增加风机数量）等不良影响，特别是隧道处于植被不发育的黄土高原边缘时，较大的风沙将造成隧道运营一段时间后遮阳棚淤积大量沙尘，减光效果大大降低，维护成本增加。

(3)材料的选择

①PC 阳光板。PC 阳光板（又称聚碳酸酯中空板、玻璃卡普隆板、PC 单层或多层中空板，聚碳酸酯板）是以高性能的工程塑料聚碳酸酯（PC）树脂加工而成，具有透明度高、质轻、抗冲击、隔声、隔热、难燃、抗老化等特点，但不耐酸，不耐碱，是一种节能环保型塑料板材，如图 7.22所示。

阳光板具有抗撞击、防紫外线、质量轻、阻燃、可弯曲性好、隔音性好、温度适应性好、防结露好的特点，被广泛应用于高速公路隔声和隧道遮光棚等。图 7.23 为阳光板应用。

②FRP 采光板。FRP 采光板（玻璃纤维强化聚酯），俗称玻璃钢，又称透明瓦。主要由高性能上膜、强化聚酯和玻璃纤维组成，其中上膜要起到很好的抗紫外线抗静电的作用，抗紫外线是为了保护 FRP 采光板的聚酯不发黄老化，过早丧失透光特性。抗静电是为了保证表面的

灰尘能轻易被雨水冲走或被风吹走，维持清洁美观的表面，如图 7.24 所示。

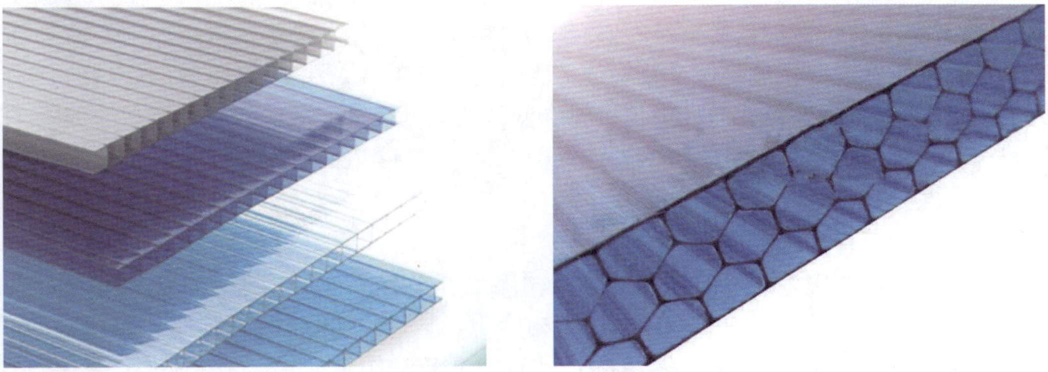

图 7.22 阳光板

a)烟台环山路东品隧道　　b)上海打浦路隧道

图 7.23 阳光板在实际工程中的应用

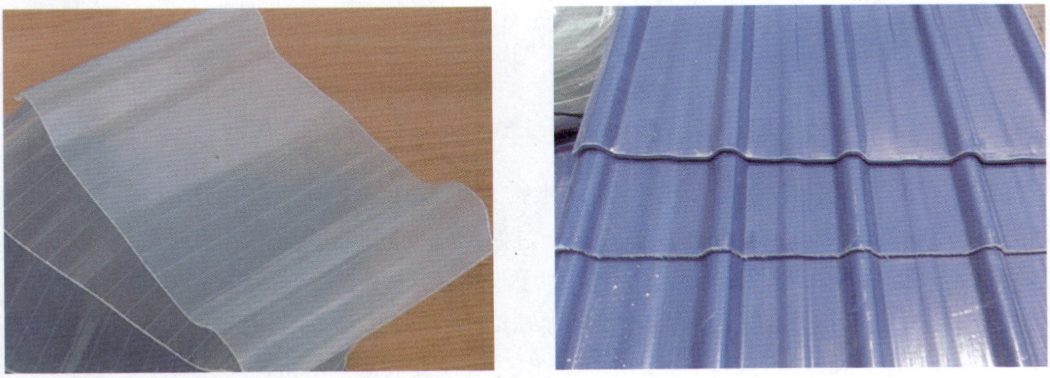

图 7.24 FRP 采光板

FRP 采光板具有很好的抗碎、易清洗、耐酸碱和安装方便等特点；产品采光光线呈散光状，光线柔和，透光率保持度高，可有效地阻隔绝大多数紫外线；该产品属于易燃材料，可在火灾发生时迅速燃烧，然后随室内的浓烟排出，可以减少对火灾现场人员伤害，产品在燃烧过程中不产生熔滴，可有效保护现场人员的安全。

减光防眩设施主要任务是保证较好的减光和防眩效果。人性化地处理好洞内外光线和亮度的衔接，即将洞口亮度剧变通过工程措施降低到驾驶员视觉能适应的较为缓和的程度，防止较强的太阳光直接射入驾驶员眼帘或视认范围内，对改善隧道洞口段交通事故发生率、提升行车安全舒适性具有重要意义。

3)遮光板

遮光板更多地考虑了隧道的景观，大多采用轻盈的钢结构造型。遮光板透光率较大，而光过渡的效果一般。是一种以防眩功能为主的构造物，通过遮挡主视野范围内太阳耀眼的强光来起到防眩的作用，如图 7.25 所示。

图 7.25　遮光板(上海复兴路隧道)

一般隧道出口为正西方向时，采用遮光板能够有效地减轻太阳光线直接射入驾驶员视野范围内或者减小太阳直射角度。

遮光板形式的光过渡更多的是考虑隧道的景观，大多采用轻盈的钢结构造型，而光过渡的效果一般。遮光板的面积比较大，受力较不均匀，在风力较大的情况下，存在安全隐患，若要通过加强结构强度的方法来保证结构安全，又将造成结构尺寸增大，或者配筋量加大且外形臃肿缺乏美感。

7.2　隧道减光防眩构造物设置技术

在实际应用中是否采用隧道减光防眩设施、采取何种形式的隧道减光防眩设施、如何设计隧道减光防眩设施等均需要通过对设置隧道所处位置、地形地貌、气候和环境、洞门朝向、洞口地形及人文环境等条件，因地制宜，综合交通安全、节能和全寿命经济等具体翔实分析，客观选择确定。

7.2.1　隧道减光防眩构造物形式选择

遮光棚作为一种透光构造物，运营期间维护工作量小又有利于隧道通风，可减少风机台数，降低运营成本。隧道洞口设计在解决减光过渡问题的同时，还应该考虑吸取遮光板的优点以达到减光和防眩的效果。

遮阳棚其封闭式透光构造遮阳减光效果很好，既可以降低雨、雪、雾引起的车辆滑移，也能减少雨、雪、雾对路基路面的侵蚀，延长使用寿命；但遮阳棚受到雨雪和环境的污染会造成减光效果不稳定，增加工程投资，同时运营期间维护工作量大也不利于隧道内通风，还会增加风机数量。

遮光板能有效地缩小太阳光直射入驾驶员视线范围或者减小太阳直射角度，但遮光板的面积较大，不利于受力，在风载较大的情况下，存在较大的安全隐患，若要通过加强结构强度的方法来保证结构安全，又将造成结构尺寸增大，或者配筋量加大且外形臃肿缺乏美感。各种减光防眩构造物优缺点如表 7.1 所示。

各种减光防眩构造物比较　　表 7.1

减光构造物形式	优　点	缺　点
遮光棚	①减光效果好，不受自然环境因素影响 ②工程投资少 ③运营期间维护工作量小 ④不增加隧道通风段长度	①形态较为古板，景观较差 ②路面容易产生斑马线条，容易使驾驶员感到不适
遮阳棚	①减弱自然光亮度 ②封闭式结构降低雨雪引起的车辆滑移，减少雨雪对路面基层侵蚀，延长使用寿命 ③对隧道周边环境起到一定的隔声作用	①雨雪与环境污染会造成减光效果不稳定 ②增加工程投资 ③增加了隧道封闭长度，不利于隧道内通风、消防 ④顶部大面积嵌装透光材料，增加城市光污染
遮光板	①形式较为轻盈，景观性好 ②工程投资少 ③运营期间维护工作量小 ④不增加隧道通风段长度	减光效果较差，难以起到良好的过渡效果

7.2.2　隧道减光防眩构造物设置位置

1)隧道出入口处

当高速公路长隧道和特长隧道洞口在东、西方向，洞外照度过大或需要通过大幅增加入口加强段照度才能满足驾驶安全、稳定和舒适视认的需要时，可设置减光防眩构造物，形成一个减光过渡段，使光环境差异保持在驾驶员视觉适应的水平，如图 7.26 所示。

隧道出入口受内外明暗交界、洞内外环境突变、季节与时间变化以及太阳眩光等因素的影响，当车速较快时，隧道内外照度的突变与驾驶员反应时间的不足，易产生“黑洞”或“白洞”效应，给行车安全带来风险。

图 7.26　隧道出入口处设置遮光棚(厦门云顶隧道)

2)山区隧道群之间

当两座或两座以上隧道相邻洞口之间的距离小于 3s 设计速度的距离时，隧道洞内外光线强弱悬殊，车辆突然从较暗光环境进入较亮光环境，再从较亮光环境进入较暗光环境，驾驶员视觉难以适应，容易引发视认盲区，驾驶视认不舒适，给行车安全带来隐患。因此，相邻隧道洞口间距小于 3s 设计速度行程时应采用减光防眩构造物连接，以消除或降低明暗交替程度，也可消除隧道外短距离驾驶不稳定及因路面湿滑或结冰，引发交通事故；采用非封闭式的结构，可以兼顾隧道通风需要。

减光防眩构造物在设计时应根据高速公路隧道所处地理位置、气候和环境条件、洞门形式、洞口地形及人文环境等的不同，因地制宜，选用不同形式的构造物，发挥各种形式的功能优势。遮光棚形式的光过渡运用较多，一般以光格栅条来阻挡自然光进入驾驶员仰视 20°（人眼失能眩光的角度）的视野范围内，并将顶部格栅透光面积由引道向洞口依次递减。

7.2.3 隧道减光防眩构造物设置长度及亮度需求

在进出隧道洞口时，由于隧道洞内外光环境差异，驾驶员眼睛需要一定的时间来适应环境亮度的变化，相关研究已表明，进入隧道的暗适应要比出隧道时的明适应所需时间长的多，高速公路隧道都是双向的，进口段和出口段平行设置。从景观角度来讲，一般进口和出口的自然光过渡采用同等长度的对称设计，而若注重工程经济性，出口段的自然光过渡可以短于入口段的自然光过渡。

设置减光防眩设施时，除需要实现满足减光和防眩的要求外，还需考虑汽车在减光防眩设施内的行程时间不得小于 2～3s，因此可按 2～3s 设计速度行程设计减光防眩设施最小长度。在条件受限时，一般不小于 30m。

减光防眩设施的计算应根据透光面积、透光率等进行，《公路隧道设计手册》中建议以遮光后路面亮度达到外部亮度的 1/10 为原则。设置减光防眩设施后，可对现场洞外亮度进行重新测量，采用减光后的亮度作为洞外亮度，优化隧道入口段照明设计。

第8章 特长隧道中间段景观设置技术

在特长隧道中驾驶的驾驶员具有特殊的驾驶行为和生理及心理需求特性，针对特长隧道环境单调易引发驾驶员驾驶压抑和驾驶疲劳的特性，从驾驶员视觉唤醒层面提出改善特长隧道环境景观的设置原则、措施和技术。

8.1 特长隧道驾驶员生理及心理需求特性

在特长隧道中间段单调压抑的特殊环境中驾驶，驾驶员生理、心理均会受到隧道内特定的环境因素影响，出现特殊的生理及心理特性，通过不同的驾驶工作负荷表现出来。

8.1.1 生理及心理特性

在驾驶过程中，驾驶员认知过程一般分为3个阶段，即信息感知、判断决策和反应操作阶段。详见2.1.2中驾驶员的驾驶动态认知过程。驾驶员的行为是信息感知、判断决策和反应操作所组成的一个不断往复进行的信息处理过程，即感知认知作用于判断决策后影响到操作。在实际驾驶过程中，感知认知、判断决策和反应操作是一个有机的统一体系。感知认知是判断的前提，为判断提供信息材料，是分析判断的源泉。路侧环境是道路、交通和环境信息中一个重要的组成部分，驾驶员在驾车过程中的信息感知认知阶段会源源不断地获取环境信息。在这一动态的过程中，驾驶环境条件在一定程度上会对驾驶员的心理产生影响，从而影响驾驶员的判断决策以及反应操作。自然、恰当和较为丰富的公路环境会使驾驶员保持兴奋和警觉，对道路、交通信息反应灵敏，操作迅速；而单调乏味的公路环境则会使驾驶员反应迟钝、动作迟缓甚至驾驶疲劳，给驾驶安全带来隐患。特别是行驶在空间相对封闭，驾驶员视野控制在一个相对较暗的管状空间内，加之其环境单调和压抑，就更易引起驾驶员的视觉疲劳和恐惧感。同时在特长隧道中间段，当驾驶员产生压抑的心理现象时就容易产生逃逸心理，并下意识地提高车速以满足视野连贯性的需要，很容易导致违章超速，甚至超车，从而诱发行车安全风险，隧道越长，这种情况就越发明显。

“信息感知认知—判断决策—反应操作”这一活动过程包含驾驶员全部的反应过程，驾驶员驾驶工作负荷也是在这个过程中产生的。

8.1.2 驾驶工作负荷

驾驶员在驾驶过程中，由于知觉与思考决策通道容量的有限性和人体的稳态需求，使驾驶员的驾驶工作能力有限。即驾驶员在驾驶工作过程中知觉和思考存在一个最佳的目标密度区域，在这个密度区域条件下，驾驶员能满意地驾驶汽车，及时地辨别前方道路、交通和环境情况的变化。当驾驶员处在最佳的目标密度区域时，驾驶员的注意力处于最积极的状态；当能引起驾驶注意的目标密度小，道路、交通和环境条件单一的情况下，驾驶员在驾驶工作中知觉与思考的刺激缺乏，会使驾驶员对驾驶过程中遇到的道路、交通和环境条件的知觉敏感性降低，驾驶员的注意力会松弛或转移到对道路交通无关而对驾驶员有吸引力的其他不利安全行车的事件上去，或使驾驶员感到工作松弛疲乏，近乎昏昏欲睡的状态，如在广阔无垠的戈壁滩、草原地区，长直线路段上行驶，或驾驶员运行速度过慢，驾驶员接受的信息少于为了保持应有积极驾驶工作水平所必需的数量，或称"信息饥饿"；当能引起驾驶注意的目标密度大，道路、交通和环境复杂的情况下，驾驶员知觉与思考的刺激过大，或称"信息过量或信息冗余"，也会使驾驶员对周围事物的知觉敏感性降低。驾驶员的注意力因过于集中，吸引驾驶员注意力的事件密度过高，它的数量超过了驾驶员在驾驶工作过程中的分析器官的接受能力，就会导致驾驶员对复杂情况做出不正确的评价。如在道路、交通或环境复杂路段，由于信息过量会使驾驶员过于紧张，失去对一些必要的安全驾驶信息的知觉与决策，或导致驾驶员工作疲乏，产生疲劳驾驶；在高海拔地区驾驶时，由于驾驶员工作处理能力降低而导致的驾驶员处理驾驶信息能力降低，造成注意目标密度相对增大而导致驾驶员驾驶疲劳。

驾驶员对行车安全的驾驭是通过大脑这个中央控制器官进行的。大脑不像机器，它的信息容量和处理能力是有限的，也就是具有一定的处理事件的能力范围，它与机械的工作负荷原理相类似，因此将其称为"驾驶员的驾驶工作负荷"(Workload)，根据驾驶员动态驾驶工作的特点可将驾驶工作负荷分为高驾驶工作负荷、标准驾驶工作负荷和低驾驶工作负荷。

驾驶员驾驶工作负荷是指驾驶员在道路上驾驶车辆时，由于道路、交通和环境条件对驾驶员施加的工作任务和频率而产生的在精神压力下的支撑工作的信息道能力。这里提出的驾驶工作负荷主要是指驾驶员的脑力负荷，驾驶员在行车过程中完成驾驶任务需要不断地进行信息采集和加工处理、决策以及反应操纵，由此产生的精神压力即为驾驶员的驾驶工作负荷。驾驶工作负荷与驾驶员自身的生心理特征、驾驶经验、驾驶行为安全态度以及行车道路、交通和环境有关。同样道路、交通和环境条件下，由于驾驶员的生心理特征、驾驶经验、驾驶行为安全态度不同，驾驶员驾驶相同车辆的工作负荷不同；驾驶工作负荷与输入的知觉信息量有关，不同行车环境具有不同的信息量，同一驾驶员在不同环境条件下驾驶工作负荷也不相同。

行车环境复杂的道路或运行速度快时，知觉和处理决策的信息量大，驾驶员必须付出更多的认知努力去选择性接受和理解信息，容易引起驾驶员较大的生心理变化和认知活动的改变，从而导致驾驶工作负荷增大。驾驶工作负荷过高时，由于处理信息量过大造成精神紧张，如果持续存在，容易增加驾驶员判断、决策或操纵失误的概率。另外，如果驾驶员长时间处于高工作负荷状况行车容易导致驾驶疲劳，这些状况都会使得驾驶员行车危险性增加。驾驶员长时间在单调道路环境条件下驾车时，驾驶工作负荷小，需要接受和理解的信息量少，容易引起注意力衰减。由于注意力的衰减，驾驶员容易疏忽或丢失对行车有用的信息，增加驾驶错误率，从而酿成交通事故；而且，也容易导致驾驶员反应变缓，遇到紧急事件处理不当。另外，长期单调乏味的环境也容易造成驾驶员驾驶疲劳。通常心理学家们所称的"心理惰性"便属此类，即驾驶员依靠自己的经验和对待安全的态度，采取高于正常安全程度的驾驶行为，当驶入不熟悉的路段时，很多驾驶员并不降低速度，以图不破坏他的行车节奏而导致行车风险增大。

标准驾驶工作负荷是指道路交通条件和周围环境对驾驶员刺激使得驾驶员的驾驶工作负荷轻松保持在一个宽松的范围内，即驾驶员达到在给定任务环境下的最佳工作状态，也可称之为期望工作负荷或安全工作负荷。驾驶员实际工作负荷与驾驶员标准工作负荷一致时，驾驶员工作水平发挥正常，驾驶事故率最低，从而圆满实现安全行驶，因此驾驶员驾驶工作负荷和事故率间的关系可用图 8.1 来描述。图中 A 区域就是安全研究追寻的最佳驾驶工作负荷——驾驶员标准驾驶工作负荷。

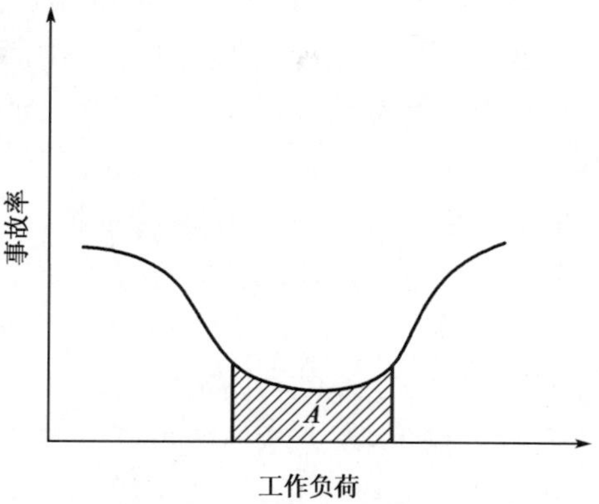

图 8.1　驾驶员驾驶工作负荷示意图

驾驶员的驾驶工作负荷受多方面因素共同影响，包括驾驶员的身体条件、道路条件、周围环境、运行速度等。因此，单纯以驾驶员的生心理指标来衡量驾驶工作负荷不能够完全表征驾驶员驾驶工作过程中的工作状态。

经过大量实地试验和驾驶仿真试验，通过对驾驶员驾驶时的动态驾驶工作负荷大样本量数据的分析、筛选和挖掘，我们得到心率变异性 HRV 指标，能更加有效地反映驾驶员在驾驶过程中的安全与舒适性，是汽车驾驶员驾驶工作负荷的敏感指标，可以定量的评价汽车驾驶员驾驶工作负荷。

由于驾驶员的 HRV 指标存在个体差异性，同时运行速度与 HRV 指标值具有正相关关系。为了剔除驾驶员个体差异，表征运行速度对汽车驾驶员驾驶工作负荷的影响，采用单位运行速度的驾驶员实时心率变异性 HRV 指标变化值表征驾驶工作负荷度 K_{ij}。

通过对大量实地试验采集的试验数据进行分析，采用心率变异性和运行速度共同作为评价驾驶员驾驶工作负荷度的指标 K_{ij}。驾驶工作负荷度计算模型如下。

$$K_{ij} = \frac{\left[\left(\frac{\text{LF}}{\text{HF}}\right)_{ij} - A_i\right]}{V_{ij}} \tag{8.1}$$

式中：K_{ij}——驾驶员 i 在道路上 j 位置的驾驶工作负荷度；

$\left(\frac{\text{LF}}{\text{HF}}\right)_{ij}$——驾驶员 i 在道路上 j 位置的 HRV 值；

A_i——驾驶员 i 正常驾驶时的 HRV 值；

V_{ij}——驾驶员 i 在道路上 j 位置的运行速度(km/h)。

其中，A_i 以驾驶员在驾驶过程中产生的 HRV 值的众数作为表征值。

8.2　特长隧道景观改善

8.2.1　驾驶唤醒水平理论

当驾驶员驾驶疲劳产生时，驾驶员的心理、生理和行为都会发生异常变化，往往会出现警戒性降低、注意力不足、操作能力下降、微睡眠等症状。这些症状与唤醒水平之间存在紧密联系。1973 年卡恩曼(D. Kahneman)提出注意的能量模型,如图 8.2 所示,有效地解释了唤醒在注意方面以及在操作方面的作用。该模型也进一步证明了认知系统的加工能力或资源是有限的,人可以利用的资源数量不是完全固定的,而是和唤醒相连,即唤醒是有效注意能量唯一的决定因素,在一定时间内可利用的资源量随个体的唤醒水平而变化。一般来说,刺激越强烈,越具有不可预见性,则需要的注意越多。一方面,决定能量分配的各种因素指向中枢,中枢分配能量到应注意的物体上;另一方面,唤醒水平相应增高以提供更多的可用能量。一般情况下唤醒水平越高,可利用资源量越多。但可利用资源量是有限的,超过可利用资源量的阈限后,唤醒的增加将导致可利用资源量的减少。只要不超过可利用的能量限制,人就可以同时接收两个或多个输入,或者从事两种或多种活动。而当唤醒水平发生变化时,用于完成操作任务的注意程度随之发生变化,从而对任务操作产生影响。1908 年,耶基斯(R. M. Yerkes)和多德森(J. D. Dodson)提出的模型如图 8.3 所示,更详细地解释了唤醒水平和任务操作之间的关系。该模型经过多次重复验证,现被称为耶基斯—多德森定律。该定律认为唤醒水平与任务操作之间的关系呈倒 U 形:在唤醒水平较低时,随着唤醒水平的上升,操作绩效也相应改善;但在唤醒水平达到一定程度后,操作绩效开始下降。也就是说,较差的任务操作与过高或过低的唤醒水平有关;最好的任务操作与适度的唤醒水平有关,这个水平被称作“最优唤醒水平”。即特别高和特别低的唤醒水平都不利于操作,只有中等水平的唤醒有助于操作。除倒 U 形关系外,该定律的另一个特点是,不同类型的任务操作表现出不同的操作绩效——唤醒水平曲线。对简单任务而言,最优唤醒水平较高;而对复杂任务而言,最优唤醒水平较低。也就是说,简单的、极易学会的任务需要高的唤醒水平,而困难的、不熟悉的任务需要中等的唤醒水平。所以,正在从事某项任务的驾驶员需要维持一定的唤醒水平,唤醒水平过高或过低都不利于任务的完成。另外,后期的研究还表明,最优唤醒水平存在个体差异。

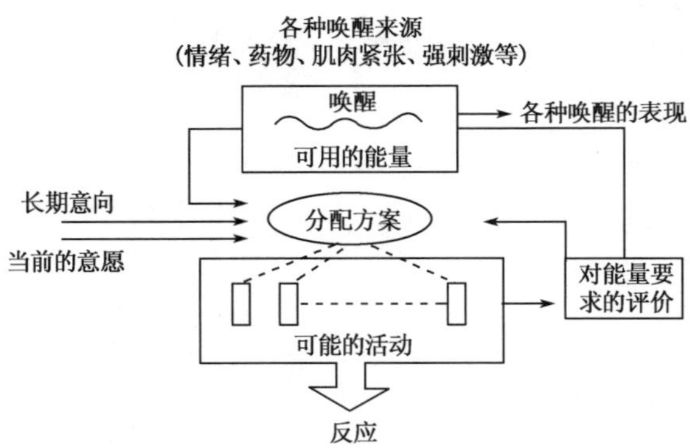

图 8.2　卡恩曼的注意能量模型

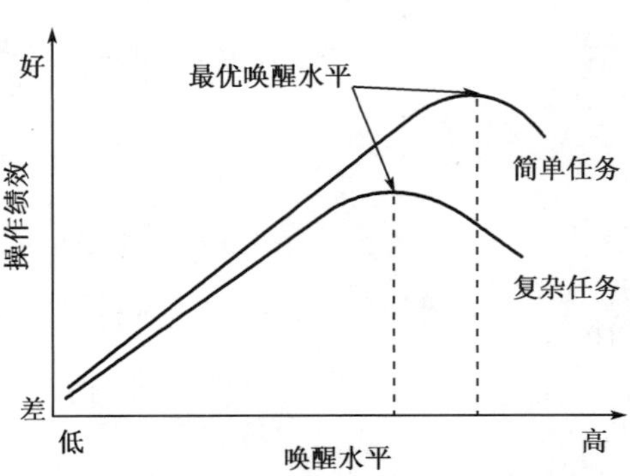

图 8.3　耶基斯—多德森定律

8.2.2　道路交通环境与唤醒水平

道路交通环境是驾驶员操纵车辆行驶所处的环境,属于环境心理学理论的适用范围。环境心理学认为,周围环境刺激,无论视觉、听觉、嗅觉或触觉,都会引起神经系统一定水平的唤醒。那么,处于道路交通环境中的驾驶员也不例外,其唤醒水平必然受到道路交通环境的影响。唤醒水平的变化与刺激的强度有着密切的关系，而与刺激的性质之间的相关性较小，即无论是令人兴奋的还是小的刺激，都可能在唤醒水平上出现相似的变化。另外，环境刺激的不定性与个体的唤醒水平之间呈直线正相关关系，如图 8.4 所示。复杂与神秘的刺激可以增加环境的不定性，从而提高个体的唤醒水平；连贯性和易识别性有利于个体对复杂环境的理解，从而减少环境的不定性，降低唤醒水平。环境心理学还认为，感觉上的刺激不足和生理上的饥渴同样令人难以忍受，这种心理上的饥渴状态会驱使个体像饥不择食一样到环境中去寻求刺激。

在驾驶工作过程中，驾驶员必须不断观察道路交通和环境条件的变化，迅速进行判断并决定自己的操作动作，在此过程中，驾驶员容易产生精神疲劳和身体疲劳。疲劳生成机理的中枢系统变化论可以同时解释精神疲劳和身体疲劳。根据耶基斯—多德森定律，当驾驶时间过长时，大脑皮层的有关区域由于长时间处于兴奋状态而引起大脑皮质的保护性反应，使得这些区域由兴奋状态转变为抑制状态。随着抑制作用逐渐扩散到其他部位，驾驶员表现出疲劳现象。根据唤醒的含义，当驾驶员的大脑皮层由兴奋状态变为抑制状态时，驾驶员的唤醒水平降低。因此，隧道内长时间单调压抑的驾驶会引起驾驶员当前唤醒水平的降低。

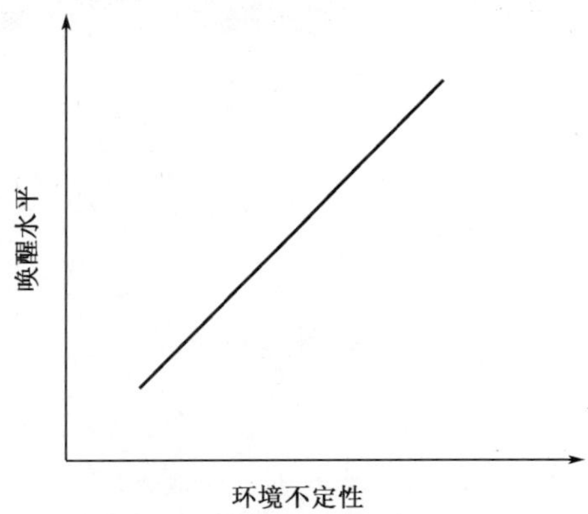

图 8.4　环境不定性与唤醒水平的关系

这也就证明了在特长隧道内可以通过改善环境景观的方式来使驾驶员根据自己的注意力现状主动调整当前唤醒水平以提供更多的注意能量，进一步降低驾驶员的驾驶工作负荷。

8.2.3　景观改善措施

景观是由道路环境中各种相互作用的视觉事物所构成的，这些视觉事物构成了道路景观的基本要素。公路景观按道路景观客体的构成要素归纳起来有自然要素和人工要素。人类从自然中来，人类的活动离不开自然，自然本身的形态和色彩最符合人们的驾驶视认习惯和视觉接受规律。因此，要使公路隧道环境景观满足驾驶安全视认需求，景观设置时必须巧妙地结合与利用自然，使创造的道路交通环境景观与自然接近，让驾驶员在隧道行驶过程中有赏心悦目的视觉效果。

隧道本身作为一种公路构造物，是交通事故的多发路段，由于隧道的特殊性，事故发生后救治、处理困难，事故严重程度高。在隧道群，可以利用隧道群中各隧道间的距离，通过天然景观来改善驾驶员由于频繁进洞和出洞导致的紧张和视觉疲劳。长隧道内单调压抑的环境容易引起驾驶员驾驶疲劳，通常在驾驶疲劳出现之前及时采用改善环境变化的措施(即景观)，以缓解驾驶疲劳，满足驾驶安全视认需求。在长隧道内，景观改善措施包括在一定距离位置设置特殊结构物、灯光、色彩等。图 8.5 为某隧道内景观段的设置。

图 8.6 为某隧道内特殊灯光段的设置，通过变换灯光颜色的方式改善驾驶员的行车环境，增加驾驶环境新鲜感，起到缓解驾驶疲劳的效果。

图 8.5　某隧道内景观

图 8.6　某隧道内特殊灯光段

8.3　特长隧道景观设置技术

8.3.1　景观间距设置

通过对驾驶员在长度为 12.33km 的隧道内行驶时的驾驶工作负荷变化规律试验研究结果得到，80%的驾驶员在隧道内产生了驾驶疲劳，从进入隧道开始至产生疲劳的时间如表 8.1 所示。将 4 名驾驶员在隧道内产生驾驶疲劳时间的平均值作为一般驾驶员在隧道内产生疲劳的表征值，即驾驶员在隧道内行驶约 3.8km 处就开始产生驾驶疲劳。假设此时距离隧道出口的距离恰好等于注视距离，则长隧道的最小长度为驾驶员产生驾驶疲劳的时间内行驶的距离与注视距离之和(图 8.7)。这是由于驾驶员产生驾驶疲劳和压抑时恰好注视到前方出口的条件下，隧道出口会对驾驶员生心理产生影响，驾驶工作负荷增加，驾驶员自身进行心理暗示，压抑和疲劳得到缓解；当隧道内限速为 60km/h 时，由图 8.8 可知，驾驶员注视点距离约为 300m，也即是当隧道内限速为 60km/h 时，驾驶员在特长隧道驾驶产生驾驶疲劳最小长度为 4.1km。

被试驾驶员疲劳时间　　表 8.1

被试驾驶员	从进入隧道开始至产生疲劳的时间(s)
被试驾驶员 1	211
被试驾驶员 2	221
被试驾驶员 4	262
被试驾驶员 5	207
平均值	225.25

因此，将上述得到的特长隧道最小长度取整，定义长度大于 4km 的隧道为特长隧道。驾驶员在限速为 60km/h 隧道内行驶时，80%的驾驶员在隧道内行驶至约 3.8km 处便开始产生驾驶疲劳。因此，需要在驾驶疲劳出现之前即时改善路侧环境，设置特殊景观来刺激驾驶员的唤醒水平，提高驾驶员驾驶工作负荷，延缓驾驶疲劳的产生。

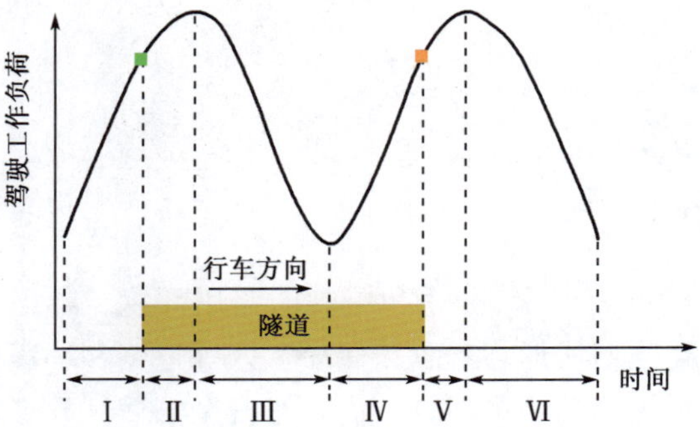

图 8.7　特长隧道内驾驶工作负荷变化规律

注:●标注点表示驾驶员驶入隧道,■标注点表示驾驶员驶出隧道。

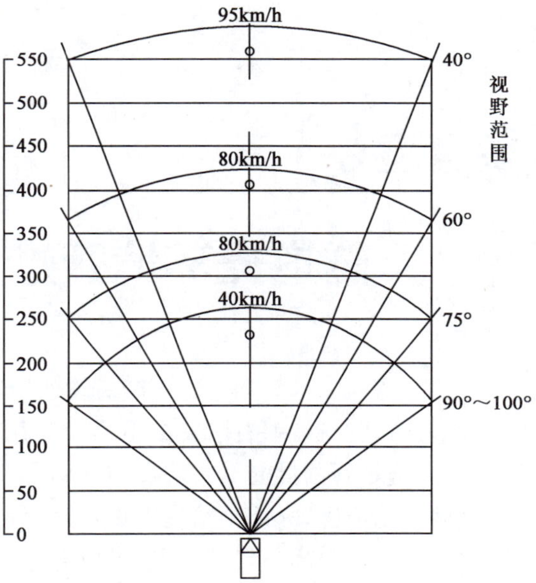

图 8.8　不同车速时视野和注视点的关系

8.3.2　色彩选择

色彩是道路景观中的重要影响因素,不同的景观色彩对驾驶员视觉所产生的刺激不同,对驾驶员的视认影响也不同。

当车辆行驶至特长隧道的灯光景观路段时,由于隧道环境发生变化,驾驶员会随即重视景观段环境的设置,唤醒注意一些新异信息,进行视觉信息感知的调整,在接收环境变化所提供的刺激后,会减轻隧道单调环境对驾驶员生心理的影响。但因景观段通常不包含指引行车的有关交通信息,驾驶员不会过度关注其设置细节,也不会吸引驾驶员长时间注意,未降低其对道路和环境有用信息的认知,起到有效改善环境单调和对驾驶员的压抑感的作用。故在色彩的选取方面要考虑不宜选用太过于刺激的色彩。

一般来说,驾驶员对黄色较为敏感,当驾驶员长时间行驶在黄色景观的道路上时,会造成刺激信息过载,引起驾驶员对景观注视的时间较长,给驾驶员的驾驶带来安全隐患;黄色信息的刺激过多也容易使驾驶员产生驾驶疲劳,从而给交通安全带来隐患。也正是因为驾驶员对黄色的高敏感性,交通中通常用黄色作为警告标志底色。红色是热烈、冲动、强有力的色彩,它能使肌肉的机能和血液循环加快。接触红色过多,会感到身心受压,出现焦躁感,长期接触红色会使人容易疲劳。由于红色容易引起注意,所以具有较佳的明视效果,在交通标志中用作禁令标志的主色。由于隧道内环境的背景材质以混凝土为主,其颜色为混凝土本身的浅灰色,容易给驾驶员压抑感。在隧道壁设计中,色彩宜采用柔和色,而非刺眼的艳丽颜色。绿色是最能使眼睛舒适的色彩,令人平静、放松,有利于改善驾驶员视觉疲劳,是公路绿化的主色调;纯净的蓝色表现出一种美丽、文静、理智、安详与洁净,蓝色和绿色都属于短波长的冷色,可以减弱对于人眼视网膜的刺激。另外,色彩对比强烈会使驾驶视认时间缩短,易读性好。

第9章 隧道光环境营造技术

公路隧道照明的目的是给不同道路使用者提供更为安全、舒适和美观的路用环境。隧道光环境应使驾驶员能够看清安全距离甚至更远道路几何线形、路面、路侧净空区等道路和环境条件，从而满足驾驶员的驾驶期望和视觉需求，同时提高驾驶员在隧道内行车安全舒适性并减少驾驶疲劳的产生，降低公路隧道交通运行风险。隧道运行光环境的最终目的是要赋予在公路隧道影响区域内满足驾驶员安全、稳定、舒适驾驶视认的驾驶工作环境，包括洞外光环境和洞内光环境，其中洞内光环境以隧道照明灯光为主，结构物或设施反射光为辅。辅助结构物或设施包括隧道墙面、路面诱导灯、路面、隧道内标志标线、隧道内可变信息板等。其中隧道各光环境段照明光源的配置设计、安装与调试等在前面章节已进行了具体论述，另外，辅助结构物或设施的功能对良好光环境的营造也起着十分重要的作用。

9.1 隧道空间光环境功能需求特性

在辅助结构物或设施中隧道墙面对隧道光环境营造贡献较大，当墙面反射率达到 0.7 时，路面亮度可提高 10%，当隧道灯光照射到隧道壁面，墙面材料会对光线形成二次反射，路面亮度可提高 10%，隧道内行车背景亮度也得到提高，改善驾驶员在隧道内的视认效率；墙面材料的反光效果还具有诱导作用，能提高驾驶员行车时的空间感和舒适度。因此现行《公路隧道照明设计细则》(JDG/T D70/2-01—2014)中也规定了隧道两侧墙面 2m 高范围内平均亮度不宜低于路面平均亮度的 60%，但未对墙面材料性能和墙面材料涂设高度等有具体要求。我国已通车运营的隧道中大多数隧道壁面都贴有或涂有不同材料、不同颜色、不同高度位置的墙面材料，隧道墙面材料设置的合理与否将影响驾驶员对隧道光环境的视认效果及行车的安全性、稳定性和舒适性。

我们隧道光环境设计师通常采用 DIALux 灯光照明软件模拟，得出的 3D 效果图能直观感受到图 9.1b)中墙面涂有涂料比图 9.1a)中未涂涂料的隧道两侧墙面的结构感和立体感更强，能够缓解驾驶员在隧道中行驶时的紧张情绪；墙面涂料亮度与路面亮度形成一定亮度差，能够诱导驾驶员在隧道中行驶，提高驾驶员在隧道中行车的空间感；墙面涂料作为行车背景，还能够增加驾驶员对隧道内障碍物的视认效率，降低行车安全隐患。

我们采用 DIALux 灯光照明软件模拟得出的 3D 伪色图如图 9.2 所示。图中是采用色彩的深浅表征模型中亮度高低的一种影像。通过图 9.2 可以看出涂有墙面涂料的隧道路面颜色明显深于未涂墙面涂料的路面颜色，进一步验证了墙面涂料的涂设对提高路面亮度的作用。

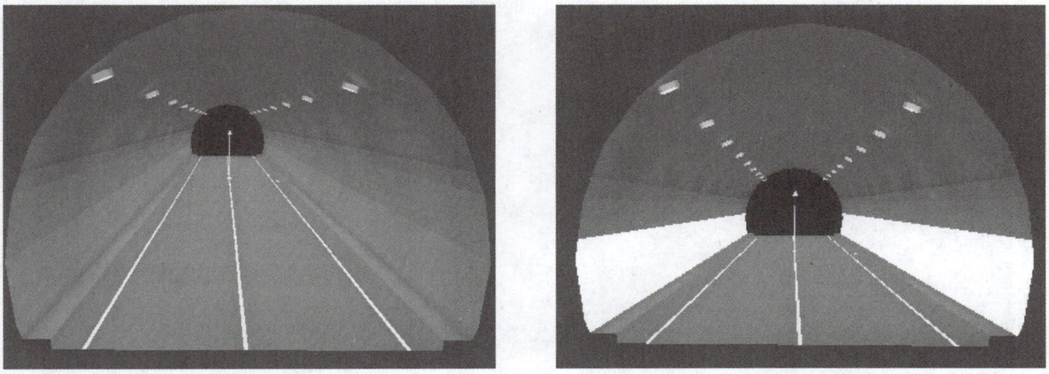

a）未涂墙面涂料　　b）高度2.5m反射率0.7墙面涂料

图 9.1　3D效果图对比

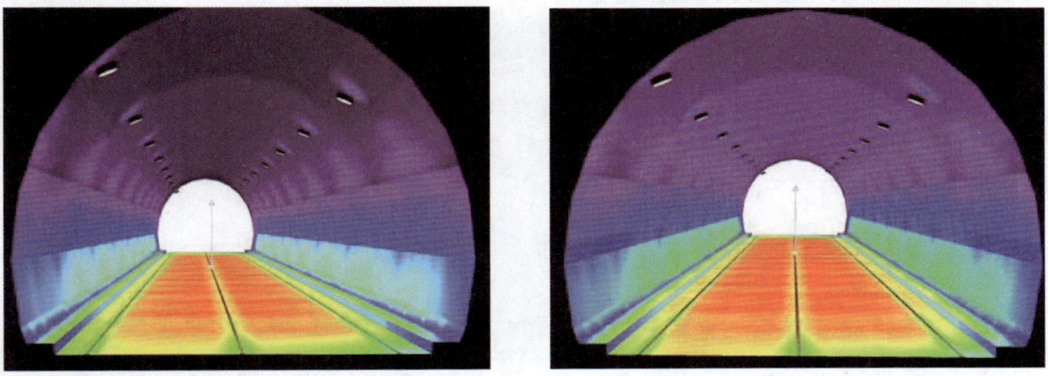

a）未涂墙面涂料　　b）高度2.5m反射率0.7墙面涂料

图 9.2　3D伪色图对比

因此隧道墙面涂设材料的功能要求包括：

（1）提高路面亮度，减少资源消耗；

（2）改善隧道空间环境，缓解驾驶员紧张情绪；

（3）作为行车背景，提高驾驶员视认能力；

（4）引导驾驶员在隧道中更为舒适地行驶。

9.2　隧道空间光环境营造方法

通过隧道空间光环境功能需求特性分析，得出可通过隧道墙面涂料涂设高度与反射率的提升及新涂料的研发等措施实现隧道空间光环境的营造。

9.2.1　隧道墙面涂料涂设高度与反射率

为了分析隧道墙面涂料涂设高度与反射率对隧道路面亮度的贡献量，利用 DIALux 灯光照明软件，按照我国隧道断面相关规范要求进行建模，模拟隧道中间段两侧墙面不同高度和不同反射率涂料对隧道路面照度的影响，分析墙面涂料高度与反射率对驾驶员视认的影响，并提出合理的墙面涂料设置方案。

1)模拟内容

图 9.3 软件模拟模型示意图

DIALux 灯光照明软件是目前世界上最具实用性的照明计算软件，它几乎能模拟任何环境下的照明设计。首先构建隧道三维立体隧道模型，然后将照明灯具参数输入系统软件，即可实现隧道照明亮度计算并进行设计，计算成果包括隧道各工作面的照度、亮度、均匀度、3D 效果图等相关参数数据，图 9.3 为隧道软件模拟隧道模型。

模拟隧道未涂墙面材料和隧道墙面涂设高度分别为 2m、2.5m、3m、3.5m、4m，墙面材料反射率分别为 0.4、0.5、0.6、0.7、0.8 时的隧道路面中间段照度值。

模拟对象为隧道中间段，模拟隧道长度为 100m，路面宽度为 9m，R3 沥青路面(轻微定向反射光路面)，灯具安装高度为 5.5 m，灯具水平角度为 20°，采用两侧交错布灯，布灯间距 12m 的布灯方式，图 9.4 为模拟隧道灯具布设平面图。

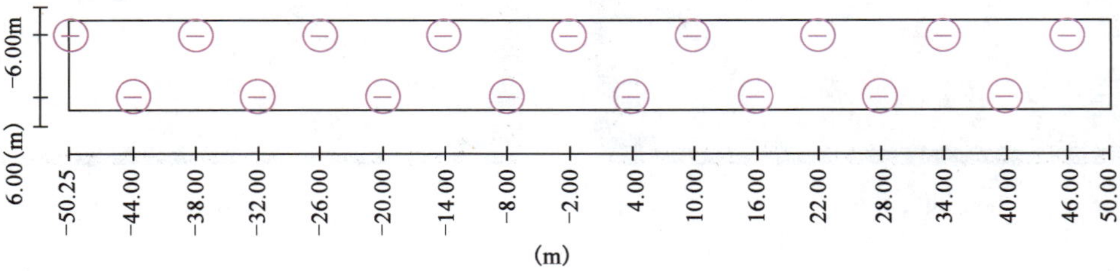

图 9.4 隧道平面图

根据 CIE 规定：隧道交错布灯时，测量区域应选择两灯之间的路面区域作为测量区域，研究选择图 9.5 中所示长 12m、宽 9m 的长方形路面阴影区域作为测量计算区域。

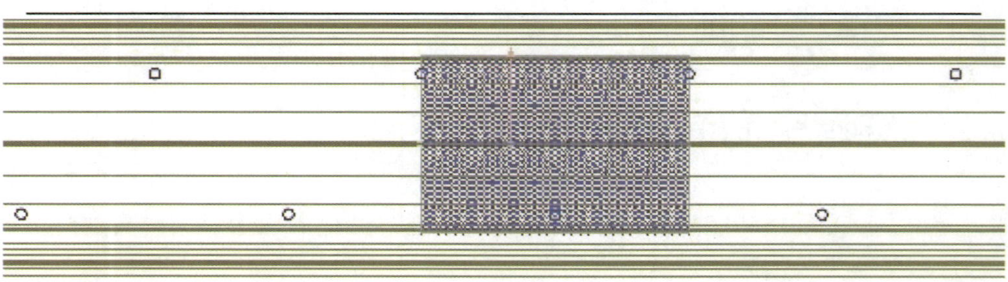

图 9.5 实验测量区域

灯具参数：采用国产对称型隧道灯，功率为 60W，配光曲线如图 9.6 所示。

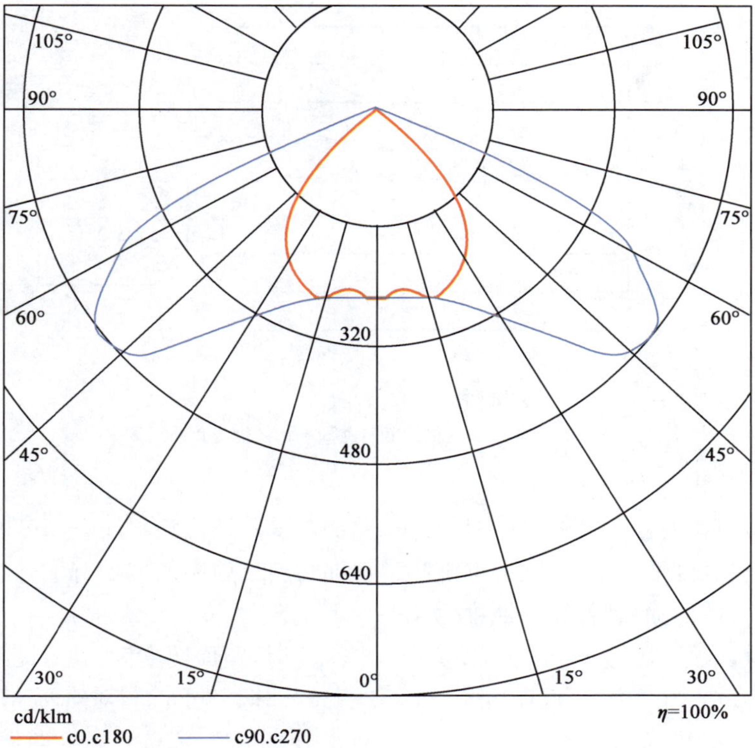

图 9.6　对称型配光曲线

2)模拟计算步骤

(1)在隧道墙面未涂设涂料情况下,计算输出测量区域的路面平均照度值、3D效果图及3D伪色图。

(2)隧道墙面涂设2m高涂料,反射率分别为0.4、0.5、0.6、0.7、0.8时,计算输出测量区域不同的路面平均照度值、3D效果图及3D伪色图。

(3)根据(2)中方法,将隧道墙面分别涂设2.5m、3m、3.5m、4m高的涂料时,依次计算输出测量区域不同的平均照度值、3D效果图及3D伪色图。

(4)步骤(1)~(3)模拟计算结果统计如表9.1和图9.7所示。

不同反射率和高度墙面涂料下路面平均照度值(lx)　　表9.1

墙面高度(m) \ 反射率	0.4	0.5	0.6	0.7	0.8
0(未涂设涂料)	49	49	49	49	49
2	50	50	51	51	51
2.5	50	51	51	52	52
3	50	51	51	52	52
3.5	51	51	52	53	53
4	51	52	52	53	53

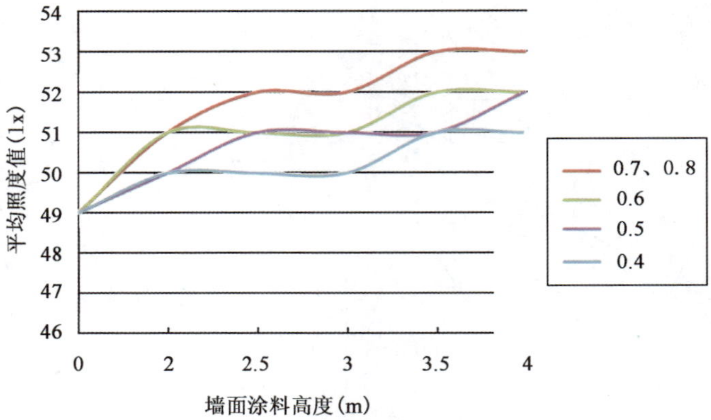

图 9.7　不同发射率墙面与路面平均照度变化曲线

3)模拟结果分析

从表 9.1 中可以看出,相同反射率情况下,路面照度随墙面涂料涂设高度的增加有上升趋势;相同墙面涂料高度情况下,路面照度随隧道墙面涂料反射率的增加有上升趋势。

(1)隧道未涂墙面涂料时,路面照度为 49lx。

(2)墙面涂料涂设高度 2m,反射率分别为 0.4、0.5 时,路面照度为 50lx,提高了 1lx,反射率 0.6、0.7、0.8 时,路面照度为 51lx,提高了 2lx。说明高反射率墙面涂料对路面照度贡献较高。

(3)墙面涂料高度由 2m 提高至 2.5m,反射率分别为 0.5、0.7、0.8 时路面照度增加了 1lx,反射率为 0.4、0.6 时路面照度未改变。说明墙面涂料涂设高度增加 0.5m 对路面照度有一定影响,高反射率墙面增加明显。

(4)墙面涂料高度由 2.5m 提高至 3m,反射率分别为 0.4、0.5、0.6、0.7、0.8 时,路面照度均维持在 2.5m 高度时的路面照度水平。说明隧道墙面涂料涂设高度从 2.5m 增加至 3m 时,路面照度提高不明显。

(5)墙面涂料高度由 3m 提高至 3.5m 时,反射率分别为 0.4、0.6、0.7、0.8 时路面照度增加 1lx;反射率为 0.5 时,路面照度未改变。由于涂料高度从 2.5m 提高至 3m 路面照度几乎没有变化,涂料高度 3.5m 提高路面照度 1lx 是墙面涂料加涂 1m 后积累的结果,所以墙面涂料高度从 3m 增加至 3.5m 时路面照度提高不明显。

(6)墙面涂料高度由 3.5m 提高至 4m,反射率分别为 0.4、0.6、0.7、0.8 时路面照度均维持在 3.5m 高度时的路面照度水平,反射率 0.5 时路面照度增加 1lx。说明墙面涂料高度在 3.5～4m 对路面照度贡献不明显。

(7)由表 9.2 可见,当墙面涂料涂设反射率 0.7 以上,2～3m 高时对墙面贡献变化明显,墙面涂料反射率为 0.7,高度为 2.5m 时路面平均照度升高至 52lx。

反射率 0.7 时不同墙面涂料高度下路面平均照度值　　表 9.2

涂设高度(m)	2	2.1	2.2	2.3	2.4	2.5	2.6	2.7	2.8	2.9	3
照度(lx)	51	51	51	51	51	52	52	52	52	52	52

由表 9.2 可知,墙面涂料反射率为 0.7,高度为 2.5m 时路面平均照度升高至 52lx。

9.2.2 隧道用蓄能发光墙面涂料

光是一种人类眼睛可以看见的电磁波，其波长为400～700nm，在任何一种光源体中都有一些人类眼睛看不见的400nm以下的电磁波，而且光源中200～400nm的短波能量会激发稀土类材料核外电子发生跃迁，并产生电子带从低能级往高能级的跃迁发光现象，当停止光的照射后，稀土类材料核外电子再从高能级往低能级跃迁，电子产生延时发光现象。隧道用蓄能发光涂料的增光和延时发光主要原因是涂料中的稀土激活碱土金属铝酸盐基发光材料，稀土离子能级之间的5d～4f跃迁和电子转移而产生发光光谱电荷迁移带，不同的碱土金属元素可使稀土元素所处的晶体场强度发生明显的变化，从而产生不同的发光和余晖颜色。

隧道用蓄能发光涂料主要是将丙烯酸聚合物乳液、填料、阻燃剂、稀土类长余辉发光材料、助剂和水按一定比例通过特殊加工工艺制成的，其发光颜色和发光时间随着所用发光材料的不同而各有差别。该涂料的特点是集增光发亮、延时发光、耐潮湿、耐玷污、耐水洗和装饰等功能为一体，根据不同的配方，其延时发光的颜色可分为绿色、天蓝色、黄绿色、蓝绿色、橘黄色、红色和白色等。

长余辉阻燃蓄能发光涂料是光功能涂料的一种，它与荧光涂料、反光涂料、自发光涂料等其他光功能涂料不同。它通过吸收太阳光或人造光等可见光，并将光能储存起来，当光激发停止后，再把储存的能量以光的形式慢慢地释放出来，持续的时间长达6～10h，这种功能性光致发光涂料具有超长余辉发光、发光亮度高、发光时间长、无放射性等优点。

1)延时发光性能

蓄能发光涂料在不同光源作用后，其延时发光时间能超过10h，表9.3是在喷涂蓄能发光材料隧道模型中分别采用7种照明光源分别照射隧道模型壁面30min，然后关闭隧道内的照明光源体，延时不同时间实测得到的隧道内阻燃蓄能发光涂料辅助照明的延时发光亮度值。在隧道中蓄能发光涂料延时发光效果如图9.8所示。

不同光源照射后阻燃蓄能发光涂料延时发光亮度值　　表9.3

时间(min)	自然光(cd/m^2)	LED灯(cd/m^2)	高压钠灯(cd/m^2)	日光灯(cd/m^2)	节能灯(cd/m^2)	无极灯(cd/m^2)	金属卤化物灯(cd/m^2)
0	4.86	0.998	0.66	0.23	0.101	1.215	0.87
10	0.51	0.101	0.18	0.052	0.015	0.106	0.14
30	0.062	0.035	0.01	0.024	0.007	0.038	0.036
60	0.026	0.016	0.008	0.014	0.004	0.004	0.014
90	0.019	0.009	0.006	0.013	0.004	0.001	0.008
120	0.013	0.007	0.005	0.010	0.003	0.000 9	0.005
150	0.009	0.003 3	0.002	0.009	0.001	0.000 8	0.002 1
180	0.008	0.002 7	0.000 9	0.007	0.000 9	0.000 7	0.001 5
240	0.004 2	0.002 3	0.000 8	0.004	0.000 8	0.000 6	0.000 8
300	0.003 1	0.001 1	0.000 7	0.003 3	0.000 7	0.000 6	0.000 7
360	0.002 5	0.000 8	0.000 7	0.002 7	0.000 6	0.000 5	0.000 6
450	0.003	0.000 7	0.000 6	0.002 3	0.000 6	0.000 4	0.000 4
720	0.002	0.000 6	0.000 6	0.001 1	0.000 5	0.000 2	0.000 2

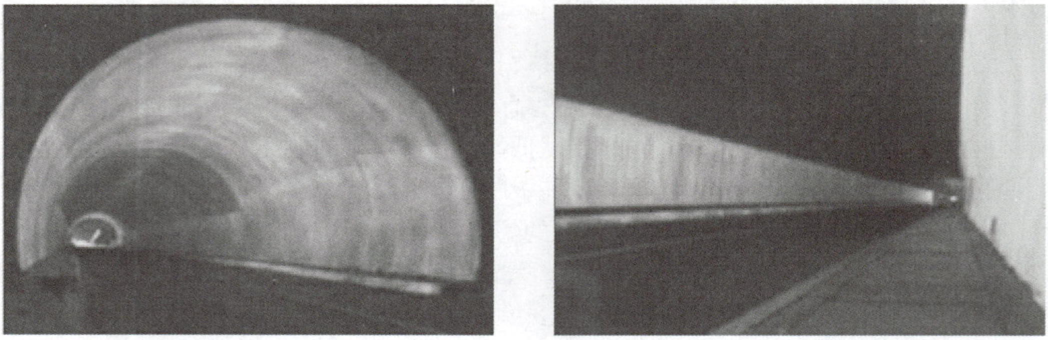

图 9.8　在隧道中蓄能发光涂料延时发光效果

2)光波穿透烟雾性能

建筑物及地下工程内发生火灾时,真正被火烧死的人数约占火灾死亡总人数的 1/4,而因无法逃生被烟雾熏死的人数占死亡总人数的 3/4;各种试验及文献资料显示,在发生火灾时,当建筑物内的烟雾浓度使人的视觉视程低于 3m 时,人在建筑物中的逃生概率几乎为零,因此在火灾中延长逃生人员在烟雾中的视认能力尤为重要。蓄能发光涂料所能穿透的烟雾浓度与视认距离具有相关性,图 9.9 所示为其关系试验结果曲线,图 9.10 所示为试验现场对比图。

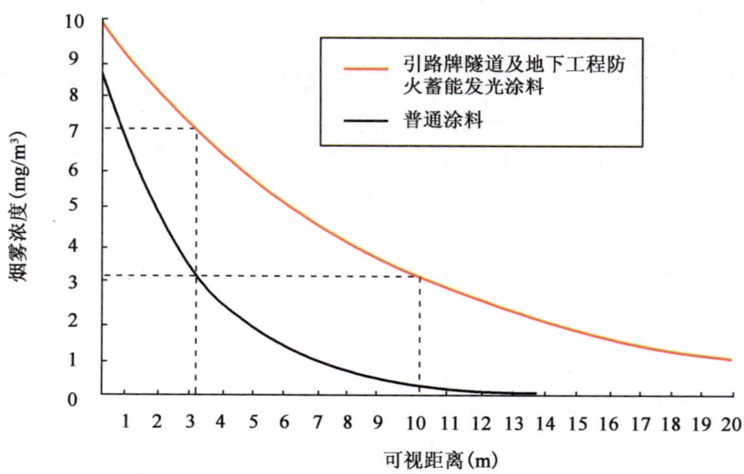

图 9.9　蓄能发光涂料环境的烟雾浓度与可视距离关系曲线

当隧道发生火灾时,产生烟雾,驾驶员在隧道内无法识别隧道轮廓及寻找应急逃生通道的入口。阻燃蓄能发光涂料穿透烟雾能力可以帮助驾驶员识别隧道轮廓,快速找到应急逃生通道的入口,保证安全。

3)耐污染性能

以安徽黄塔桃高速公路为例,高速公路车流量约 720 辆/日,其中大车占车流量的 1/3,图 9.11为安徽黄塔桃高速公路中村南隧道运营通车 6 年后的耐污染对比试验,图 9.12 为清洗隧道内拱墙面污垢、灰尘,通过对中村南隧道运营 6 年来的增光率衰减检测试验可知,阻燃蓄能发光涂料的反射率衰减小于1%，如表9.4所示。

a）墙面喷涂阻燃蓄能发光涂料（开灯）

b）墙面喷涂普通涂料（开灯）

c）墙面喷涂阻燃蓄能发光涂料（关灯）

d）墙面喷涂普通涂料（关灯）

图9.10　相同烟雾浓度状态开关灯条件下的视认效果

a）喷涂普通涂料通车6年后隧道墙面状况

b）喷涂阻燃发光涂料通车6年后隧道墙面状况

图9.11　隧道运营6年后洞内拱墙面耐污染状况对比

图 9.12 清洗隧道内拱墙面上的灰尘污垢清洗现场

中村南隧道运营 6 年来阻燃蓄能发光涂料反射检测试验 表 9.4

状态/测试时间(年/月/日)		距洞口断面测点(车道边线、中线等 5 点平均值)				
		60m	80m	120m	180m	240m
未喷涂前亮度(cd/m²)2008 年 9 月 20 日		32.55	12.59	10.75	2.60	2.61
喷涂后 2008 年 11 月 8 日	亮度(cd/m²)	44.36	15.97	13.60	3.26	3.39
	反射率(%)	36.28	26.85	26.51	25.38	29.89
喷涂后 2009 年 5 月 9 日	亮度(cd/m²)	42.97	15.36	13.22	3.17	3.19
	反射率(%)	32.01	22	22.98	22%	23.17
喷涂后 2010 年 3 月 12 日	亮度(cd/m²)	40.36	14.48	12.36	2.96	2.98
	反射率(%)	24	15	14.98	13.85	14.2
喷涂后 2011 年 1 月 7 日	亮度(cd/m²)	39.06	14.1	12.32	2.86	2.90
	反射率(%)	20	12	14.6	10	11
喷涂后 2012 年 4 月 8 日	亮度(cd/m²)	36.46	13.22	11.39	2.74	2.77
	反射率(%)	12	5	6	5.4	6.1
喷涂后 2013 年 10 月 9 日	亮度(cd/m²)	34.5	12.57	10.75	2.55	2.61
	反射率(%)	6	−2	0	−1.9	0
喷涂后 2014 年 5 月 12 日	亮度(cd/m²)	44.27	15.96	13.57	3.24	3.35
	反射率(%)	36.01	26.78	26.23	24.62	28.35
备注		①LED 隧道灯光源，自 2009 年至 2013 年期间，因照明灯具的光衰引起照明反射光的降低，在 2013 年 12 月底，当该隧道全部重新更换了 LED 隧道新灯后，照明增光与原始状态相当，与原始状态相比，6 年来阻燃蓄能发光涂料反射率衰减不足 1%； ②测试时间为夜间，测试状态为照明灯具按设计功率全部开启				

公路隧道照明属于暗环境照明，隧道进出口处的光环境“由明到暗”和“由暗到明”容易使驾驶员的视觉产生“黑洞”和“白洞”效应，在隧道照明系统中利用阻燃蓄能发光涂料进行辅助和应急照明，可达到节能，减少进出口“黑洞”“白洞”效应的效果，并且在发生火灾等安全事故时具有逃生照明的作用。

9.2.3 隧道墙面涂料设置

综上所述，墙面涂料高度越高，路面照度越高。墙面涂料高度为 2.5m，反射率大于 0.5 的路面照度比未涂设墙面涂料时路面照度提高 2～3lx。而墙面涂料高度从 2.5m 提高到 4m 时路面照度仅提高 1lx，这时墙面涂料产生的经济效益较低。因此，从安全、经济角度考虑，墙面涂料高度设置为 2.5m 最佳；墙面涂料反射率大于或等于 0.7 时路面照度变化率较高，所以建议墙面涂料反射率不应小于 0.7，在使用过程中，当反射率低于 0.5 时，应及时采取措施并进行清洁。为营造安全、舒适的隧道光环境，实际隧道工程中，除墙面装饰涂料应满足相关技术指标外，宜选择浅颜色、高反射率的漫反射材料，增加隧道内空间对比度，能够起到隧道线形诱导作用。对于线形不良的隧道可以添加腰带线，提高驾驶员对隧道线形的感知能力。

阻燃蓄能发光涂料具有高反射率的效果，反射率大于 0.75。随着材料技术的发展，隧道墙面材料除具有隧道内装材料基本功能之外，还应具有低眩光、高反射系数、漫反射性能等特点，蓄能发光材料应用于隧道照明中，实现了隧道的绿色照明，是今后技术发展的方向。

第10章 隧道光环境诱导技术

目前，我国对隧道结构设计和施工的相关规范和标准的研究和实施较为成熟，但对隧道标志、标线的设置尚缺乏专门、系统、指导性的研究理论和技术方法。伴随着我国越来越多的公路隧道建设完工投入运营，在隧道影响区域科学、合理地设置标志、标线以指引和诱导交通安全、稳定地行驶，已成为道路交通安全的重要研究对象。结合中国公路隧道用户驾驶员驾驶行为特征、车辆特征和隧道提供的运行条件，本章是课题组研究多年的我国隧道光环境交通标志、标线设置技术研究成果。

10.1 隧道光环境方向诱导及轮廓特性需求

公路隧道以汽车驾驶员为服务对象，不同线形条件、不同长度的隧道和隧道群座数对驾驶员驾驶的安全、稳定和舒适性的影响不同，带来的行车风险程度也不一样。剖析其诱因发现在隧道内的行车方向和隧道空间轮廓的明晰程度对驾驶员行车安全带来很大的影响。

10.1.1 方向诱导及轮廓特性需求

课题组对我国驾驶员在隧道影响区域安全、稳定和舒适性的驾驶行为机理、评价技术进行系统的试验研究，发现隧道不同长度和隧道间距对驾驶员的方向感和轮廓空间辨析程度会产生不同的影响，对驾驶员驾驶的安全、稳定和舒适性特性也会产生不同的影响。根据高速公路隧道长度和驾驶员的生心理和驾驶行为特性的影响程度，将隧道分成四类：长隧道、一般隧道、短隧道和隧道群，其分类的标准如表 10.1 所示。

高速公路隧道安全稳定舒适性分类　　表 10.1

隧道类型	长隧道	一般隧道	短隧道	隧 道 群
长度 L	≥4km	450m<L<4km	L≤450m	至少有两处隧道，每条隧道长度 L≥450m，隧道间距均 L≤1.2km

1)短隧道

当隧道为短隧道时，隧道对驾驶员驾驶安全、稳定和舒适性无影响。

在短隧道应设置的标志：隧道标志、禁止停车标志。

应施画的标线：隧道入口前渠化标线、隧道立面标记、反光轮廓标、车行道分界线、车行道边缘线。

2)一般隧道

一般隧道洞口处内外光环境的光源特性差异会使驾驶员产生“明适应”或“暗适应”,导致驾驶员对有效行车信息的视认能力降低,驾驶员产生不舒适和行车不稳定,驾驶工作负荷增高。

一般隧道应设置的标志:隧道预告标志、隧道标志、禁止超车标志、限制速度标志、禁止停车标志、隧道开灯标志、车道指示器、里程牌、百米牌、线形诱导标志、解除限制速度标志、解除禁止超车标志。

应施画的标线:隧道入口前渠化标线、隧道立面标记、反光轮廓标、车行道分界线、车行道边缘线。

3)长隧道

驾驶员驾驶到长隧道时,不仅会在隧道洞口产生“明适应”和“暗适应”,同时还会受到隧道内单调的线形、压抑枯燥的环境、汽车排放尾气和噪声的影响而导致驾驶员紧张、焦虑和心理压抑,产生驾驶疲劳,驾驶工作负荷过低,驾驶工作效率降低,不利于驾驶员的稳定、舒适行车,增加交通运行风险。

由于长隧道内环境封闭、线形单调,驾驶员在中间段行驶时间较长时容易产生单调和疲劳,在隧道中间段行驶中,若两侧无明显参照物,驾驶员会难以判定与前车的间距,因此需要在长隧道中间段合理设置车距确认标志;在隧道内行车时间过长,驾驶员会感到压抑和恐慌,产生尽快驶出隧道的急躁情绪,出现超速现象;在隧道中间段行驶中,驾驶员期望了解前方隧道环境、隧道行驶条件和距离隧道出口距离的信息,因此在隧道中间段需合理设置长隧道线形条件标志与隧道出口的距离标志等,使驾驶员了解在隧道内的行驶情况,避免驾驶员长时间在隧道内行车产生的恐慌情绪;如果隧道长度超过 5km,为了改善驾驶员的恐慌情绪,有必要间隔一定距离改变隧道中间段光环境,以舒缓、刺激驾驶员情绪,改善驾驶员的驾驶疲劳。

长隧道应设置的标志:隧道预告标志、隧道标志、禁止超车标志、限制速度标志、禁止停车标志、隧道开灯标志、车道指示器、里程牌、百米牌、隧道出口距离预告标志、线形诱导标志、解除限制速度标志、解除禁止超车标志。

应施画的标线:隧道入口前渠化标线、隧道立面标记、反光轮廓标、隧道导行反光光环、车距确认标线、紧急停车带标线、洞口距离标识、车行道分界线、车行道边缘线。

4)隧道群

在隧道群路段,不仅单隧道路段,相邻隧道之间路段都会对驾驶员行车的安全、稳定和舒适性产生影响。而且前一处隧道对驾驶员驾驶工作负荷的影响会延续至下一处隧道,应该将隧道群作为虚拟的长隧道进行总体行车安全、稳定和舒适性设置。

若在隧道群前未设置相关信息标志告知驾驶员所行驶的区域路段为隧道群,会使驾驶员在驶出分隧道时误以为隧道路段结束而加速行驶或驾驶松懈,在进入相邻隧道时会给行车安全带来隐患。因此需设置隧道群预告标志,提前告知驾驶员前方为隧道群、隧道群的分隧道数量等隧道群相关信息,使驾驶员在到达隧道群前提前调整驾驶行为,做好心理准备。当隧道群内包含有长隧道时,该长隧道交通标志应按照长隧道的交通标志设置方法进行设置。隧道群前设置的限速标志、禁止超车标志等均以隧道群为一处特殊长隧道统一设置,解除限速标志、解除禁止超车标志等宜设置在隧道群最后一处分隧道结束之后。

隧道群应设置的标志：隧道群预告标志、隧道群分隧道标志、禁止超车标志、限制速度标志、禁止停车标志、隧道开灯标志、车道指示器、里程牌、百米牌、隧道出口距离预告标志、线形诱导标志、解除限制速度标志、解除禁止超车标志。

应施画的标线：隧道入口前渠化标线、隧道立面标记、反光轮廓标、隧道导行反光光环、车距确认标线、紧急停车带标线、洞口距离标识、车行道分界线、车行道边缘线。

10.1.2 应急逃生诱导需求

在隧道中间段，通常会设置有横向通道。为了使逃生人员或车辆在逃行过程中能明晰横向通道的位置、逃行线路，需要凸显横向通道的位置和逃行线路的诱导标志，保障逃生人员或车辆第一时间逃离现场；在长隧道和特长隧道的中间段还需设置紧急停车带。为在有限空间中保障紧急停车带内设备、车辆和人员的安全，需要凸显紧急停车带的位置范围、驶入和驶出路线的诱导标志。所以在隧道内应安装相关的应急标志，供逃生人员或车辆应急逃生用。

10.2 隧道光环境标志设置方法

根据对隧道的影响范围研究成果，公路单方向单洞隧道安全性较双向单洞隧道好，高速公路单方向单洞隧道对驾驶员的安全行为和驾驶的安全、稳定和舒适性影响区域是从隧道入口前驾驶员看到隧道预告标志开始，到驶离隧道出口后隧道对驾驶员的视认识别不产生影响时的出口过渡段结束为止。在隧道的影响区域内，根据可能影响驾驶员在隧道内运行的因素特征和检测内容，可将其划分为4个路段区域，即预告段、入口过渡段、中间段和出口过渡段，如图10.1所示。

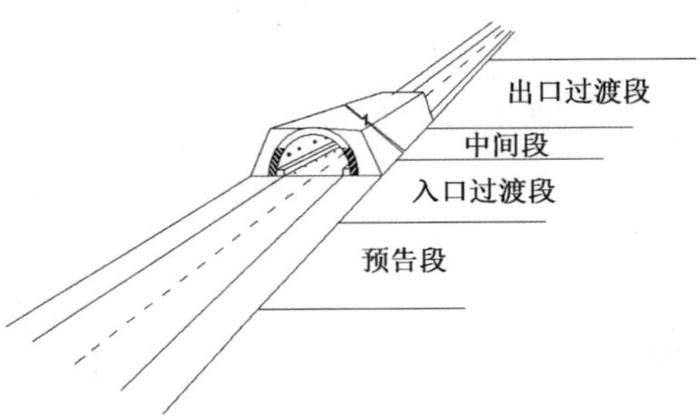

图10.1 单方向隧道对驾驶员行车的安全影响路段划分

高速公路隧道标志应结合道路交通条件、驾驶员的驾驶需求、隧道所处环境的气候条件、地形地貌特征和自然光源特性等进行设置。设置的隧道标志应具有良好的视认性、连续性、诱导性，提供准确、及时和清晰的驾驶员驾驶期望信息和引导，版面信息量不宜过大。

10.2.1 预告段标志

在预告段应设置隧道预告标志与隧道特殊条件标志，标志内容应具有易读性、有效性，及时提示驾驶员前方隧道位置和隧道相关信息，提前做好进入隧道的准备，并在进入隧道前引导、改变和控制驾驶行为及运行速度，保障行车的稳定性、驾驶的舒适性、实现隧道预告段影响区域的安全行车。

1)隧道预告标志

由于隧道结构属于特殊的驾驶环境，主要表现在隧道内照明、通风、噪声、视野等行车条件的变化，均有可能增加驾驶员的驾驶工作负荷，对驾驶的安全、稳定和舒适产生影响，尤其是当隧道入口前道路线形条件不良、隧道为长隧道或进入隧道前路基宽度变窄等，更需要提前告知驾驶员前方有隧道及隧道的特征信息，使驾驶员在到达隧道前提前调整驾驶行为和期望。因此依据现行《道路交通标志和标线》(GB 5768—2009)和《公路交通标志和标线设置手册》中对预告标志的设置条件,建议按照不同的设计速度在距隧道洞口前 2km、1km 或 500m 处设置隧道预告标志,告知驾驶员隧道名称、隧道入口线形条件等信息。典型隧道预告标志示意图如图 10.2所示。

图 10.2　典型隧道预告标志

2)隧道标志

隧道作为道路的特殊结构物,其内外行车环境差异大,可通过设置隧道标志告知驾驶员前方隧道特征信息,使驾驶员在进入隧道前调整驾驶行为和期望。依据现行《公路隧道交通工程设计规范》(JTG/T D71—2004),隧道标志宜设置在隧道入口前方 50～250m 处,告知驾驶员隧道特征信息,如隧道名称、长度、隧道类型等相关信息。建议该标志设置在距隧道洞口前 250m 处,以便给驾驶员充分的时间完成对隧道条件的认识、决策和行动。典型隧道标志示意图如图 10.3 所示。

a)短隧道标志　b)一般隧道标志　c)长隧道标志

图 10.3　典型隧道标志

3)隧道群预告标志

隧道群是两处或两处以上隧道以较小间距相邻组成的,为避免驾驶员在驶出分隧道时误以为隧道路段结束而加速行驶或驾驶松懈,建议提前告知驾驶员前方是隧道群以及隧道群包含的分隧道的数量,使驾驶员在到达隧道群前提前了解隧道群的情况,调整驾驶行为和期望,在隧道群中行驶的过程中了解所经历及剩余的隧道情况。依据现行《道路交通标志和标线》(GB 5768—2009)和《公路交通标志和标线设置手册》对预告标志设置的基本要求,建议根据不同的设计速度在距隧道群第一处分隧道洞口前 2km、1km 或 500m 处设置隧道群预告标志,告知驾驶员依次进入的分隧道名称、第一处分隧道入口线形条件等信息。典型隧道群预告标志示意图如图 10.4 所示。

4)隧道群分隧道标志

隧道群作为隧道中的特殊长隧道类型,由至少两处隧道组成,建议在每处分隧道前设置隧道标志告知驾驶员前方分隧道的特征信息，建议分隧道标志宜设置在隧道入口前方，告知驾驶员该隧道为隧道群中第几处分隧道、隧道名称、长度、隧道类型等相关信息，典型分隧道标志示意图如图 10.5 所示。

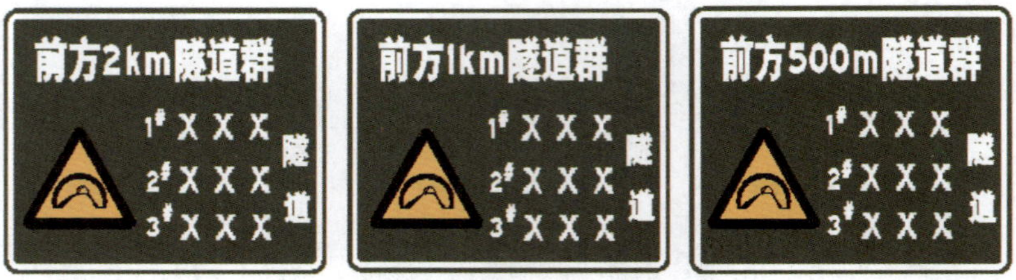

图 10.4 典型隧道群预告标志

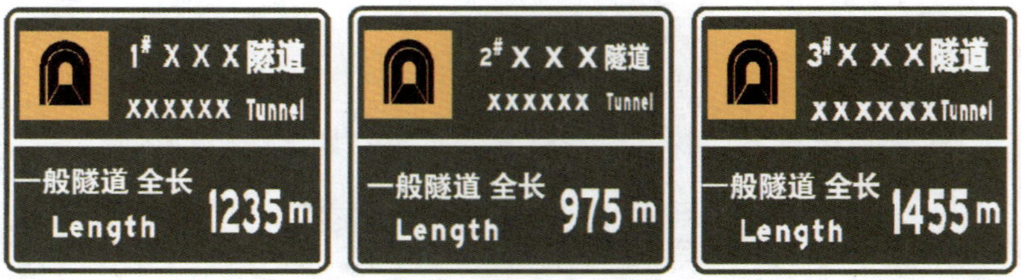

图 10.5 典型分隧道标志

5)可变信息标志

可变信息标志用于当道路前方有交通事故、火灾、冰雪雨露等恶劣天气异常事件发生时，或遇到冰雪雨雾等恶劣天气时，可通过启用可变信息标志告知驾驶员前后隧道道路状况和气象状况等，使其及时调整驾驶行为。依据现行《公路隧道交通工程设计规范》(JTG/T D71—2004)，在距隧道洞口前 150～220m 处以及隧道内行车横洞前可设置可变信息标志。可变信息标志显示内容应简洁明了，隧道外板面亮度应不小于8 000cd/m²，隧道内板面亮度应不小于3 500cd/m²，并能根据外界亮度自动调节，无眩光和驾驶视认不舒适现象，考虑到驾驶员对标志的视认需要一定时间，要求视距应不小于 200m，同时可变信息标志应具有故障自检功能。

为了满足驾驶员认读标志信息的需求，标志设置间距不应过小，可变信息标志应与禁止超车标志与限制速度标志具有一定间距，建议设置位置如表 10.2 所示。

可变信息标志建议设置位置 表 10.2

限制速度(km/h)	60	80	100
标志距洞口距离(m)	170	190	220

10.2.2 入口过渡段标志

入口段是影响隧道行车安全的关键路段，驾驶员受到“明暗”适应(白天)和“暗明”适应(夜间)、路面条件、路线条件、标志标线、护栏过渡、气候和道路环境等的影响会给行车安全带来风险。入口段的标志应具有提示、诱导和缓和驾驶员紧张的作用。

1)禁止超车标志

隧道内与隧道外行车环境差异大,容易导致隧道前驾驶工作负荷增加,为避免驾驶员在隧道洞口超车而因隧道内外的“暗”适应或“明”适应,使驾驶员工作负荷过高,带来安全隐患,在隧道出入口前可设置禁止超车标志。依据现行《公路交通安全设施设计细则》(JTG/T D81—2006),禁止超车标志宜设在距隧道出入口前 50～100m 处,但已施画禁止跨越同向车道分界线的路段可不设此标志。建议禁止超车标志与禁止跨越同向车道分界线配合使用,由于洞口前需要设置隧道开灯标志,考虑到发现、认读、理解标志和采取行动的时间,禁止超车标志的设置位置建议如表 10.3 所示。

禁止超车标志距建议设置位置　　表 10.3

限制速度(km/h)	60	80	100
标志距洞口距离(m)	50	70	100

对于条件较好的隧道,可采用只禁止载货汽车超车的方式,以提高通行能力。建议采用如图 10.6 所示组合标志。

图 10.6　禁止载货汽车超车组合标志

2)限制速度标志

隧道作为高速公路安全瓶颈路段,为保证行车安全,我国相关规范和标准一般要求隧道内运行速度低于隧道外运行速度。属此情况的隧道一般在隧道入口前需设置限制速度标志,使进入隧道的车辆运行速度降低。依据现行《公路隧道交通工程设计规范》(JTG/T D71—2004)、《公路交通标志和标线设置规范》(JTG D82—2009)和《公路交通安全设施设计细则》(JTG/T D81—2006),限制速度标志宜设置在隧道入口汽车联络道前附近;若无汽车联络道,则设置在距洞口 50～100m 处。在选取限速值时,为安全起见,应综合考虑公路的通行能力、车型构成比例、道路条件、路侧环境条件及至少最近 12 个月内的交通事故统计数据等,根据具体情况选取合理的限速值,且相邻路段的限速值差值不宜超过 20km/h。对于可变限制速度标志,板面亮度应不小于8 000cd/m^2,并能根据外界亮度自动调节,无眩光和驾驶视认不舒适现象,视距应不小于 200m,同时可变限制速度标志应具有故障自检功能;当隧道内驾驶员容易超速时,为了提醒驾驶员在隧道内不要超速行驶,建议在隧道左右两侧均设置限制速度标志。典型限制速度标志示意图如图 10.7 所示。

图 10.7　60km/h 限制速度标志

为了给驾驶员预留发现、认读、理解标志和采取行动充分的时间,限制速度标志的设置位置建议值如表 10.4 所示。

限制速度标志建议设置位置(单位:km/h)　　表 10.4

限制速度	60	80	100
一般路段限制速度	60	60	80
标志距洞口距离	50	70	100

图 10.8　禁止停车标志

3)禁止停车标志

在未设有紧急停车带的隧道内应设置禁止停车标志,如图10.8所示。

4)隧道开车灯标志

隧道洞口前无照明或照明条件不足时,可设置隧道开车灯标志提醒驾驶员进入隧道需打开车灯,注意安全行驶。驾驶员发现、认读、理解此标志和采取行动所需时间较少,标志设置位置建议值如表 10.5 所示,隧道开车灯标志如图 10.9 所示。

隧道开灯标志建议设置位置　　表 10.5

限制速度(km/h)	60	80	100
标志距洞口距离(m)	20	25	30

5)车道指示器

隧道内因机电设施、监控设施、土建结构等需要进行养护维修,或者因隧道内养护维修作业面发生异常事件时,可能需要封闭隧道内一条或多条行车道,设置车道指示器告知驾驶员前方隧道内车道使用情况,对养护维修作业人员和隧道内车辆运行的安全都具有重要意义。依据现行《公路隧道交通工程设计规范》(JTG/T D71—2004),车道指示器应设置在隧道内各车道中心线的上方。可在隧道入口、出口以及行车横洞处对应行车道分别设置一组车道指示器。根据隧道洞口的实际情况,选择可提供最大有效视距的位置设置第一组车道指示器,一般第一组在进隧道入口后 3～10m 处设置。隧道内直线段设置间距应不大于 500m,曲线段可适当缩短设置间距。车道指示器由红、绿两色灯组成,视距应不小于 200m,方形车道指示器有效显示尺寸应不小于 350mm×350mm,圆形可变车道通行信息标志有效显示直径应不小于 300mm。典型可变车道通行信息标志示意图如图 10.10 所示。

图 10.9　隧道开车灯标志

a)两车道均开通　　b)封闭其中一条车道

图 10.10　典型可变车道通行信息标志

10.2.3　中间段标志

隧道中间段照明条件(光源特性和灯具设置方式)、线形条件、路面条件、标志标线设置条件、通风措施设置条件与运行环境能见度等问题都会给行车安全带来隐患。中间段设置的标志应对隧道内前方路段的线形、路面和运行环境条件具有充分的告知、提示和诱导作用。

1)弯路警告标志和线形诱导标志

若隧道内道路线形不良,可在曲线起点至终点增设线形诱导标提示线形变化,以告知驾驶员前方道路线形,并警告驾驶员减速慢行。线形诱导标可根据曲线半径和转角的风险级别程度采用线形诱导标志,一般级别采用绿底白图案,高级别采用红底白图案,可使车辆驾驶员提高警觉,并准备防范应变之措施。线形诱导标志示意图如图10.11所示。为了防止隧道内环境易受污染,建议在隧道内采用主动发光的电光标志,照明方式为内部照明。同时,如果是急弯,还应设置急弯警告标志。

图10.11　线形诱导标志

2)隧道出口距离预告标志

参照现行《道路交通标志和标线》(GB 5768—2009),建议在距离隧道出口2km、1km、500m处设置出口距离预告标志。该标志一般设置在隧道侧壁上。若隧道长度超过5km,则每隔2km宜增加一块隧道出口距离预告标志。此外,也可在紧急停车带的隧道壁上设置出口距离预告标志,标志上的距离信息是根据距出口的实际距离确定。版面中隧道曲线的转弯方向应与实际情况相吻合,典型隧道出口距离预告标志示意图如图10.12所示。隧道内出口距离预告标志宜采用主动发光标志,如电光标志,照明方式为内部照明。

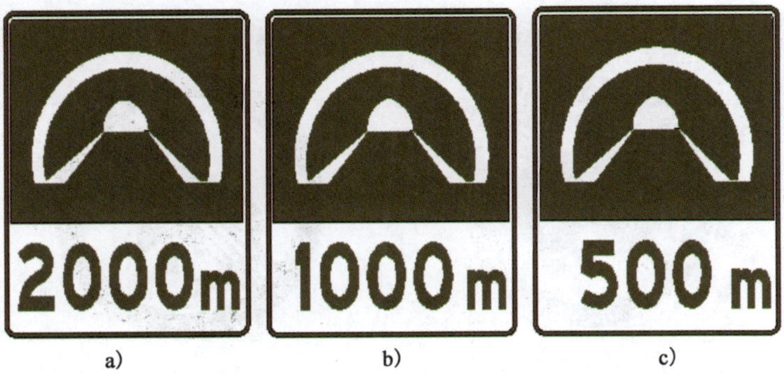

图10.12　典型隧道出口距离预告标志

3)车距确认标志

当隧道的长度大于10km时,建议在隧道内平直路段适当位置设置车距确认标志,以帮助驾驶员准确判断车距信息。标志组在100m内间隔50m设置一块,如图10.13所示。如需要,可在间隔200m后再重复设置一组车距确认标志。车距确认标志宜采用主动发光电光标志,照明方式宜为内部照明。

a)　　　　b)　　　　c)

图 10.13　车距确认标志组

10.2.4　出口过渡段标志

驾驶员在隧道内行驶一段较长的时间段后，驾驶视觉和认知感受适应已趋于稳定，在驶向出口前驾驶员需要一定时间来适应出口段光源、路线、路面、标志标线与气候环境条件的改变，因此不宜在隧道出口前后一定距离内设置各类标志以及改变标线的施画方式。

1)解除限制速度标志

解除限制速度标志与限制速度标志联合成对使用，依据现行《公路交通安全设施设计细则》(JTG/T D81—2006)，当整处隧道限速时，在隧道出口后 30～50m 设置解除限制速度标志。由于驾驶员在隧道出口处受到明适应的影响，建议根据不同的限速要求下的停车视距设置解除限制速度标志，隧道群也按整处隧道设置解除限制速度标志。不同速度下的停车视距如表 10.6 所示。当限制速度为 60km/h 时，解除限制速度标志示意图如图 10.14 所示，其设置在距离隧道洞口 75m 处。

不同速度下的安全停车视距　　　　表 10.6

速度(km/h)	60	80	100
安全停车视距(m)	75	110	160

2)解除禁止超车标志

解除禁止超车标志与禁止超车标志联合成对使用，建议隧道群也按整条隧道进行解除禁止超车标志设置。解除禁止超车标志示意图如图 10.15 所示，其设置距离同解除限制速度标志。

图 10.14　解除限制速度标志

图 10.15　解除禁止超车标志

10.2.5　其他标志

里程牌和百米牌在隧道特别是长隧道和隧道群内对驾驶员具有重要意义，它能使驾驶员了解行驶里程和所处位置。依据现行《道路交通标志和标线》(GB 5768—2009)，高速公路隧道运行管理范围内每隔 1km 在隧道壁上设置里程牌，如图 10.16a)所示；每隔 100m 在隧道壁上设置百米牌，如图 10.16b)所示。

a)里程牌　　b)百米牌

图 10.16　里程牌和百米牌

10.3　隧道光环境标线设置方法

交通标线是隧道影响区域内重要的交通控制设施。一般在驾驶员的自然驾驶视野范围内，利用道路交通标线传递的道路交通信息不会过多地分散驾驶员的注意力，并且可以在不增加行车障碍的情况下为道路使用者提供不间断的道路信息。合理设置交通标线对于保障道路交通流的平稳有序运行、保障交通安全和行车效率、明确并保护各方交通参与者的权利具有重要意义。隧道运行影响区域内标线应采用环保反光标线。

10.3.1　中间段标线

隧道中间段的照明条件(光源特性和灯具设置方式)、线形条件、路面条件、标志标线设置条件、通风措施设置条件与运行环境能见度等问题都会给行车安全带来隐患。中间段的标线应对隧道内道路线形具有充分的提示、诱导作用。

1)隧道导行反光光环

为降低驾驶员在隧道内的压抑感，调节隧道内的行车节奏和时空变化，达到较好的诱导效果，建议设置被动发光导行反光光环，反光光环以型钢为支架，一般贴宽 15cm 的白色反光片，如图 10.17 所示，设置间距原则上直线隧道和曲线隧道不同。

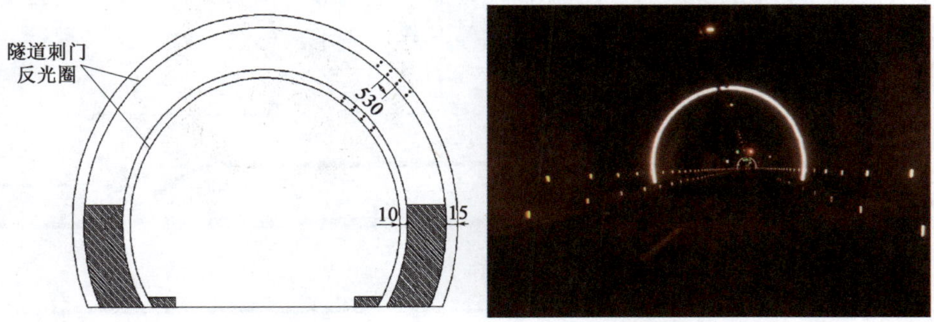

图 10.17　隧道被动式导行光环

(1)直线隧道设置原则：直线隧道反光光环间距与隧道紧急停车带、车行横通道洞、人行横通道洞统一，设置于紧急停车带、车行横通道洞、人行横通道洞起点或者终点，同时可以起到对这些设施位置的标识作用，为隧道运行和逃生安全发挥作用。

(2)曲线隧道设置原则：隧道内的反光光环应当保证在任意位置都能看到连续的3个反光光环，其中最远处应看到不少于1/3个，第二个不少于2/3个，最近处完整。为了合理地确定隧道光环的设置间距，通常可以采用作图法。采取该原则设置，完整度不一的3个反光光环产生的透视，可以进一步强化隧道线形的诱导，有助于行车安全。

2)洞口距离标识

为告知驾驶员在紧急停车带处距离隧道出入口的距离，使驾驶员和逃生人员了解在隧道内已经行驶的里程和距离出口和入口的距离，建议在紧急停车带墙面施画洞口距离标识，如图10.18所示。

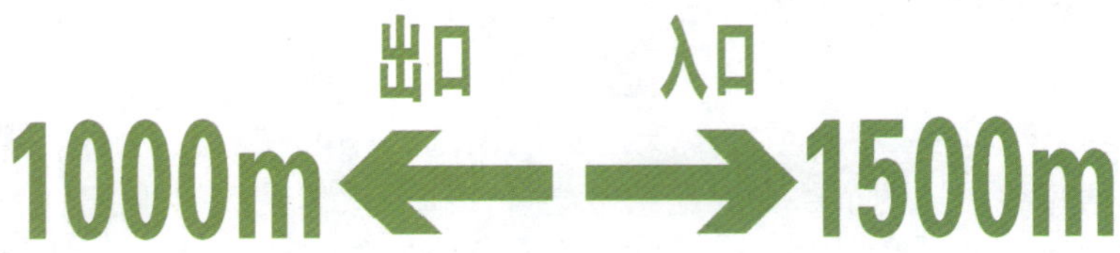

图10.18 典型洞口距离指示

3)车距确认标线

由于长隧道内环境封闭，且线形单调，驾驶员在隧道内行驶时容易感到单调、疲劳，行驶中若无明显参照物则难以判定与前车的间距，因此要求在长隧道内合理设置车距确认标线，应与10.2.3节中车距确认标志配合使用。

依据现行《道路交通标志和标线》(GB 5768—2009)，宜采用白色半圆形车距确认标线。白色半圆形适用于道路条件复杂、影响安全行车的路段两侧，半圆半径为30cm，按间隔50m设置，一般在一定路段内连续设置。

车距确认标线若使用平面路标，在隧道内相对窄小的路面上不容易实现，而且易污染，所以建议使用蓝色的轮廓标，每50m"改色"来代替路面车距确认标线。

4)紧急停车带标线

在设有紧急停车带的隧道内，可根据高速公路隧道线形条件和紧急停车带的设置情况施画紧急避险车道标线，满足和引导驾驶员紧急停车驾驶需求。标线设置应满足现行规范的要求，如图10.19所示。

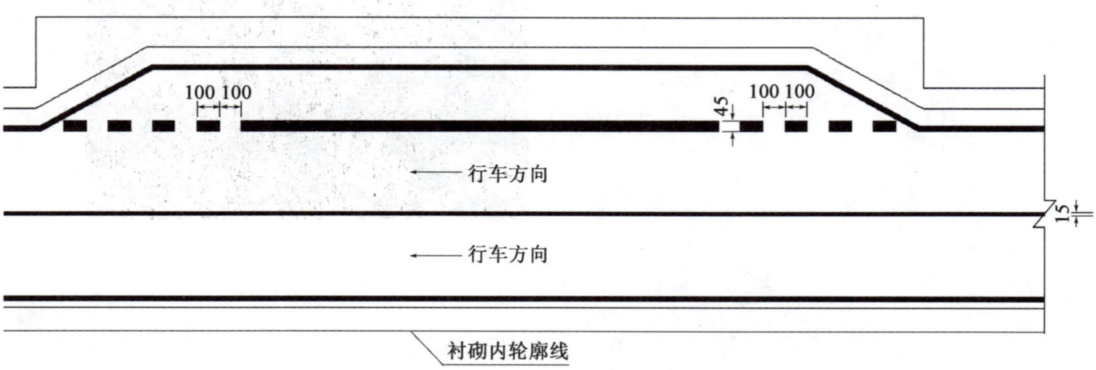

图10.19 隧道内紧急停车带标线示意图(尺寸单位：cm)

10.3.2　其他路段标线

1)渠化标线

当隧道横断面宽度窄于基本段的路基宽度时，为警示前方为结构物并避免驾驶员因宽度的突然变化而与隧道入口检修道相撞，在入口前对车行道宽余部分施画斜向行车方向的斑马线。依据现行《公路交通标志和标线设置规范》(JTG/T D82—2009)，在隧道入口前 30～50m 范围的右侧硬路肩内，应设置斜向行车方向黄色的斑马线，线宽 45cm，与行车方向夹角 45°，间距 100cm。

由于高速公路车速较高，在同样的反应时间下，车辆制动距离更长，所以该标线应施画较长距离，建议与限速标志配合施画，施画长度如表 10.7 所示。斑马线与车道边缘线之间应留出 5cm 间隙，以利于排水和清扫，如图 10.20、图 10.21 所示。

不同限制速度下渠化标线施画长度　　表 10.7

隧道限制速度(km/h)	60	60	80
渠化标线施画长度(m)	50	70	100

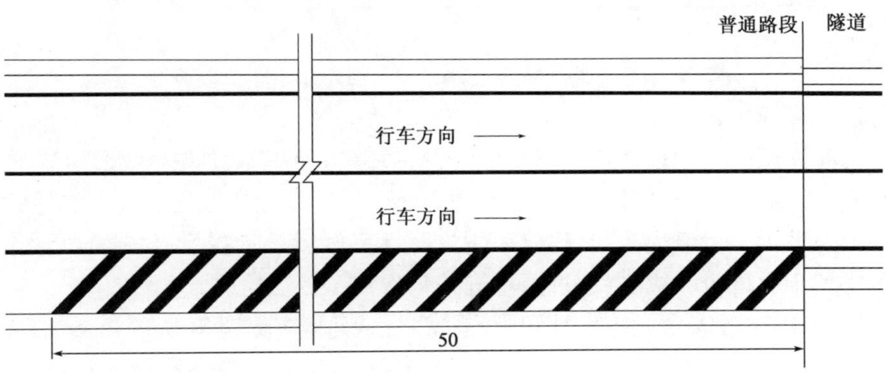

图 10.20　隧道入口前行车方向的斜向斑马线(尺寸单位:m)

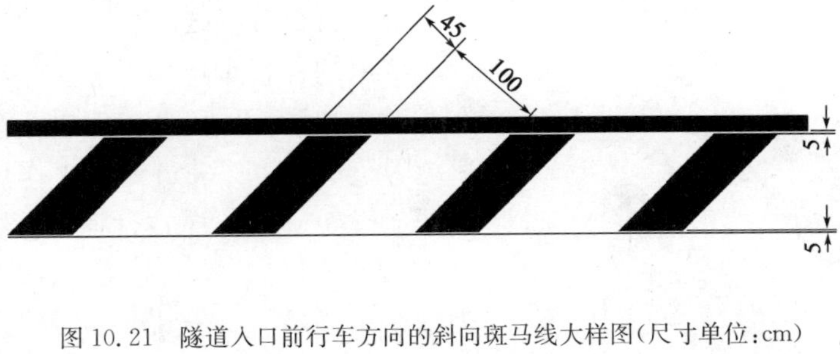

图 10.21　隧道入口前行车方向的斜向斑马线大样图(尺寸单位:cm)

2)立面标记

当隧道洞口过渡段不连续、不协调时，为了增加隧道入口洞门轮廓及检修道边缘的清晰度，避免驾驶员与洞门或检修道剐蹭或相撞，宜对隧道洞口侧墙端面、检修道边缘施画立面标记。依据现行《道路交通标志和标线》(GB 5768—2009)和《公路交通标志和标线设置手册》，隧道洞口侧墙端面处立面标记一般应涂至距路面 2.5m 以上的高度，检修道边缘施画与检修道等高的立面标记。立面标记一般为黄黑相间的倾斜线条，斜线倾角为 45°，线宽均为 15cm，施画时应把向下倾斜的一边朝向车行道。

根据原交通部《超限运输车辆行驶公路管理规定》，车货总高度从地面算起不得高于 4m（集装箱车货总高度从地面算起不得高于 4.2m），为进一步的警示驾驶员前方隧道的轮廓，避免车辆与洞口或者检修道剐蹭或相撞，建议隧道洞口侧墙端面处立面标记一般应涂至距路面 4.2m 的高度，并采用具有反光效果的材料，如反光膜等以增强夜间的标记效果，如图 10.22、图 10.23所示。

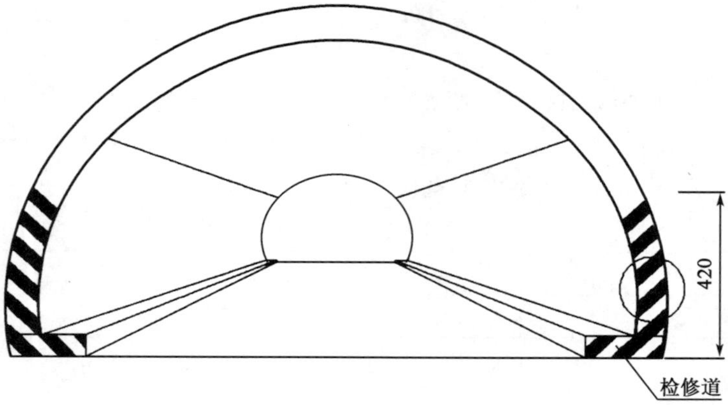

图 10.22　隧道立面标记图（尺寸单位：cm）

3）车行道边缘线

白天和夜间光源的变化以及隧道内特殊的行车环境，使得驾驶员对线形引导的依赖大于对标牌的依赖。将隧道影响区域内标线加宽到 20cm，特别是在弯道处的线形诱导效果会大大加强。为了加强警示车行道边缘线，建议采用抗污性良好、污渍容易冲洗掉的反光振动标线，使车辆轮胎压到车行道边缘线时，通过振动进一步告知车行道轮廓。

依据现行《公路交通安全设施设计细则》规定，标线每隔 6m 留出 5cm±3cm 的缺口，以利于排水。车行道边缘线设置在公路两侧紧靠车行道的硬路肩内，并不得侵入车行道内，如车行道边缘线位置刚好在水泥混凝土路面的接缝处，则车行道边缘线可偏向接缝一侧。

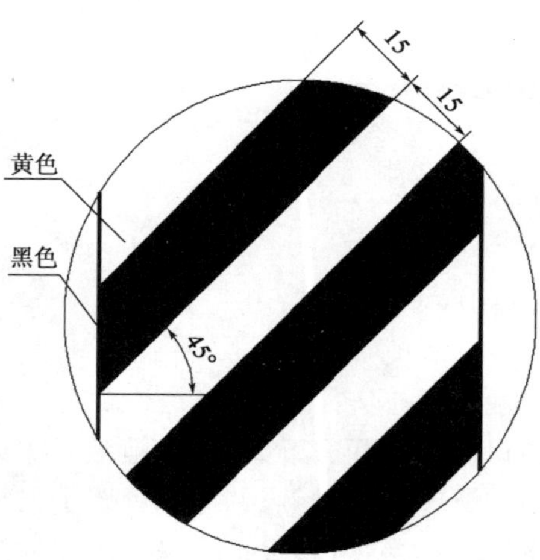

图 10.23　隧道立面标记大样图（尺寸单位：cm）

4）车行道分界线

隧道内外行车环境的较大差异已导致驾驶员在隧道入口段、出口段的驾驶工作负荷增加。为避免因超车而使驾驶员驾驶工作负荷进一步增大，依据现行《公路交通标志和标线设置规范》（JTG/T D82—2009）和《公路交通标志和标线设置手册》，为禁止车辆特别是大货车超车或换车道，维持进出长大隧道的交通运行秩序，在隧道入口前一个停车视距、隧道出口后一个停车视距范围施画禁止跨越同向车行道分界线；对于宽度窄于路基的隧道路段，在隧道入口前 50～100m、出口后 30～50m 范围的车行道分界线处，应设置白色实线。建议与禁止超车标志、解除禁止超车标志配合使用以提高效果，设置长度建议值如表 10.8 所示，线宽采用 15cm。

车行道分界线建议设置范围　　表 10.8

限制速度(km/h)	60	80	100
设置范围	隧道入口前 50m，出口后 50m	隧道入口前 70m，出口后 50m	隧道入口前 100m，出口后 50m

同向车行道分界线应设置在同向行驶的车行道之间的分界线上。如该位置为水泥混凝土路面的接缝，则通过工程研究和判断，白色虚线或白色实线可偏向接缝一侧。

驾驶员在隧道群内频繁进出隧道，受进出口光环境影响，行车风险增大，建议在第一处分隧道入口前一个停车视距至最后一处分隧道出口后一个停车视距范围，施画禁止车辆特别是小客车跨越同向车行道分界线。

5)反光轮廓标

在隧道内设置轮廓标，可清晰显示隧道内行车道轮廓边缘和横向净空轮廓，指示道路的方向和车行道边界；同时当隧道内进行维修养护、发生交通事故、火灾等异常事件时，隧道内交通可能会由单向行车改为双向行车，因此轮廓标应采用双面反光型。经大量的现场调查发现，隧道内高出行车道的检修道轮廓不明显，经常出现车轮碰撞的痕迹，研究建议将反光轮廓标设置在隧道检修道侧壁和隧道墙面距检修道 0.8m 高处位置(左侧黄色，右侧白色)，不仅可以引导行车，标示线形和隧道轮廓，而且可以培养驾驶员通过隧道开灯的良好习惯，如图 10.24 所示。

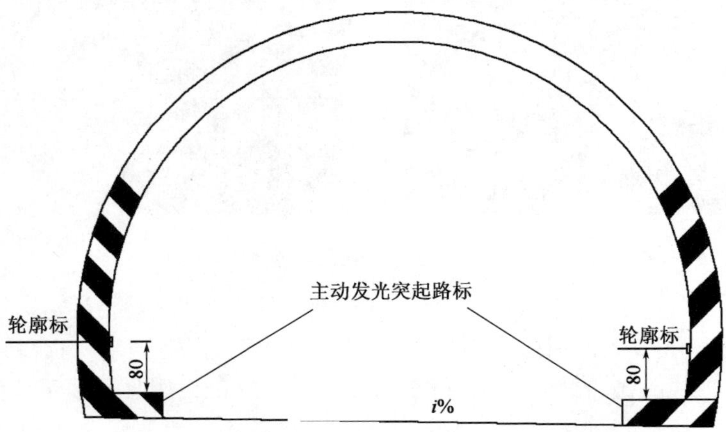

图 10.24　轮廓标与主动发光突起路标(尺寸单位:cm)

通过对人眼的视觉暂留与驾驶员的可视区域两个方面的研究，最终得到反光轮廓标的设置间距如表 10.9、表 10.10 所示，建议选取其中的最小值作为设置间距；轮廓标可选用主动发光或被动发光。

不同限制速度下反光轮廓标建议设置间距　　表 10.9

限制速度(km/h)	60	80	100
设置间距(m)	4	6	7

不同曲线半径下反光轮廓标建议设置间距(单位:m)　　表 10.10

曲线半径	800	600	400	300	200	145
设置间距	19	17	14	12	10	8

6)突起路标

设置突起路标可给驾驶员以振动提示并可通过其反光性能告知驾驶员车行道轮廓。依据现行《公路交通标志和标线设置规范》(JTG D82—2009),将突起路标与标线配合使用,应在车行道边缘线上设置突起路标,宜在车行道分界线上设置突起路标。设置间距同表 10.9 中反光轮廓标建议设置间距。

从安全角度看,突起路标设置在路面上,由于它具有一定的厚度,反光面和结构主体会使偏移行车道方向车辆轮胎打滑、失稳,给行车安全带来隐患,而且容易损坏,因此不建议在路面设置突起路标,仅在检修道侧壁上设置突起路标,并建议采用主动发光的形式,如图 10.24 所示。

7)隧道腰带线

隧道内线形不良时,可采用装饰涂料施画隧道腰带线,用以清晰显示前方线形条件,建议采用反光涂料,给驾驶员提供良好的视线诱导,如图 10.25 所示。建议腰带线高 1.2m、宽15～20cm、间距 30～40cm,隧道腰带线的颜色与隧道内壁装饰材料颜色反差对比鲜明,如隧道内壁装饰材料为白色,则腰带线颜色可为蓝色或黄色。

图 10.25　典型隧道腰带线

8)隧道壁涂料

在隧道壁面 2.5m 以下范围内涂刷反射率不小于 0.7 的漫反射墙面涂料,宜采用浅色涂料,与整体隧道壁形成一条带状线,起到行车诱导的作用。可采用具有耐污性能易清洗的阻燃蓄能发光涂料,不仅可以起到增光效果,在停止光照射后,涂料主动发光,以荧光的方式进行辅助照明,保证意外情况下的安全逃生,如图 10.26 所示。

图 10.26　喷涂阻燃蓄能发光涂料效果

10.4　应急标志

10.4.1　行人横洞指示标志

行人横洞指示标志用于指示隧道行人横洞位置，在隧道发生异常事件时指示隧道内逃生人员逃生路线(图10.27)。依据现行《公路隧道交通工程设计规范》(JTG/T D71—2004)，行人横洞指示标志宜采用主动发光电光标志，照明方式宜为内部照明，双面显示，应设置在行人横洞顶部，安装高度净空应不小于2.5m。在实际设置时应考虑逃生人员逃生时的位置、高度和视认能力等的实际情况，降低行人横洞指引标志高度，以便于视认，建议设置高度为1.2～1.5m。

10.4.2　车横洞指示标志

行车横洞指示标志用于指示隧道行车横洞位置，在隧道发生紧急状况时指示车辆改行行车横洞，依据现行《公路隧道交通工程设计规范》(JTG/T D71—2004)，行车横洞指示标志宜采用主动发光电光标志，照明方式宜为内部照明，双面显示，应设置于行车方向左侧行车横洞处，安装高度净空应不小于2.5m(图10.28)。

图10.27　行人横洞指引标志

图10.28　行车横洞指引标志

10.4.3　横洞内光环境标志

人行横洞通道内应设疏散指示标志，间距应不大于20m，标志内容如图10.29所示。

图10.29　人行疏散指示标志

车行横洞应设置具有与洞门联动开闭功能的照明装置，路面亮度不小于 7cd/m^2。设置疏散指示标志间距应不大于 50m，如图 10.30 所示。

图 10.30 车行疏散指示标志

10.4.4 疏散指示标志

疏散指示标志用于指示疏散指示标志点位置与洞口、行人横洞、行车横洞的距离与方向。在隧道发生异常事件时，指示逃生人和车辆驾驶员进行判断并迅速离开。依据现行《公路隧道交通工程设计规范》(JTG/T D71—2004)，疏散指示标志宜采用主动发光电光标志，照明方式宜为内部照明。应设置于隧道侧墙上，标明距安全通道的距离，安装高度净空应不大于 1.3m，间距应不大于 50m，可分别采用如图 10-29、图 10-30 的形式进行设置。

10.4.5 消防设施指示标志

依据现行《公路隧道交通工程设计规范》(JTG/T D71—2004)，应在消火栓上方设置消防设备指示标志，如图 10.31 所示，其安装高度净空应不大于 2.5m。建议在实际设置时应考虑使用者能视认的高度和视认能力等的实际情况适当降低消防设施指示标志高度，以便于视认。消防设备指示标志宜采用主动发光电光标志，照明方式宜为内部照明。

10.4.6 紧急停车带标志

隧道内有限空间导致救援难度增大，一般在隧道内都设置有紧急停车带以停放故障车辆、疏散救援车辆和进行紧急救援活动等。紧急停车带的设置可以提高发生异常事件时的应变能力。在有紧急停车带的前方应设置紧急停车带标志，以清晰的告知驾驶员紧急停车带位置。依据现行《公路隧道交通工程设计规范》(JTG/T D71—2004)规定，在紧急停车带前 5m 设置紧急停车带标志，安装高度净空应不小于 2.5m。隧道内紧急停车带标志板面规格一般为 50cm×80cm，可根据隧道净空调整。紧急停车带标志宜采用主动发光电光标志，照明方式为内部照明，典型紧急停车带标志示意图如图 10.32 所示。

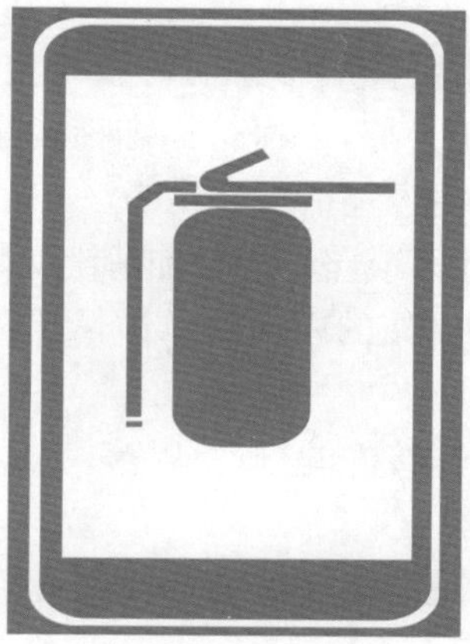

图 10.31 消防设备指示标志

图 10.32 典型紧急停车带标志

10.5 标志和标线的养护

高速隧道运行影响区域内标志、标线在高速公路运行功能中发挥着越来越重要的作用。标志、标线在竣工完成后，除自身寿命的约束，还受到紫外线、自然界气候、地震等多种自然因素的影响，标线还要受到车辆的碾轧，一些意外的交通事故对标志、标线的损伤、附近植被或树木的遮挡、人为的损坏等；与此同时，标志、标线还需要为驾驶员提供全天候服务。随着高速公路网的逐步形成和完善，标志、标线的设置原则、方法和技术逐渐人性化、科学化和合理化；有必要对其进行科学合理的管理、养护和维修。经验表明，标志、标线问题发现越早，整治越及时，所需费用就越少，给行车安全带来的隐患就越小。因此，在标志、标线营运期间，必须对其进行有目的、有计划的检查，使标志、标线存在的问题及早被发现，及时修正，并及时对其进行养护和维修处理，以便充分发挥其作用和功能。

10.5.1 标志的养护

1）日常养护

日常养护包括日常全天候视察、标志不定期检查和检测。为满足高速公路用户的需要，保持标志全天候服务，应对标志设置状况进行全天候视察，视察内容包括标志使用效果，结构状况是否完好、一般或缺失，对一般和缺失状况进行详细记录说明，记录内容包括以下几点。

（1）标志基本情况，包括：标志缺失状况；标志缺失地点。

（2）标志使用状况，包括：标志零件及其支撑部件是否处于良好状况，标志字迹是否清晰和可见，标志是否仍然必要和正确放置，白天和夜晚反光效果；公路附属设施（如上跨桥、照明设施、监控设施等）及路上构造物（如电杆、电话、消火栓、广告牌、门架等）、行道树及中央带绿篱是否对标志版面造成遮挡，影响标志的视认性。

对需要立即保洁的标志面应通知保洁队及时进行清洁。在视察中如有危险标志、轻微损坏需要及时检修的，还应通知检修队及时进行检修。

2)定期养护

标志的使用寿命一般为7年，为了维持标志在正常使用寿命期的服务功能达到一个最佳状态，延长标志结构的使用寿命，应对标志进行定期养护，以保持标志结构强度、标志版面整洁、文字图案清晰，利于道路使用者判读。定期养护内容包括以下几项。

(1)标志版面清洗：每年至少清洗1次，易污染地区或路段应增加清洗次数。

(2)标志立柱的预防性保养：每年检测1次标志立柱的歪、斜、锈蚀情况，根据检测情况进行必要的防锈处理和修补。

(3)标志连接件预防性保养：每年检测1次标志连接件的松动、脱落、丢失、锈蚀情况，根据检测情况进行必要的防锈处理和修补。

(4)标志基础预防性保养：每年检测1次标志基础的稳固情况、回填土流失情况，根据检测情况进行必要的处理和修补。

3)维修

当标志在使用中受到外力影响，如交通事故碰撞、划擦、人为破坏、自然不可抗力而遭到破坏时，应及时对其进行现场维修或拆回工厂修补。

4)更新

当标志部分构件的损坏已影响驾驶员的判读，在现场无法修补时，应对其进行更新，或拆回工厂修补。

5)标志信息更新

交通标志的内容是道路信息的载体，是影响标志发挥指示作用的主要因素。交通标志信息的合理与否直接影响交通运输的安全和效率，其设置一定要从道路使用者的角度出发，同时在使用过程中要及时更新由于路网完善、改动等引起的信息变动。随着道路的快速发展，路网不断扩大，当有新道路开通时、原有道路设施发生改变或原有交通组织方式改变时，交通标志信息也要及时更新，避免驾驶员由于难以获得必要的道路信息，从而影响交通运行速度，造成交通延误，甚至引发交通事故。

10.5.2 标线的养护

(1)路面标线的养护应符合下列要求。

①具有良好的可视性，边缘整齐、线形流畅，无大面积脱落。

②颜色、线形等应符合相关标准要求。

③反光标线应保持良好的夜间视认性。

④重新画设的标线应与旧标线基本重合。

(2)轮廓标的养护应符合下列要求。

①应对轮廓标进行表面清洗。

②应保证轮廓标无缺损。

③应保证轮廓标无明显的褪色。

④轮廓标的光度性能应保持其在夜间良好的视认性。

(3)交通标线的养护措施：

①标线的可视性受天气影响非常大，雨、雪的覆盖大大降低了标线的可视性。因此，要及

时清理隧道运行影响区域路面上的积雪、积水等,保证标线能发挥自身作用。

②标线的使用寿命一般不是很长,受气候和道路上交通量的影响也比较大,应及时更新,道路养护或经营单位应尽早发现,考虑标线实际的磨损情况来重新施画。

③路面的清洁程度对标线的可视性影响较大,尘土的覆盖会大大降低标线夜间可见度。一定要定期对路面进行除尘、清扫,并且保证每年要有1次夜间检查表现,使标线具有足够的发光性和夜间可视性。对于标线的清洗,可采用高压水枪,使用得当可以既不损伤路面又可彻底地将标线清洗干净。

④当标线老化严重或当交通条件发生变化,标线的位置功能需要重新划分时,需要对原有标线进行清除,重新设置新标线。重新施画新标线时,应保证旧标线去除干净以及道路的干燥和清洁,避免标线的污染。

第11章 隧道运行光环境管理技术

11.1 隧道光环境运行系统监控管理平台

对公路隧道光环境各段照明进行实时有效的监测及控制是有效保障隧道安全、高效、经济运行的根本性措施。根据隧道交通量变化、隧道外不同天气条件、自然光源亮度、色温等情况，根据自然光环境与人造光环境耦合变化条件下驾驶员的眼睛适应需求水平及时、有效地调节人工照明光源指标水平，实现满足安全视认需求照明系统的节能降耗目标。随着隧道建设规模和数量的增加，隧道运行管理部门对安全和节能的要求越来越高，对隧道管理的职责越来越明晰，采用现代化管理技术手段开发隧道照明系统监控管理软件、搭建隧道光环境运行监控管理平台已成为现代隧道建设与管理的基础。隧道光环境运行监控管理平台基本功能包括以下几项：

(1)全路段隧道系统监控与管理功能。一条高速公路上通常具有多处隧道，而且有的隧道间距离相对较短构成隧道群，每处隧道之间往往相互影响。隧道照明运行管理平台建设需从系统管理角度检测和控制隧道光环境，使监控管理人员能实时监督、调控所管辖路段隧道光环境，同时满足隧道日常管理工作的需要，如图 11.1 所示。

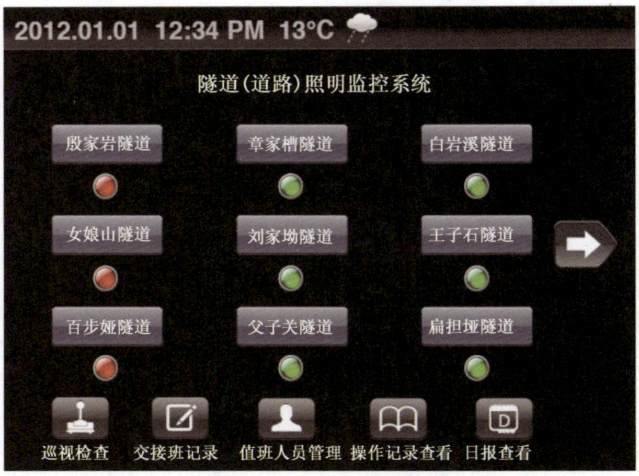

图 11.1 全路段隧道照明监控系统界面

(2)实时调控功能。山区云系多变，隧道外亮度、色温都可能在实时变化，各个时间段的交通量也有不同，为在满足隧道安全的前提下最大可能地降低能耗，需要实时根据交通量变化、不同天气条件、洞外光源特性等情况设置好调控原则，及时、有效地调节隧道光环境照明光源指标水平。

(3)实时记录并查询功能。为了使隧道调控透明化,可通过互联网平台在任何一个客户端都能查看隧道照明系统及各灯具实时色温亮度、用电量、工作状态和隧道的车流量;实时记录洞外亮度、色温数据,并形成报表与输出。如图 11.2～图 11.4 所示为某隧道用电量、隧道外亮度及交通量记录情况,可为能耗管理考核提供数据支持;能储存一定时间长度的相关记录数据,供研究分析所用。

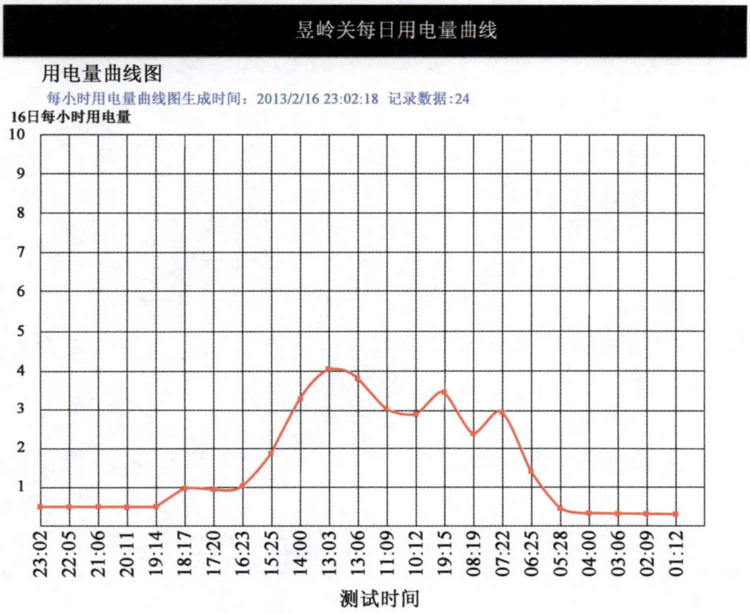

图 11.2　用电量记录数据

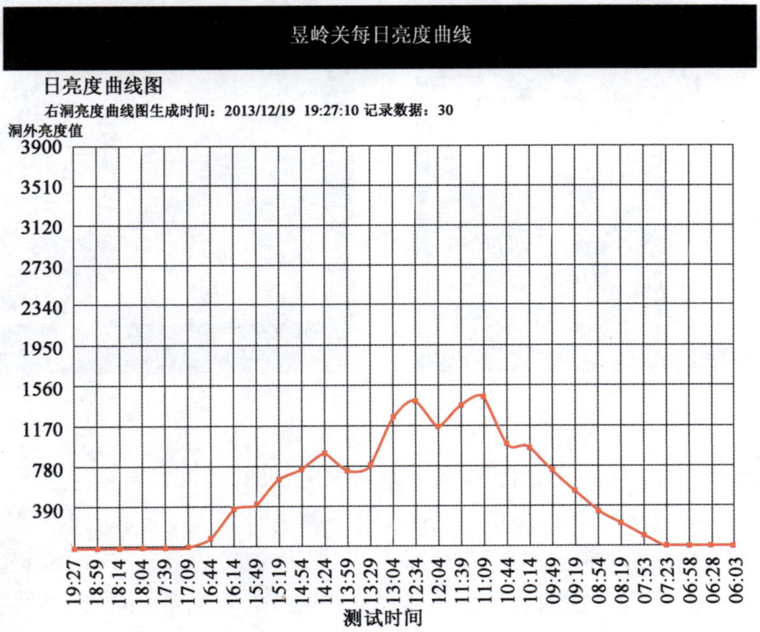

图 11.3　洞外亮度记录数据

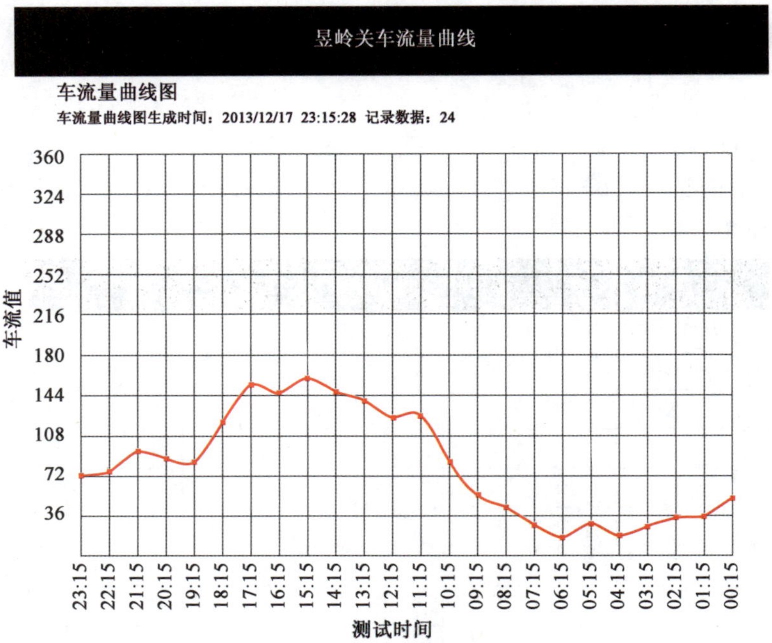

图 11.4　车流量记录数据

(4)人员管理功能。隧道照明运行管理平台，不仅要记录洞外亮度、色温、交通量数据和隧道灯具照明系统的灯具亮度、用电量、工作状态等，还需要对人员管理、交接班管理等日常管理工作进行记录，产生隧道操作日报，对隧道自动调控与人员调控等信息记录进行整合，以实现隧道管理人员的职责考核，如图 11.5 所示。

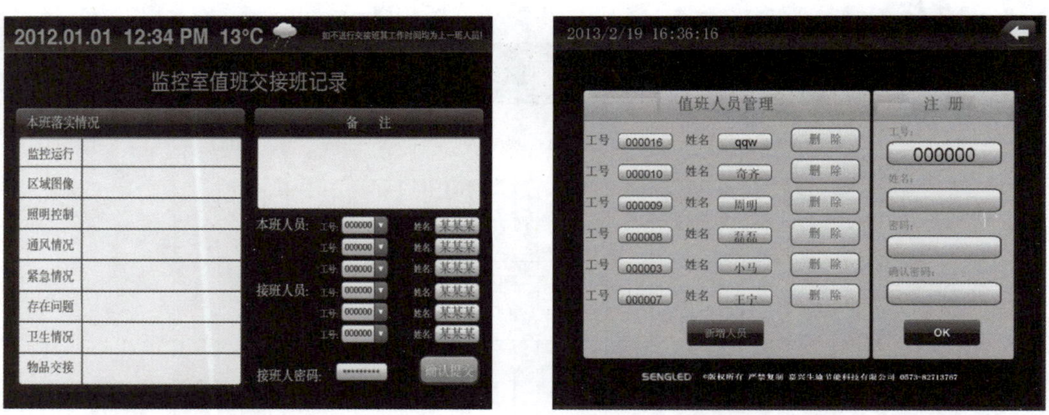

图 11.5　人员管理界面

(5)操作界面简单。中控室的监控管理人员平时不仅要监视各消防监测点的情况，还要监视管理路段的路况、隧道运行视频图像、供配电设备的运行情况、隧道内的气体和粉尘浓度情况以及隧道照明监控管理，处理有关异常事件等工作，任务较为繁重。如果隧道照明运行管理平台界面较为复杂，将会影响管理人员的正常管理和操作，容易导致在紧急情况下操作错误，延误响应时间。因此，界面的简单化将是隧道运行安全管理的重要措施之一。

(6)工况简单化和优先权。公路隧道照明工况可以细分为10多种工况,如自动、事故、火灾、检修、养护、调试、更换、施工、检测、检查、巡视、手动等。如果针对每一种工况设置一种调光模式,那么监控管理人员的操作难度就会加大,影响软件的正常使用。监控管理人员通常是普通操作人员,并不是研究隧道照明各项工况的专业人员。过多的工况模式会影响操作人员在紧急情况下的操作,延误时机,对安全不利。为此,我们对各种工况在公路隧道中出现的频度进行了分析,发现除自动调光工况外,其他工况出现的频度极低;根据这一特点,将上位机监控管理软件的调光工况分为自动调光模式、手动调光模式和应急模式。其中,故障调光模式涵盖了除手动和自动以外的所有工况,它使隧道照明灯具满功率开启。在优先权的排序上,故障模式具有最高的优先权,其次为手动模式,最后为自动模式。

(7)通信故障报警提示功能。隧道智能照明控制器的调光数据需要及时上传,而上位机随时可能给控制器下达指令。如果通信中断,这些上传下达的数据和指令将无法传输,如果出现紧急情况,则中控室的紧急处理指令就不能送达,影响现场处置效率。因此,系统需要设置通信中断报警提示,以便管理人员能够及时处理。

(8)界面显示信息完全。隧道照明运行管理软件要求操作界面必须简单化,但界面仍需要提供必备的信息来满足隧道管理人员的监测调控需求,如图11.6所示,对实时的洞外亮度、交通量、各隧道段灯具工作状态等信息合理显示在控制界面。

图11.6 运行管理软件界面

(9)系统恢复功能。隧道照明发生故障或平时检修之后,都需恢复照明进入自动调光模式,所以需设置按键用于恢复照明进入正常运转状态的功能。

11.2 隧道光环境运行质量保障

合理选择隧道照明光环境照明灯具、设置照明监控原则,研发可靠、先进的照明控制系统及管理技术是确保隧道照明安全运行及节能质量的重要手段。

(1)照明灯具的选择。根据隧道光环境各个照明段满足驾驶员安全舒适行驶的不同光源需求特性，并从灯具的耐久性、全寿命周期成本费用角度选择安全、节能的隧道照明灯具。

(2)调光性能。隧道洞外亮度、色温都在实时变化，为了在保证驾驶安全视认的前提下达到最大的节能，隧道照明运行应满足光源特性的可调性、实时性和精细化的需求。

(3)安全性。隧道照明的目的是为保证驾驶员的安全行驶，尤其当隧道发生火灾等紧急情况时，无论照明现状如何，在照明控制系统没有失效的前提下，应将火灾隧道内所有照明灯具开启到最大程度，这时虽会造成耗能过高，但却保障了安全。当恢复到正常工况时，要快速将照明调至正常照明状态。

参 考 文 献

[1] 中华人民共和国行业标准. JTG D70—2004 公路隧道设计规范[S]. 北京:人民交通出版社,2004.

[2] 中华人民共和国行业标准. JTG D20—2006 公路路线设计规范[S]. 北京:人民交通出版社,2006.

[3] 中华人民共和国行业标准. JTG/T D71—2004 公路隧道交通工程设计规范[S]. 北京:人民交通出版社,2004.

[4] 交通运输部公路科学研究院. 公路交通标志和标线设置手册[M]. 北京:人民交通出版社,2009.

[5] 康卫勇,袁修干,柳忠起,等. 飞机座舱视觉显示界面脑力负荷综合评价方法[J]. 航天医学与医学工程,2008,21(2):103-106.

[6] 李勇,阴国恩,陈燕丽. 阅读中疲劳、心理负荷因素对瞳孔大小的调节作用[J]. 心理与行为研究,2004,2(3):545-548.

[7] 李然. 高速公路隧洞口照明关键技术研究[D]. 北京:北京工业大学,2013.

[8] 任福田. 交通工程心理学[M]. 北京:北京工业大学出版社,1993.

[9] 黎荔. 视觉素养导论[M]. 北京:北京师范大学出版社,2012.

[10] 巴布可夫. 道路条件与交通安全[M]. 景天然,译. 上海:同济大学出版社,1990.

[11] 张美杰. 长公路隧道安全性研究[D]. 北京:北京工业大学,2011.

[12] 杨少伟. 道路勘测设计[M]. 北京:人民交通出版社,2010.

[13] Guide for the Lighting of Road Tunnels and Underpasses[R]. CIE Technical Report. 88-2004.

[14] 白春虎. 安全行车新概念——明确道路行车整体关系[M]. 北京:电子工业出版社,2001.

[15] 殷瑞华,朱光仪. 浅谈公路隧道线形的安全设计[J]. 公路,2003,22(3):140-142.

[16] 赵炳强. 驾驶员动态视觉特征及其影响[J]. 公路交通科技,1998,15(增):38-41.

[17] 朱祖祥,葛列众. 工程心理学[M]. 北京:人民教育出版社,2000.

[18] 焦杨,孙勇. 绿色建筑光环境技术与实例[M]. 北京:化学工业出版社,2012.

[19] 中国建筑学会建筑电气分会. 北京建筑照明[M]. 北京:中国建筑工业出版社,2010.

[20] 张青文,陈仲林,胡英奎,等. 光源色温对隧道及道路照明视觉功效影响的研究[J]. 照明工程学报,2008,19(2):24-29.

[21] Yamamoto, J. Kobayashi, S., NagasawaT. Ito, H. Visibility and Color-rendering Properties of Light Sources in Tunnel Lighting[C]. CIE-2007:430.

[22] 范士儒. 交通心理学教程[M]. 北京:中国人民公安大学出版社,2011.

[23] 荆其诚,焦书兰. 人类的视觉[M]. 北京:科学出版社,1987:30-31.

[24] 陈芳. 公路视觉环境对行车安全的影响[D]. 重庆:重庆交通大学,2009.

[25] 李毅. 基于光生物效应的道路照明安全研究[M]. 重庆:重庆大学,2009.

[26] 刘晓玲. 视觉神经生理学[M]. 北京:人民交通出版社,2006.

[27] 中华人民共和国行业标准. JTG/T D70/2-01—2014 公路隧道照明设计细则[S]. 北

京:人民交通出版社,2014.

[28] 任军军,曹刚,秦大为.道路照明的亮度测量方法[J].灯与照明,2008.

[29] 胡江碧.事故多发地点形成机理及分析方法的研究[D].北京:北京工业大学,2004.

[30] 胡江碧.基于驾驶员驾驶工作负荷的路线安全评价理论与方法[R].北京工业大学,2010.

[31] Laurence R Hartley, T. Rothengatter(Editor), R. D. Huguenin(Editor). Fatigue and Driving, Traffic and Transport Psychology[R]. Elsevier Ltd, 2004.

[32] 李衡峰.基于综合集成的驾驶疲劳识别[D].长沙:中南大学, 2005.

[33] 俞国良.环境心理学[M].北京:人民教育出版社, 2000.

[34] 季浏.体育心理学[M].北京:高等教育出版社, 2006.

[35] 林玉莲,胡正凡. 环境心理学[M].北京:中国建筑工业出版社, 2006.

[36] BUREAU OF DESIGN AND ENVIRONMENT MANUAL. Chapter Fifty－six: HIGHWAY LIGHTING. February 2013.

[37] 中华人民共和国国家标准.GB 5768.1—2009 道路交通标志和标线 第1部分:总则[S].北京:中国标准出版社,2009.

[38] 中华人民共和国国家标准.GB 5768.2—2009 道路交通标志和标线 第2部分:道路交通标志[S].北京:中国标准出版社,2009.

[39] 中华人民共和国国家标准.GB 5768.3—2009 道路交通标志和标线 第3部分:道路交通标线[S].北京:中国标准出版社,2009.

[40] 中华人民共和国行业标准.JTG D82—2009 公路交通标志和标线设置规范[S].北京:人民交通出版社,2009.

[41] 中华人民共和国行业标准.JTG/T D81—2006 公路交通安全设施设计细则 [S].北京:人民交通出版社,2006.

[42] 王繁己.高速公路隧道运行管理指南[M].北京:人民交通出版社,2012.

[43] 范跃武.河南省高速公路指路标志设置技术指南[M].北京:人民交通出版社,2009.

[44] 刘会学.GB 5768—1999《道路交通标志和标线》应用指南[M].北京:中国标准出版社,1999.

[45] 唐琤琤.道路交通标志和标线手册[M].北京:人民交通出版社,2009.

[46] 谢来发.美国道路交通标志与标线[M].北京:人民交通出版社,2009.

[47] 孟祥海,李洪萍.交通工程设施设计[M].哈尔滨:哈尔滨工业大学出版社,2010.

[48] 中华人民共和国行业标准.JTG H10—2009 公路养护技术规范[S].北京:人民交通出版社,2009.

[49] 中华人民共和国国家标准.GB/T 18833—2012 公路交通标志反光膜[S].北京:中华人民共和国国家质量监督检验检疫总局,2002.

[50] 金伟奇,胡威捷.辐射度光度与色度及其测量[M].北京:北京理工大学出版社,2011.

[51] 朱顺应,彭武雄,王红,等.突起路标合理设置的原理与方法研究[J].中国安全科学学报,2007(11):113-118.

[52] 日本道路公团.日本高速公路设计要领[M].西安:陕西旅游出版社,1991.

[53] 韩松.浅析道路交通标线材料及施工方法的选择[J].辽宁交通科技,2005(7):89-91.
[54] 李林.浅议高速公路路面标线材料的应用分析[J].民营科技,2010(4):190.
[55] 郑家军,薛晓东.双组分道路标线材料及其应用[J].山东交通科技,2005(2):68-69.
[56] 崔春涛.分析交通标志、标线的养护措施[J].黑龙江交通科技,2012(1):19.
[57] 易坚浩.公路交通标志反光膜的选择[J].浙江交通职业技术学院学报,2001(2):21-23.

索　　引

A

安全视认(Safety visual cognition) …… 31

G

光色需求(Light color expectation) …… 78

J

驾驶行为特性(Driving behavior Characteristic) …… 8

I

亮度差(Luminance difference) …… 81

亮度差异特性(Luminance difference characteristic) …… 30

亮度差异需求(Luminance difference expectation) …… 78

亮度对比度(Luminance contrast) …… 138

亮度均匀度(luminance uniformity) …… 116

亮度均匀性(Luminance uniformity characteristic) …… 30

S

隧道运行光环境(Tunnel light environment) …… 1

视认功效特性(Visual cognition performance characteristic) …… 45

视认特性(Visual cognition characteristic) …… 73

色温差(Color temperature difference) …… 71

Z

照明光环境特性(Light environment characteristic) …… 54

照明光环境质量(Light environment quality) …… 30

照明光源亮度(Illumination light source brightness) …… 77

照明光源色温(Illumination light source color temperature) …… 28

照明光源特征(Lighting source characteristic) …… 43

照明光源显色性(Illumination light source color rendering) …… 29

照明调控需求(Lighting control expectation) …… 154

照明需求(Light expectation) …… 65